MICHAEL SCHAPER, Chefredakteur

Liebe Leserin, lieber Leser

Wenn wir in Deutschland über den Umbruch des Jahres 1989 sprechen, ist meist von der „Wende" die Rede. Doch dieser Begriff trifft die Sache nicht, schon weil ihn Egon Krenz prägte, der kurzzeitige Herrscher im SED-Reich – und damit ausgerechnet Maßnahmen zur Rettung seines untergehenden Regimes meinte. Vor allem aber beschreibt der Terminus nur unzureichend die Bedeutung dessen, was in diesem Epochenjahr und in der unmittelbar folgenden Zeit geschah.

Denn in Wirklichkeit handelte es sich um eine Revolution – in Ausmaß und Wirkung vergleichbar nur mit der Französischen Revolution. Jener Umwälzung, die genau 200 Jahre zuvor das Ende der Monarchie im mächtigsten Staat Europas und der uralten Ständeordnung dort brachte, und die darüber hinaus in der westlichen Welt den Ideen von Volkssouveränität, der universalen Geltung der Menschenrechte und eines liberalen Verfassungsstaates zum Sieg verhalf.

Die Französische Revolution war eine Zäsur von weltgeschichtlicher Bedeutung; sie sei „kaum mit einem anderen historischen Ereignis vergleichbar", wie der Historiker Ernst Schulin formulierte – außer eben der Revolution von 1989. Denn auch die zertrümmerte ein längst morsch gewordenes Ancien Régime: das der kommunistischen Diktaturen in Osteuropa. Sie löste zudem eine vollständige ökonomische Transformation eines halben Kontinents aus, von der Elbe bis zum Ural und darüber hinaus bis nach Asien: den Übergang von der Plan- zur Marktwirtschaft.

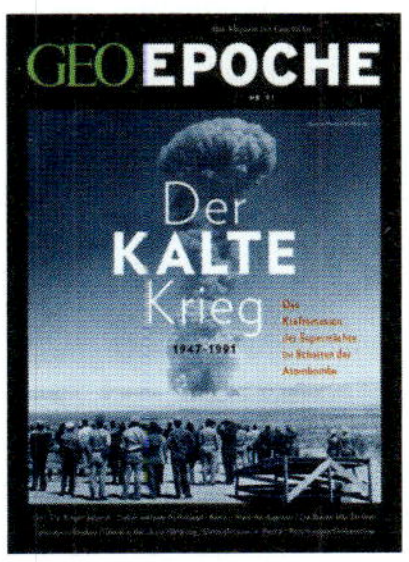

ZWEI FRÜHERE Hefte, die ebenfalls das Ende des kommunistischen Systems zum Thema hatten

Und nicht zuletzt folgte dem Kollaps der Regime in den Satellitenstaaten wenig später der Zusammenbruch der UdSSR, des Imperiums im Zentrum des Ostblocks. Und das warf die seit 1945 herrschende globale politische Ordnung um. Denn mit dem Untergang der Supermacht des Ostens endete die Konfrontation zwischen Kommunismus und westlicher Demokratie im Kalten Krieg.

Der britische Geschichtswissenschaftler und Deutschland-Experte Timothy Garton Ash hat das Jahr 1989 ein *annus mirabilis* genannt, ein „Jahr der Wunder" – und nicht das geringste jener Mirakel war die Gewaltlosigkeit, mit der die Veränderungen durchgesetzt wurden.

Etwa in Polen, wo sich Vertreter des Regimes mit Dissidenten an einen Runden Tisch setzten und auf Machtbeteiligung der Opposition einigten. Oder in der DDR, wo SED-Funktionäre öffentlich die gewaltsame Niederschlagung von Protesten erwogen, die Parteiführung noch am 7. Oktober in allem Gepränge das 40. Jubiläum der Staatsgründung feierte – und wo dann, nach dem Fall der Mauer am 9. November, das kommunistische System binnen Tagen einfach in sich zusammenbrach. Oder in der Tschechoslowakei, wo die „Samtene Revolution" den einst verfemten Schriftsteller und mehrmals inhaftierten Bürgerrechtler Václav Havel zum Präsidenten machte.

KONZEPT dieser Ausgabe: Johannes Teschner

Blutig war der Umsturz allein in Rumänien. Doch hier waren es vor allem die Kräfte der Konterrevolution, Teile der alten Eliten, die Gewalt anwendeten und mehr als 1000 Menschen töteten. So war der rumänische Diktator Nicolae Ceaușescu denn auch der einzige Potentat, der 1989 wie einst Ludwig XVI. in Frankreich während der Aufstände hingerichtet wurde.

Von den grundstürzenden Ereignissen des bewegten Jahres 1989, von der epochemachenden Revolution in Osteuropa und ihren Folgen in den Jahrzehnten danach handelt dieses Heft. Sie prägen den Kontinent bis heute.

Herzlich Ihr Michael Schaper

EPOCHENJAHR 1989
Binnen weniger Monate fegen friedliche Revolutionäre 1989 zahlreiche Diktaturen des Ostblocks hinweg – so auch in Ostberlin.
SEITE 6

1991: STAATSSTREICH IN MOSKAU
Als Michail Gorbatschow die taumelnde UdSSR für Demokratie und Marktwirtschaft öffnet, rüsten systemtreue Funktionäre zum Putsch.
SEITE 42

1991: STADT UNTER FEUER
Mit dem Ende des Sozialismus wuchern auf dem Balkan Hass und Nationalismus. Ein Krieg entbrennt, der im Herbst 1991 auch die Stadt Dubrovnik erreicht.
SEITE 52

1999: AUFSTIEG EINES AUTOKRATEN
Der Ex-KGB-Agent Wladimir Putin zieht 1999 in den Kreml ein. Energisch stabilisiert er das Land – aber verformt es auch.
SEITE 114

1992: BALTIKUM
Dissidenten brechen die Herrschaft der UdSSR in Estland. Doch dann beginnen die Mühen der Ebene.
SEITE 100

Nr. 95

Inhalt

1989 und die Folgen

2010: BLUTRACHE
Von den Kommunisten lange unterdrückt, kehren in Albanien brutale Fehden in den Alltag zurück.
SEITE 126

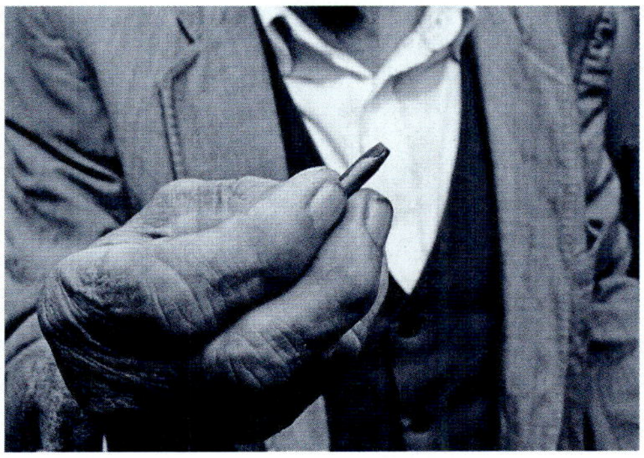

2014: KAMPF IN DER UKRAINE
Um die einstige Sowjetrepublik entflammt ein neuer Großkonflikt zwischen Moskau und dem Westen.
SEITE 136

2019: DAS ERBE DES TOTEN
Zwei erzkonservative Brüder, von denen der eine 2010 stirbt, arbeiten in Polen an einem autoritären System.
SEITE 156

♦ *Die mit diesem Symbol versehenen Beiträge finden Sie links bebildert*

Sie erreichen die GEO*EPOCHE*-Redaktion online auf Facebook oder unter *www.geo-epoche.de*.

Das Jahr des AUF

BRUCHS

1989 mündet die Krise des kommunistischen Ostblocks in einem beispiellosen Finale: Innerhalb von zwölf Monaten stürzen weitgehend friedliche Revolutionen Diktaturen in sechs Ländern, erlangen Millionen Bürger Demokratie und Freiheit – und endet die jahrzehntelange Spaltung des Kontinents

TEXT: *Mathias Mesenhöller*

31. DEZEMBER 1989, BERLIN. Hunderttausende feiern am Brandenburger Tor das Ende eines epochalen Jahres: Die Mauer ist gefallen, das SED-Regime gestürzt – und die deutsche Wiedervereinigung scheint nur noch eine Frage der Zeit

E

Es ist Silvester 1988, und Václav Havel sitzt auf einem Thron. Er trägt eine Krone und trinkt Wein aus der Flasche. Lachende Augen, voller Mund, schmaler Schnäuzer – der vielleicht bekannteste Dissident der Tschechoslowakei wirkt glücklich. Das Motto dieser Prager Party lautet: „Monarchie für alle!"

Nahe Freunde mögen dem Schriftsteller gleichwohl die Jahre im Gefängnis ansehen. Die Angst, die er hatte, in der Haft verrückt zu werden. Die Trauer über die verlorene Zeit. Das Wissen, dass *sie* ihn jederzeit wieder abholen können.

Wenn nicht etwas Umstürzendes geschieht im anbrechenden Jahr 1989.

Am nächsten Tag in Warschau. Kalt dämmert der Morgen über Henryków, einem Vorort der polnischen Hauptstadt. Hier stehen im Lager der „Werkstätten für Kunstmöbel" 14 sperrige, bogenförmige Holzelemente.

Zusammengesetzt ergeben sie einen riesigen Konferenztisch mit Platz für fast 60 Stühle. Der Tisch hat einen Durchmesser von 8,40 Metern und ist kreisrund. Eine Sonderanfertigung, deren Form Gespräche ohne erkennbare Hierarchie und Fronten zulassen soll.

Bereits Wochen zuvor hat die kommunistische Führung das Stück schreinern lassen. Denn den Machthabern war da schon klar: Sie müssen verhandeln.

Polen, das größte unter den sowjetisch beherrschten Ländern Osteuropas, ist auch das unruhigste. Bereits gut acht Jahre zuvor haben Streiks und Proteste das kommunistische Regime an den Rand des Zusammenbruchs gebracht; getragen wurde der Aufruhr von einer Allianz aus Arbeitern, liberalen Intellektuellen, katholischer Kirche und einer

RÜCKBLENDE: 2. MAI 1989 | Ungarische Soldaten beginnen, den Zaun an der Grenze zu

Österreich abzubauen. Noch fällt der Eiserne Vorhang nicht, der Europa seit Jahrzehnten spaltet, aber Budapest sendet ein Signal der Entspannung

MAI 1989, POLEN. In Warschau wirbt Oppositionsführer Lech Wałęsa um Stimmen bei den für Juni angesetzten ersten halbwegs freien Wah

len. Die Niederlage der Kommunisten sendet Schockwellen durch den gesamten Ostblock

unabhängigen, nicht von der KP kontrollierten Gewerkschaft, die binnen Monaten auf fast zehn Millionen Mitglieder anwuchs: der Solidarność.

Die Regierung verhängte damals für anderthalb Jahre das Kriegsrecht und konnte die Opposition mit Verboten und Verhaftungen in den Untergrund drängen – aber nicht zerschlagen. Vielmehr erhielten die Verfolgten unter großen Opfern ihre Verbindungen aufrecht, geheime Verlage, „fliegende Universitäten". Und kehrten in der zweiten Hälfte des Jahrzehnts in die Öffentlichkeit zurück.

Ihren Wiederaufstieg verdankt die polnische Opposition nicht zuletzt der Entschlossenheit dreier Männer.

Der eine ist der Elektriker und Solidarność-Führer Lech Wałęsa.

Der zweite ist Karol Wojtyła aus Krakau, seit 1978 als Johannes Paul II. römisch-katholischer Papst und in Polen von überragender Bedeutung für den antikommunistischen Widerstand.

Der dritte schließlich ist selbst Kommunist – und jener Politiker, der die Folge dramatischer Ereignisse überhaupt erst in Gang gesetzt hat, die seit 1985 die Welt verändern. Und die sich nun zu dem dramatischsten Jahr der europäischen Geschichte seit 1945 verdichten. Zu einem revolutionären Jahr, an dessen Ende Sichergeglaubtes zerfallen und überwundene Dämonen wiedererstanden sein werden, kühnste Träume erfüllt und schlimmste Vorahnungen geweckt. Es ist Michail Sergejewitsch Gorbatschow, Generalsekretär der KPdSU, Vorsitzender des Obersten Sowjet der UdSSR – und wahrer Vater dieses *annus mirabilis*.

Des Jahres der Wunder: 1989.

In dem Völker sich erheben werden, Tyrannen stürzen, Zäune und Mauer fallen, die den Kontinent zerteilen. Osteuropa wird seine Freiheit gewinnen, Deutschland zu seiner Wiedervereinigung aufbrechen. Der Nationalismus wird mit ungeahnter Wucht zurückkehren, neue Gräben reißen. Und am Ende wird nichts mehr so sein, wie es war.

WASHINGTON/MOSKAU. 1. JANUAR 1989. Schon zum dritten Mal wenden sich US-Präsident Ronald Reagan und Michail Gorbatschow mit einer TV-Neujahrsansprache an das jeweils andere Volk. Eines von vielen Zeichen einer neuen Zeit.

Seit Gorbatschow im März 1985 an die Macht gekommen ist, hat er sich um Entspannung und Abrüstung bemüht, um das Vertrauen der USA. Und um ein Ende des Kalten Krieges. Denn militärisch war die UdSSR bei seinem Amtsantritt zwar eine Supermacht, hielt 5,3 Millionen Mann unter Waffen und hätte die Welt mehrfach nuklear vernichten können. Doch musste sie für dieses Arsenal ruinöse 20 Prozent ihrer Wirtschaftsleistung aufbringen.

Derweil produzierten fehlgeplante, von Betrug und Schlendrian herabgewirtschaftete Fabriken zu wenig, zu teuer, zu schmutzig. Landstriche waren verseucht, Äcker ausgelaugt; über vielen Städten lag Smog. Die Menschen standen an, immerzu: in halbleeren Geschäften, auf Ämtern, an den Bushaltestellen.

Mafia-ähnliche Seilschaften beherrschten Staat und Partei. Die Propaganda log, und jeder wusste es. Zynismus grassierte, mit ihm der Alkoholismus und rohe Gewalt auf den Straßen, in den Familien. Nach fast 70 Jahren kommunistischer Herrschaft war die Sowjetunion verschlissen.

Um sie zu retten, leitete Michail Gorbatschow tiefgreifende Reformen ein, ersetzte korrupte und altersstarre Funktionäre durch jüngere, liberalere Kader, gestand wirtschaftliche Freiheiten zu, öffentliche Kritik. Das ökonomisch verheerende Wettrüsten mit den USA beendete er, indem er mit einseitigen Vorleistungen auf Washington zuging.

Vor seinen engsten Gefährten hat der Generalsekretär inzwischen einen noch weit radikaleren Gedanken begründet: Unter Umständen müsse die UdSSR auf ihre Hegemonie über Osteuropa verzichten, um die dortigen Kostgänger nicht weiter „auf dem Hals" zu haben.

Damit aber steht der gesamte äußere Ring des Imperiums zur Disposition, das im Zweiten Weltkrieg eroberte Vorfeld aus „Bruderstaaten" zwischen dem Sowjetreich und Westeuropa.

JUNI 1989, DDR. Nach den Kommunalwahlen vom Mai protestieren Ostberliner offen gegen den manipulierten Erfolg der SED – die Opposition wird stärker

OSTBERLIN, 2. JANUAR. Die SED-Zeitung „Neues Deutschland" meldet: „Der Generalsekretär des Zentralkomitees der SED und Vorsitzende des Staatsrates der DDR, Erich Honecker, wechselte mit dem Generalsekretär des Zentralkomitees der KPdSU und Vorsitzenden des Präsidiums des Obersten Sowjet der UdSSR, Michail Gorbatschow, anlässlich der Jahreswende herzliche Grüße und Glückwünsche."

Dröhnende, dürre Worte. Sie verschleiern nur mühsam, dass der Russe und sein ostdeutscher Genosse bestenfalls Unverständnis füreinander hegen, eher Verachtung.

Denn Honecker, ein 76-jähriger Parteisoldat alter Schule, will von Reformen nichts wissen. Herablassend hat einer seiner Funktionäre zu Gorbatschows Kraftakt bemerkt: Wenn ein Nachbar seine Wohnung tapeziere, „würden Sie sich verpflichtet fühlen, Ihre Wohnung ebenfalls neu zu tapezieren"?

BUDAPEST, 11. JANUAR. Früher und mutiger als andere sind die ungarischen Kommunisten Gorbatschows Reformkurs gefolgt. Bereits zuvor hat das Regime an der Donau eher lax geherrscht. Traumatisiert von einer zunächst besonders brutalen kommunistischen Gewaltherrschaft und der Niederschlagung des Volksaufstands 1956 durch die Rote Armee, hatten sich Herrscher und Beherrschte in einem konsumorientierten „Gulaschkommunismus" eingerichtet – auf Kredit. Anfang der 1980er Jahre dann war das Land faktisch bankrott.

So kam Gorbatschows Abkehr von der rigiden Planwirtschaft für Ungarn zur rechten Zeit. Die Behörden ließen unabhängige Handwerker zu, Krämer und Boutiquen. Seit Januar 1988 gilt Reisefreiheit, konkret: Einkaufsfreiheit im nahen Wien. Um sich von maroden Immobilien zu befreien, verkauft der Staat Wohnungen an Privatleute – auch noch, als prompt die ersten Spekulanten auftreten. Mancher kommt zu Wohlstand. Doch die öffentliche Hand bleibt klamm, die Inflationsrate zweistellig, die Armut nimmt zu.

Immer stärker geraten die Stalinisten in der Sozialistischen Arbeiterpartei unter Druck, während manche Jungen so liberal argumentieren, dass sie nur noch dem Namen nach Sozialisten sind.

Nun setzen sie durch, dass der wirtschaftlichen eine politische Liberalisierung folgen soll. Daher verabschiedet das Parlament an diesem 11. Januar 1989 ein neues Vereinsgesetz. Die Bürger erhalten das Recht, unabhängige Interessenvertretungen, Gewerkschaften, ja Parteien zu gründen. Es ist ein Hauch Revolution von oben. Politische Teilhabe indes, freie Wahlen und ein Ende des kommunistischen Machtmonopols werden den neuen Vereinigungen noch vorenthalten.

PRAG, 16. JANUAR. Menschen mit Blumen nähern sich dem Denkmal des Heiligen Wenzel auf dem zentralen Platz der Stadt. Sie kommen, um an Jan Palach zu erinnern, einen Studenten, der sich 20 Jahre zuvor hier verbrannt hat, um gegen den Einmarsch des Warschauer Pakts am 21. August 1968 zu protestieren. Gegen die Unterdrückung des „Prager Frühlings" – jenes Experiments von Tschechen und Slowaken mit einem freieren Sozialismus. Seit damals lastet eine harte, gewaltvolle Enge auf dem Land.

Wie immer greift die Polizei auch diesmal durch. Die Trauernden werden abgedrängt, etliche verhaftet.

Vom Rand des Platzes beobachtet Václav Havel das Geschehen. Eben will er gehen – da laufen zwei Beamte auf ihn zu und führen ihn ab. Er wird wieder einmal inhaftiert.

Der Vorfall spricht sich herum. An den folgenden Tagen versammeln sich immer wieder Menschen auf dem Wenzelsplatz, immer mehr. Schließlich jagen Polizei und Parteimilizen sie mit Schlagstöcken und Tränengas auseinander. Anders als in Polen steht hinter der Opposition hier keine Massenbewegung. Das Regime braucht nicht zu verhandeln.

Und Havel bleibt im Gefängnis.

OSTBERLIN, 5. FEBRUAR. Gegen 23.30 Uhr versucht der Kellner Chris Gueffroy, über die Mauer in den Westen zu fliehen. Er kann einen Teil des Todesstreifens überwinden, löst dann Alarm aus. Grenzsoldaten eröffnen das Feuer. Der 20-jährige wird in den Fuß getroffen, dann ins Herz. Er stirbt binnen Minuten.

Kurz zuvor hat Erich Honecker bekräftigt, die Berliner Mauer werde auch „in 100 Jahren" stehen, „schon um unsere Republik vor Räubern zu schützen".

WARSCHAU, 6. FEBRUAR. Vor den Fenstern des Palais Radziwiłł fällt Regen. Drinnen wirkt das zusammengesetzte

JUNI 1989, JUGOSLAWIEN. Das nahende Ende der KP-Herrschaft lässt Serbiens Präsident Milošević auf etwas Neues setzen: den Nationalismus (Ansprache auf dem Amselfeld)

Möbel aus Henryków fast filigran. „Meine Damen und Herren", sagt Czesław Kiszczak, „ich begrüße in aller Form die Teilnehmer des Runden Tisches."

Kiszczak ist Armeegeneral und Innenminister der Volksrepublik Polen, Gebieter über ein Heer von Spitzeln, einst mitverantwortlich für das Kriegsrecht. Nun sitzen mit ihm im Kreis Lech Wałęsa für die verbotene Solidarność, der mehrmals internierte liberale Bürgerrechtler Adam Michnik, der ebenfalls zeitweilig eingekerkerte katholische Intellektuelle Tadeusz Mazowiecki.

Es sind Männer, deren Ideen für viele in der kommunistischen Partei ein Anschlag auf ihr Lebenswerk ist. Umgekehrt muss auch Wałęsa die eigenen Hitzköpfe davon überzeugen, dass es Zeit sei zu reden, nicht für weitere Streiks. Der Vorsitzende der Unabhängigen Studentenvereinigung etwa hat die Einladung glatt ausgeschlagen: Jedes Gespräch mit der Regierung sei Verrat.

Misstrauen, Furcht und die Verletzungen auf beiden Seiten sind groß. Doch noch größer ist die Not – hier wie überall im Ostblock. Nach gut 40 Jahren Planwirtschaft ist das Land am Ende. Die Geschäfte sind leer, die Inflation ist außer Kontrolle, mehr als ein Drittel der Bevölkerung lebt unter der Armutsgrenze. Es ist nicht nur Freiheitsdrang, der die Menschen auf die Straße treibt. Sondern oft auch der Hunger.

BUDAPEST, 22. MÄRZ. Inspiriert von den Ereignissen in Polen, gründen die neu zugelassenen Organisationen einen „Runden Tisch der Opposition". Hier versammeln sich Sozialdemokraten, Nationalkonservative und Liberale, darunter ein Studentenführer namens Viktor Orbán. Sie ringen um Visionen für ein postkommunistisches Land, oft aber im Stil eines intellektuellen Symposiums.

MOSKAU, 26. MÄRZ. In der UdSSR wird gewählt. Zwar steht der Sieg der Staatspartei von vornherein fest. Doch werden die Bürger diesmal an der Kandidatenaufstellung beteiligt; anschließend können sie oft zwischen mehreren Bewerbern um ein Mandat frei wählen, darunter Unabhängige und radikale Reformkommunisten wie der zuvor aus allen Ämtern gedrängte Moskauer Parteirebell Boris Jelzin. Längst ist die KPdSU in sich tief gespalten und zerrissen.

Gorbatschows Land hat mittlerweile ein völlig neues Gesicht. Auf Straßen und Plätzen siedelt sich öffentliches Leben an. So auf dem Moskauer Arbat, wo eine Fußgängerpromenade mit Buden, Straßenmalern, Musikanten und debattierenden Freigeistern entstanden ist.

Störsender, die früher die russischsprachigen Sendungen des von den USA finanzierten antikommunistischen „Radio Free Europe“ überdeckten, sind abgeschaltet. Einst verfemte Bücher werden offen diskutiert. An Zeitungsständen liegen US-Magazine aus. Immer noch werden Bürgerrechtler schikaniert, aber sie können sich zusammenschließen, Gehör verschaffen. Der verlustreiche Krieg in Afghanistan ist beendet. Allein: Die Wirtschaft kommt nicht in Gang.

BELGRAD, 28. MÄRZ. Slobodan Milošević ist das vielleicht bekannteste, populärste Gesicht Serbiens: gedrungen unter der hohen, schütteren Stirn, etwas teigig. Der ehrgeizige Chef der serbischen KP und gefeierte Volkstribun steht im Begriff, Jugoslawiens sensible Machtbalance zu kippen.

Die Bundesrepublik Jugoslawien ist ein kompliziertes Gebilde aus sechs Teilrepubliken und zwei Autonomen Provinzen. Nach außen steht der Vielvölkerstaat neutral zwischen den militärischen Blöcken, im Inneren praktiziert er einen vergleichsweise liberalen Sozialismus.

Dennoch leidet das Land seit Ende der 1970er Jahre unter einer Schuldenkrise, sinkendem Wohlstand. Bei der ethnisch gemischten Bevölkerung weckt die Misere bald nationale Vorbehalte, die als weitgehend überwunden galten.

Vor allem die Serben sehen sich weniger als Nutznießer des Gemeinschaftsstaates denn als ewiges Opfer ihrer Nachbarn. Diese Ressentiments nutzt Milošević für die eigene Karriere.

Als er vor einem wütenden serbischen Mob in der vorwiegend albanisch besiedelten Provinz Kosovo erlebt, wie stark die nationalen Ängste und Leidenschaften seiner Landsleute sind, greift er sie in einer populistischen Kampagne auf, der „antibürokratischen Revolution“. Sie

AUGUST 1989, BALTIKUM. Mit einer 670 Kilometer langen Menschenkette demonstrie

ren Letten, Esten und Litauer für die Unabhängigkeit von der UdSSR. Bald kann Moskau den Zerfall seines Imperiums nicht mehr aufhalten

richtet sich gegen alte Parteikader wie gegen die Rechte der Provinzen und Minderheiten. Auf Massenkundgebungen feiert Milošević den „Volkswillen“, hetzt gegen „albanische Konterrevolutionäre“ und „slowenische Bürokraten“.

Nun, am 28. März, hat das Parlament der Teilrepublik Serbien auf sein Betreiben die Sonderrechte der beiden zu Serbien gehörenden Autonomen Provinzen Vojvodina und Kosovo kassiert. Damit ist die Zentralisierung der Macht in der Teilrepublik deutlich vorangekommen, Serbiens Gewicht in Jugoslawien gewachsen. Und mit ihm das von Serbiens starkem Mann Slobodan Milošević.

Aber zu einem Preis: Noch am gleichen Tag reagieren die Albaner im Kosovo mit Protesten; es gibt Tote und Verwundete.

WARSCHAU, 5. APRIL. Es ist Frühling geworden, seit General Kiszczak die Gespräche mit der Opposition eröffnet hat. Nun liegt ein Abkommen von 200 Seiten auf dem Tisch im Palais Radziwiłł. Da die Verhandlungen öffentlich waren, birgt es kaum Überraschungen: Polens Weg aus der Diktatur besteht aus einer Vielzahl oft kleinteiliger Kompromisse.

Die Solidarność wird legalisiert, die Zensur gelockert, die Opposition erhält eine eigene Tageszeitung mit einer Auflage von 500 000 Exemplaren, 30 Minuten Fernsehzeit pro Woche, eine Stunde im Radio. Das Plansystem soll schrittweise einer Marktwirtschaft weichen.

Und: Es wird Wahlen geben.

Zwar behält die Regierung sich über spezielle Listen 65 Prozent der Sitze im Sejm vor, dem Abgeordnetenhaus. Doch um die Mandate der neu geschaffenen zweiten Parlamentskammer, des Senats, müssen die Kommunisten nun mit Bewerbern der Opposition konkurrieren. Zum ersten Mal riskiert eine kommunistische Partei des Ostblocks eine Niederlage an den Urnen. Beide Seiten sind unsicher, was auf sie zukommt.

BUDAPEST, 2. MAI. Nach mehr als 30 Jahren muss der Sperrzaun an der ungarischen Grenze zu Österreich saniert werden. Da die eigenen Bürger inzwischen Reisefreiheit genießen, spart die klamme Regierung das Geld und lässt die Anlagen kurzerhand abreißen. Zugleich ist es eine Geste der Entspannung gegenüber dem Westen – von dem sich Budapest finanzielle Hilfe erhofft.

OKTOBER 1989, DDR. Der Bruderkuss zwischen KP-Chef Michail Gorbatschow und DDR-Staatschef Erich Honecker täuscht. Sie sind zerstritten über Gorbatschows Reformkurs

Abends sind in den TV-Nachrichten Bilder von Soldaten zu sehen, die Stacheldraht und Alarmdrähte zerschneiden, Betonpfosten niederlegen.

Wenig später fliehen die ersten DDR-Bürger, die in Ungarn Urlaub machen, kurz entschlossen über die ungesicherte Grenze; bald sind es 100 und mehr am Tag. Allerdings patrouillieren die ungarischen Grenztruppen auch weiterhin, und wen sie aufgreifen, den schicken sie zurück in die DDR. Die meisten dieser Pechvögel erhalten mehrjährige Gefängnisstrafen wegen „rechtswidriger Nichtrückkehr“.

OSTBERLIN, 7. MAI. Nach den Kommunalwahlen in der DDR gibt Wahlleiter Egon Krenz am Abend das Ergebnis bekannt: Angeblich haben 98,85 Prozent der Wähler für die Einheitsliste aus SED und Blockparteien gestimmt.

Dieses Mal jedoch haben skeptische Bürger die Wahlen beobachtet – und machen publik, dass Wahlvorstände Listen gefälscht, ungültige Zettel als Zustimmung gezählt, die Zahl der Nein-Stimmen nach unten korrigiert haben. Einzelne Dissidenten schreiben Protestresolutionen, stellen Strafanzeigen wegen Wahlfälschung, es kommt zu kleinen Demonstrationen.

Statt wie geplant den Rückhalt des Regimes zu demonstrieren, hat das inszenierte Votum die Obrigkeit blamiert.

Doch die Demonstrationen werden aufgelöst, viele Teilnehmer verhaftet, Eingaben bei den Behörden abgewiesen oder ignoriert. Zwei besonders hartnäckige Berliner, die nach Wochen persönlich im zuständigen Amt vorsprechen und das Auszählungsprotokoll einsehen wollen, erhalten die Antwort, das gehe nun wirklich nicht: „Ein Fünkchen Vertrauen müssen Sie schon in uns haben!“

Es ist die Lebenslüge vieler SED-Funktionäre, auf diesem Vertrauen zu bestehen – als es schon längst verspielt ist. Sie können sich Freiheitswillen, Kritik und Republikflucht nur mit dem bösen Willen vom Ausland verhetzter „feindlicher, negativer Personenkreise“ erklären (die folglich von Stasi und Volkspolizei zu drangsalieren und zu „zersetzen“ sind).

Vielleicht liegt die Verblendung nahe. Denn anders als bei den Nachbarn steht in der DDR nicht nur das politische

System auf dem Spiel – sondern der Staat selbst. Stürzt die SED, ginge über kurz oder lang wohl auch die DDR unter.

PRAG, 17. MAI. Nach massiven Protesten aus dem In- und Ausland darf Václav Havel das Gefängnis vorzeitig verlassen. Im Zweifel scheint er den Mächtigen auf freiem Fuß weniger lästig als jeder neue, Havels Bekanntheit steigernde Bericht von Auslandssendern wie Radio Free Europe oder der BBC über seine Haft.

SOFIA, 20. MAI. Seit 35 Jahren herrscht Todor Schiwkow über die bulgarische KP. Sein Regime ist weitgehend stabil, die Opposition schwach. Widerstand kommt indes aus der türkischen Minderheit, die rund neun Prozent der Bevölkerung ausmacht und von der Regierung immer schärfer gedrängt wird, sich zu assimilieren: Die seit Jahrhunderten ansässigen Türken müssen slawische Namen annehmen, dürfen den islamischen Glauben nicht mehr frei praktizieren, öffentlich kein Türkisch sprechen, ihre Zeitungen werden geschlossen.

Als die Betroffenen aufbegehren, schickt Schiwkow Soldaten. Und er wendet sich über das Fernsehen an die Türkei: Sie möge ihre Grenzen für jeden Muslim öffnen, der nicht länger in Bulgarien leben wolle. Zunächst langsam, dann anschwellend beginnt nun ein Exodus bulgarischer Türken nach Süden.

BEIJING, 3. JUNI. Auch in China wecken Gorbatschows Reformen Träume. Seit Wochen halten Zehntausende das Zentrum der Hauptstadt um den Platz des Himmlischen Friedens besetzt, vor allem Studenten. Viele sind im Hungerstreik. Sie fordern Demokratie, Rechtsstaat, eine gerechtere Verteilung des wachsenden Reichtums.

In der Nacht auf den 4. Juni aber rückt die Armee vor. Panzer überrollen Barrikaden, aus der Menge fliegen Steine und Molotowcocktails, Kampfwagen gehen in Flammen auf, prasselnd feuern Gewehre. Auf den Straßen liegen verblutete Demonstranten, gelynchte Uniformierte. Manche Beobachter schätzen die Zahl der Toten später auf bis zu 3000. Erst in der folgenden Nacht kehrt Stille ein.

OSTBERLIN, 8. JUNI. Politbüro und Volkskammer der DDR begrüßen das Vorgehen der chinesischen Führung. Und drohen so unverhohlen der eigenen, immer noch über die gefälschten Wahlen klagenden Opposition: Gewalt ist für eine Staatsführung immer eine Option.

OKTOBER 1989, DDR. Mehr als 100 000 DDR-Bürger fordern am 16. Oktober im Zentrum von Leipzig friedlich Freiheit und Demokratie. Und jede Woche werden es mehr

BUDAPEST, 16. JUNI. Die Portalsäulen der Kunsthalle sind schwarz verhüllt. Zehntausende Hauptstädter und Gäste aus der Provinz drängen sich auf dem Heldenplatz, selbst aus dem Exil sind manche gekommen. Die Stimmung ist feierlich: In Ungarn wird die Vergangenheit zu Grabe getragen.

Zwischen den düsteren Säulen stehen sechs mit Blumen geschmückte Särge. In fünf liegen die exhumierten Leichen von Imre Nagy und vier seiner Mitstreiter: Reformkommunisten an der Spitze des Volksaufstands von 1956. Anderthalb Jahre nach der Niederschlagung durch Truppen des Warschauer Paktes unter der Führung Moskaus waren die Anführer damals gehängt und anonym verscharrt worden. Nun sollen sie eine würdige Bestattung erhalten.

Der sechste Sarg ist leer. Er steht für die Gefallenen und Hingerichteten der Revolte, deren Zahl niemand kennt.

Nachdem die höchsten Funktionäre der KP den Aufstand jahrzehntelang als „faschistische Konterrevolution“ denunziert haben, stehen nun Regierungsvertreter Ehrenwache hinter den Särgen und tun Abbitte.

Als letzter Redner spricht der 26-jährige Viktor Orbán vom oppositionellen „Bund Junger Demokraten“ Fidesz. Er polemisiert gegen alle anwesenden Kommunisten, gegen die Versöhnung, gegen das Vergessen. Mäßiger Beifall.

Denn genau das wollen viele Ungarn nicht: offenen Streit. Sondern, dass die Wunden vernarben. Trauer um die Toten, um die verlorenen Jahre: ja. Aber kein Aufrechnen. Sie wünschen sich einen neuen Anfang.

Während die Menschen still den Platz verlassen, später an den frisch aufgeworfenen Gräbern Kerzen entzünden, Kränze niederlegen, herrscht Erleichterung. Der Schrecken ist vorbei, der totalitäre Dämon ausgetrieben. Der Moment der Demokratie gekommen.

WARSCHAU, 18. JUNI. Polen hat gewählt. Und die Ergebnisse erschüttern den gesamten Ostblock: In zwei Runden seit dem 4. Juni sind sämtliche freien Sitze im Parlament an die Opposition gegangen sowie 99 von 100 Mandaten im neu errichteten Oberhaus, dem Senat.

Bis zuletzt hatten die Kommunisten geglaubt, trotz allem noch Rückhalt in der Bevölkerung zu genießen. Jetzt stellt ein schockierter Funktionär resigniert fest: „Das Volk will uns einfach nicht mehr."

SOPRON, 27. JUNI. An Ungarns Grenze zu Österreich mühen sich zwei Herren in dunklen Anzügen mit Bolzenschneidern an einem Stacheldraht. Kameras klicken. Dann geht das Bild der zwei Außenminister um die Welt: wie Gyula Horn und Alois Mock ein großes Loch in den Eisernen Vorhang schneiden.

Es wird nie geklärt, ob der Draht ein letztes Stück echter Sperrzaun war oder eine eigens aufgestellte Attrappe.

In der DDR machen sich nun abermals Hunderte, später Tausende auf den Weg nach Süden.

GAZIMESTAN, 28. JUNI. Genau 600 Jahre ist es her, dass an diesem Ort im Kosovo ein serbischer Fürst im Abwehrkampf gegen die Osmanen gefallen ist. Nun strömen mehr als eine Million Serben zur Gedenkstätte der Schlacht auf dem Amselfeld. Sie wollen den nationalen Mythos feiern, den Heldenmut und die Opferbereitschaft ihrer Nation.

Die Menschen kommen die Wege der sanft abfallenden Hügel hinab, sammeln sich um eine riesige Tribüne; mancher schützt sich auf dem offenen Feld mit einem Regenschirm vor der sengenden Sonne. Andere schwenken rot-blau-weiße serbische Trikoloren, viele skandieren „Slobo! Slobo!" Ihr Held ist zuvor einem Erlöser gleich mit dem Hubschrauber eingeschwebt. Militärkapellen spielen getragene Blechmusik, feierlich werden Kränze niedergelegt; die riesige Menge singt die Nationalhymne. Unter erneuten „Slobo"-Rufen schreitet Slobodan Milošević Richtung Tribüne. Dort begrüßt ihn ein gewaltiger gemischter Chor abermals mit der Hymne.

Milošević, seit Anfang Mai Präsident der Teilrepublik Serbien und damit mächtigster Mann Jugoslawiens, hält eine pathetische Rede, in die er zwar gemäßigte Töne mischt, sich etwa zum Mit-

OKTOBER 1989, TSCHECHOSLOWAKEI. Seit dem Sommer wird die BRD-Botschaft in

Prag zum Ziel von immer mehr Ausreisewilligen aus der DDR. Viele versuchen, an den tschechischen Polizisten vorbei über den Zaun zu klettern

9. NOVEMBER 1989, BERLIN. Am Abend dieses Tages gibt das SED-Regime dem immer stärkeren Druck nach und verkündet die Grenzöff

9. NOVEMBER, BERLIN. Begeistert begrüßen Westdeutsche jeden Trabi-Fahrer als Boten der neuen Freiheit in der DDR

10. NOVEMBER, BERLIN. Vom Schöneberger Rathaus sprechen Kanzler Helmut Kohl und Willy Brandt zu einer riesigen Menge

einander der Völker bekennt, die er aber auch nutzt, um die Serben auf künftige Kämpfe einzuschwören.

So peitscht er den von ihm miterweckten Nationalismus weiter auf, und Ähnliches passiert vielerorts auf dem Balkan. Denn längst agitieren albanische, slowenische und kroatische Nationalisten ihrerseits gegen den serbischen Chauvinismus. Der Geist wird nicht mehr in die Flasche zurückkehren.

MÜNCHEN, 29. JUNI. Der in der bayerischen Landeshauptstadt installierte Sender Radio Free Europe, der im gesamten Ostblock zu hören ist, strahlt ein Manifest in tschechischer Sprache aus. Darin werden Wirtschaftsreformen gefordert, Freiheit für politische Gefangene, Versammlungsfreiheit, Pressefreiheit, freie Gewerkschaften, Religionsfreiheit, Umweltschutz.

Der bereits illegal zirkulierende Text trifft einen Nerv. Erstmals erreicht ein intellektueller Dissident eine große Zahl einfacher Tschechen und Slowaken.

Der Autor ist Václav Havel.

WARSCHAU, 3. JULI. Adam Michnik ruft in der Oppositionszeitung „Gazeta Wyborcza“ den Kommunisten zu: „Euer Präsident – unser Premier!“ Trotz des Wahlergebnisses sollen die alten Machthaber das höchste Staatsamt behalten – aber den Posten des Regierungschefs der Opposition überlassen.

Die Ämterteilung ist ein Kompromissvorschlag. Indes unüberhörbar aus einer Position der Stärke.

BUKAREST, 8. JULI. Die Partei- und Regierungschefs der Warschauer-Pakt-Staaten erklären bei ihrem Gipfeltreffen, dass „jedes Volk selbst das Schicksal seines Landes bestimmt“. Nachdem Michail Gorbatschow dies bereits intern, dann öffentlich angekündigt hat, überlässt er die Osteuropäer nun offiziell sich selbst.

Der Schritt trägt der finanziellen und strategischen Überdehnung des Imperiums Rechnung. Aber er entspricht auch Gorbatschows Überzeugungen. Der Generalsekretär folgt einer Vision von ei-

nung. Zehntausende feiern wie hier am Brandenburger Tor das Ende der Teilung Berlins

11. NOVEMBER, BERLIN: Die Mauer, einst gesichert durch Grenzsoldaten mit Schießbefehl, hat plötzlich ihren Schrecken verloren

nem „gemeinsamen europäischen Haus“, dem selbstbestimmten, friedlichen Zusammenleben der Völker. Er ist sich sicher, dass die Menschen sich vielerorts für einen reformierten Sozialismus und enge Bindungen an die Sowjetunion entscheiden werden. Allerdings können weder die Führer der ehemaligen Vasallen noch ihre Völker so recht daran glauben.

PRAG, 5. AUGUST. Ferienzeit. Erst einzelne, dann immer mehr Urlauber aus der DDR steigen die Vlašska ulice hinauf, eine enge Gasse auf der Prager Kleinseite, an der ein barocker Stadtpalast mit strenger Straßenfront steht: die Botschaft der Bundesrepublik Deutschland.

Sobald sie die Pforte passiert haben, werden die Urlauber zu innerdeutschen Flüchtlingen, denen die Bundesrepublik Obdach gewährt – die ČSSR jedoch keine Ausreise gestattet. Am 22. August sitzen bereits mehr als 100 von ihnen auf dem Areal fest. Das Auswärtige Amt sieht sich gezwungen, die Botschaft für den Publikumsverkehr zu schließen.

BUKAREST, 19. AUGUST. In einem nächtlichen Telegramm fordert der rumänische Diktator Nicolae Ceauşescu die anderen Warschauer-Pakt-Staaten auf, angesichts der bevorstehenden Solidarność-Regierung eine „entschlossene Haltung“ gegenüber Polen einzunehmen.

Aber selbst die SED-Spitze windet sich: Die Möglichkeit „internationalistischer Hilfestellung“ (also: eines Einmarsches) scheine „äußerst begrenzt“.

MALKO TARNOWO, 23. AUGUST. Vor diesem bulgarischen Grenzposten zur Türkei reihen sich kilometerlang die Autos, Busse, Pferdefuhrwerke und Handkarren der türkischen Minderheit. Doch seit der vergangenen Nacht ist der Übergang versperrt.

Seit Ende Mai hat die Türkei 350 000 Aussiedler aus Bulgarien aufgenommen, aber nun verweigert Ankara weiteren Flüchtlingen die Einreise. Viele sitzen in der Falle: Sie haben ihr Vieh geschlachtet, ihre Häuser zu Spottpreisen an Nachbarn verkauft, überteuerte Autos

11. NOVEMBER 1989. 28 Jahre lang hat die Mauer Berlin geteilt, ein nahezu unüberwind

liches Bollwerk. Doch mit der Grenzöffnung ist der Betonwall sinnlos geworden – und wird wie hier nahe dem Potsdamer Platz demontiert

erworben, führen all ihre Habe in wenigen Koffern mit.

Es ist die größte Vertreibung einer Volksgruppe in Europa seit den Jahren nach dem Zweiten Weltkrieg. Immer stärker instrumentalisieren Politiker wie Schiwkow und Milošević nun nationale Ressentiments und Feindschaften.

BALTIKUM, 23. AUGUST. Sie stehen vor ihren Häusern. Sie stehen an Überlandstraßen, auf Dorfgassen, städtischen Boulevards. An Gleisen, vor Waldrändern, an Feldrainen. Männer, Frauen, Alte, Junge, Kinder, Mütter mit Babys. Manche schwenken Fahnen, tragen Transparente, Fackeln. Viele singen. Die meisten halten einander an der Hand.

Zwei Millionen Menschen bilden über eine Strecke von 670 Kilometern zwischen den Hauptstädten der drei baltischen Sowjetrepubliken Litauen, Lettland und Estland eine lebende Kette.

Anlass ist der 50. Jahrestag jenes Paktes, mit dem Hitler und Stalin im Jahr 1939 Osteuropa unter sich aufgeteilt und die drei Länder der UdSSR zugeschlagen haben. Nun wollen die Balten ihre Unabhängigkeit zurück. Das aber würde ein Auseinanderbrechen der UdSSR bedeuten. Den Zerfall des Imperiums.

Dennoch belässt es Moskau nur bei scharfen Protesten gegen Extremismus und Nationalismus; die sowjetische Presse warnt vor gefährlicher „Hysterie". Die Staatsführung setzt auf Verhandlungen sowie auf Gegenkundgebungen und Streiks der russischen Minderheiten in der Region – vielleicht auch, weil sie kurz zuvor mit Gewalt, Toten und Verletzten in anderen zur Sezession strebenden Reichsteilen, in Georgien und Kasachstan, keine Ruhe erzwingen konnte.

WARSCHAU, 24. AUGUST. Das Parlament wählt den Intellektuellen und früheren Häftling Tadeusz Mazowiecki zum ersten nichtkommunistischen Regierungschef eines Warschauer-Pakt-Staates.

EWKSINOGRAD, 1. SEPTEMBER. Todor Schiwkow entspannt sich am Schwarzen Meer in einer für hohe Funktionäre reservierten Ferienanlage. Es gibt Gästebungalows direkt am Strand, einen überdachten Pool, einen Fitnessraum, Obst aus Silberschalen, Coca-Cola.

Die Vertreibung eines großen Teils der türkischen Minderheit hat Bulgariens Ansehen schwer beschädigt. Zudem fehlen nun Arbeitskräfte, auf dem Bau, in der Landwirtschaft, in der devisenträchtigen Tabakindustrie. Dennoch glaubt Schiwkow, von seinem Volk nichts zu befürchten zu haben. Eher beunruhigt auch ihn der Kontrollverlust in Polen. Gorbatschow hält er für einen Verräter.

LEIPZIG, 4. SEPTEMBER. In der DDR beginnt die Stimmung zu kippen. An diesem Montag bleiben nach dem traditionellen Friedensgebet in der innerstädtischen Nikolaikirche erstmals rund 1000 Menschen auf dem Hof vor dem Gotteshaus stehen und rufen „Stasi raus!" Volkspolizei und Staatssicherheit halten sich zurück: In Leipzig ist Messe, viele westliche Journalisten sind in der Stadt.

Am Sonntag darauf gründen Dissidenten aus der ganzen DDR in der Wohnung der Bürgerrechtlerin Katja Havemann eine „politische Plattform" unter dem Namen „Neues Forum". Betont sachlich und etwas umständlich hebt ihr Gründungsmanifest mit dem Satz an: „In unserem Lande ist die Kommunikation zwischen Staat und Gesellschaft offensichtlich gestört." Es geht der Bürgeropposition nicht um ein Ende der DDR, sondern darum, den Sozialismus freiheitlich, ökologisch, sozial zu reformieren.

Viele Ostdeutsche aber wollen davon nichts mehr wissen – sondern die DDR verlassen. Zu Tausenden harren sie in (inzwischen errichteten) Flüchtlingslagern an der ungarischen Grenze aus. Nun kündigt die Budapester Regierung die sozialistische Solidarität mit Ostberlin und erklärt, ab Mitternacht könne jeder DDR-Bürger frei ausreisen.

Eine heikle Nachricht für die SED, doch ihre Zensur ist nahezu machtlos.

10. DEZEMBER 1989, TSCHECHOSLOWAKEI. Der Bürgerrechtler Václav Havel winkt den begeisterten Massen auf dem Prager Wenzelsplatz zu, 19 Tage später wird er zum Staatspräsidenten seines Landes gewählt

Fast überall lassen sich Westsender empfangen, die Berichte und Bilder von erleichterten Übersiedlern. Bis Ende des Monats fliehen mehr als 25 000 Menschen über Ungarn in den Westen.

Andere steuern weiterhin die BRD-Botschaft in Prag an. Da sie nicht mehr eingelassen werden, klettern die Flüchtlinge über Zäune und Mauern auf das Gelände. Der parkähnliche Garten des Palais verwandelt sich in ein Camp.

PRAG, 26. SEPTEMBER. In den Straßen nahe der bundesdeutschen Vertretung behindern Hunderte verlassene Trabis und Wartburgs den Verkehr, auf dem Botschaftsgelände drängen sich mehr als 1000 Menschen. Einige sind versehentlich in die belgische Botschaft eingedrungen und mit Erlaubnis der tschechoslowakischen Behörden überstellt worden. Einer Ausreise jedoch stimmen Prag und Ostberlin weiterhin nicht zu.

Drei Tage später sind es bereits mehr als 3000 Menschen. Seuchengefahr.

Derweil verhandelt Bundesaußenminister Hans-Dietrich Genscher am Rande einer UN-Vollversammlung in New York mit dem Außenminister der DDR über eine Lösung. Genscher hat die Unterstützung der Sowjetunion und der Westmächte. Und in Ostberlin will nun mancher die peinliche Situation vor den anstehenden Feiern zum 40. Jahrestag der Staatsgründung bereinigen.

PRAG, 30. SEPTEMBER. Gegen 19.00 Uhr erscheint Genscher auf einem Balkon der Botschaft. „Wir sind zu Ihnen gekommen", hebt der Minister an, „um Ihnen mitzuteilen, dass heute Ihre Ausreise …" – der Rest des Satzes „in die Bundesrepublik Deutschland bevorsteht" geht in ohrenbetäubendem Jubel unter.

Noch in der gleichen Nacht fahren mehrere Sonderzüge von Prag in die Bundesrepublik. Die Führung der DDR hat zugestimmt, die Züge durchzulassen. Drei Tage später lösen weitere Züge in Dresden Tumulte und Gewalt aus; verzweifelte Männer versuchen, während der verlangsamten Fahrt im Hauptbahnhof auf die Züge aufzuspringen.

Die DDR schließt nun ihre Grenze zur Tschechoslowakei. Dennoch campieren schon bald weitere 4000 DDR-Flüchtlinge auf dem Gelände der westdeutschen Botschaft in Prag.

SOFIA, 5. OKTOBER. Kurz vor seiner Abreise zum 40. Gründungstag der DDR bemerkt KP-Chef Schiwkow bitter, er fahre zu einer Totenfeier. Vielleicht ahnt er, dass auch seine Zeit sich dem Ende nähert. Angesichts des Wirtschaftseinbruchs beginnen jüngere Parteikader, um Macht und Privilegien zu fürchten. Außenminister Petar Mladenow denkt über eine Palastrevolte gegen Schiwkow nach.

OSTBERLIN, 7. OKTOBER. 40. Jahrestag der DDR-Gründung. Am Vorabend sind 100 000 Mitglieder der Parteijugend FDJ mit Fackeln durch die Straßen marschiert. Nun folgt die Nationale Volksarmee mit einer Parade auf der Karl-Marx-Allee. Panzer, Fahnen, Marschmusik. Auf der Tribüne stehen die Staats- und Parteichefs des Warschauer Paktes.

Später, beim Festakt im Palast der Republik, prangt auf einer riesigen Cremetorte ein umzuckertes Herz mit der Prägung „DDR". Erich Honecker, überaus gut gelaunt, stößt die Champagnerschalen seiner Gratulanten an.

Draußen schützen Polizisten den Palast, die Reihen fest untergehakt. Tausende Demonstranten belagern sie, rufen: „WIR sind das VOLK! WIR sind das VOLK!" Und: „Gorbi! Gorbi! Gorbi!"

Doch Gorbatschow erscheint nicht. Als er undiplomatisch früh zum Flughafen abfährt, atmet Stasi-Chef Erich Mielke auf: „Jetzt ist Schluss mit dem Humanismus." Seine Truppen kesseln die Demonstranten ein und prügeln los, schaffen Junge, Alte, zufällig Anwesende mit Bussen in Arrestzellen.

LEIPZIG, 9. OKTOBER. 8000 Bewaffnete sind in der Stadt aufgezogen. Polizei, Stasi, Betriebskampfgruppen, Soldaten. Denn trotz Knüppeln und Verhaftungen kommen Woche für Woche mehr Menschen zum montäglichen Friedensgebet in der Nikolaikirche, zu den anschließenden Protestkundgebungen. Zuletzt waren es bereits 20 000, sind Steine geflogen, Autos abgebrannt.

Das soll nun enden. Bei einer Einweisung der Einheiten heißt es, sie sollten Schluss machen mit der „Konterrevolution" in Leipzig: „Genossen, heute entscheidet es sich – entweder die oder wir." Auf dem Gelände der Landwirtschaftsausstellung im nahen Markkleeberg sind betonierte Pferdeboxen vorbereitet, um Tausende provisorisch zu internieren.

Als um 17.00 Uhr das Gebet beginnt, drängen sich 2400 Besucher in der Nikolaikirche – knapp die Hälfte davon seit Stunden: Die Partei hat sie geschickt, um möglichst viele Plätze zu besetzen.

Während der Andacht ist die Menschenmenge zu vernehmen, die sich draußen sammelt, ein undeutliches Tosen, Sprechchöre, Polizeisirenen. Pfarrer Christian Führer schärft noch einmal ein: keine Gewalt – auch nicht, wenn die andere Seite losschlägt! Er hat Angst (aber das spricht er erst später aus). Es gibt Gerüchte, in den Krankenhäusern sei Personal zu Sonderschichten eingeteilt worden, seien Betten frei gemacht und Blutkonserven bereitgestellt worden.

Kurz nach 18.00 Uhr verlassen die Menschen die Kirche. Viele tragen Kerzen in der Hand, schützen mit der anderen die Flamme: Wer keine Hand frei hat, kann keine Steine werfen – und zeigt das auch. Gemeinsam mit den draußen Wartenden setzen sie sich in Bewegung Richtung Ring, der rund zweieinhalb Kilometer langen, sechsspurigen Straße, die Leipzigs Innenstadt umschließt.

Dort warten Hundertschaften mit Schlagstöcken und weißen Schilden; im Hintergrund stehen Mannschaftstransporter, Wasserwerfer, Panzerwagen. Honeckers Befehl ist eindeutig: „Krawalle sind von vornherein zu unterbinden." Mit allen Mitteln. Spätestens wenn der Zug über den Ring den Hauptbahnhof erreicht, soll er aufgelöst werden.

Für Journalisten ist die Stadt gesperrt, Geschäfte und Cafés sind schon am Nachmittag geschlossen worden, Büros geräumt, die Bürger gewarnt, sich von der Innenstadt fernzuhalten.

Doch statt fortzulaufen, kommen 70 000 Menschen – nicht nur Leipziger, sondern fast aus der ganzen DDR. Viel mehr, als die Einsatzstäbe erwartet haben.

Gegen 18.15 Uhr wälzt sich die Menge über den Ring Richtung Hauptbahnhof. Polizei rückt ihr entgegen.

Da entscheidet ein leitender Polizeibeamter angesichts der überwältigenden Menschenmasse, noch einmal mit Berlin zu telefonieren. Er erreicht Egon Krenz, in der SED-Führung zuständig für Sicherheitsfragen. Krenz will sich kurz abstimmen, umgehend zurückrufen.

Minuten verstreichen. Wirft jetzt ein Demonstrant einen Stein oder verliert einer der Bewaffneten die Nerven, kann das ein Blutbad auslösen.

„Keine Gewalt!", skandieren Marschierende, und „Wir sind das Volk!". Dazu rhythmisches Klatschen. Transparente fordern „Alle Macht dem Volke".

Keine Antwort aus Berlin.

Sprechchöre für „Freiheit, Gleichheit, Brüderlichkeit!", für „Gorbi!" und „Demokratie – jetzt oder nie!".

Die „Internationale" erklingt, auch „We shall overcome", die Hymne der US-Bürgerrechtsbewegung.

Um 18.35 Uhr befiehlt der Einsatzleiter von sich aus, zur „Eigensicherung" überzugehen: Die Uniformierten weichen zurück, suchen Schutz in ihren Mannschaftswagen. Immer leichter, enthusiastischer singt und skandiert die Menge, je weiter sie gelangt.

Endlich, gegen 19.15 Uhr, ruft Krenz zurück. Berlin akzeptiere den Gewaltverzicht. „Nu sind se rum", antwortet der Einsatzleiter lakonisch: Die Demonstration ist den Ring abgelaufen – und hat sich damit symbolisch durchgesetzt.

Vermutlich war am Ende einfach kein Verantwortlicher bereit, ein Massaker auf sich zu nehmen. Ob Erich Hone-

22. DEZEMBER 1989, RUMÄNIEN. Nirgendwo ist der Umsturz so blutig wie hier. Als

22. DEZEMBER, BUKAREST. Demonstranten verstecken sich hinter einem Panzer – inzwischen wenden sich immer mehr Soldaten gegen das Regime

Demonstranten gegen die Diktatur protestieren, reagiert das KP-Regime mit Gewalt. Insgesamt kommen mehr als 1000 Menschen ums Leben

22. DEZEMBER, BUKAREST. KP-Chef Nicolae Ceauşescu versucht zu fliehen, wird jedoch verhaftet (tote Leibwächter)

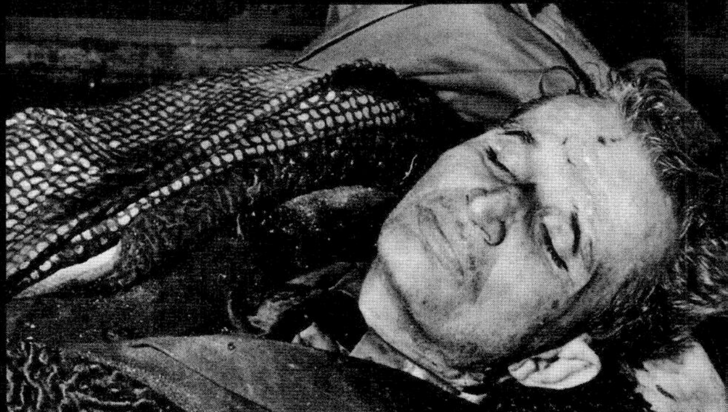

25. DEZEMBER, TÂRGOVIŞTE. Ein Militärgericht verurteilt den Diktator Ceauşescu zum Tod – er wird sofort erschossen

cker gefragt wurde, ist unklar. Etliche Soldaten und Polizisten sind vor dem Einsatz weinend zusammengebrochen, haben sich krankgemeldet, vorab erklärt, keinesfalls zu schießen.

Besiegelt wird die Niederlage durch Aufnahmen, die zwei Videofilmer von einem Kirchturm aus machen. Ein Korrespondent schmuggelt die VHS-Kassette zwischen Unterhosen nach Westberlin. Am folgenden Abend laufen die Bilder in den „Tagesthemen" – und damit auch in den meisten ostdeutschen Wohnzimmern. Jeder kann es sehen: Das Regime hat vor der schieren Masse des friedlichen Widerstands kapituliert.

Im ganzen Land trauen sich Menschen heraus. Immer mehr. Tag für Tag.

OSTBERLIN, 17. OKTOBER. Sitzung des Politbüros der SED. „So beschissen wie noch nie" sei die Lage, schimpft ein Mitglied des höchsten Parteiorgans. „Wir können doch nicht anfangen, mit Panzern zu schießen!", stöhnt Mielke. Jemand stellt fest, Honecker habe das Vertrauen der Partei verloren. Da sagt dessen langjähriger Kronprinz Egon Krenz, es tue ihm weh, „aber Erich hat das alles nicht verstanden". Der letzte Messerstich. Honecker muss zurücktreten.

Tags darauf wählt das SED-Zentralkomitee Krenz zum neuen Generalsekretär. Er verspricht eine „Wende".

OSTBERLIN, 4. NOVEMBER. Fast eine Million Menschen fordern Rede- und Versammlungsfreiheit, freie Wahlen. Darunter zahlreiche sonst loyale Künstler, Intellektuelle, selbst SED-Funktionäre. Es ist die größte Kundgebung in der 40-jährigen Geschichte des Landes.

OSTBERLIN, 9. NOVEMBER. Die neue Führung hat beschlossen, sich dem rund 200-köpfigen Zentralkomitee zu offenbaren: Die vermeintlich wirtschaftsstarke DDR steht am Abgrund. Straßen, Schienen, Industrieanlagen sind verfallen, Investitionen wurden fehlgeplant.

Mikroelektronik, Telefone, Dachpappe, Gewürze, Büstenhalter: Alles ist knapp. Wollte die DDR auch nur den

DER GETEILTE KONTINENT Anfang 1989

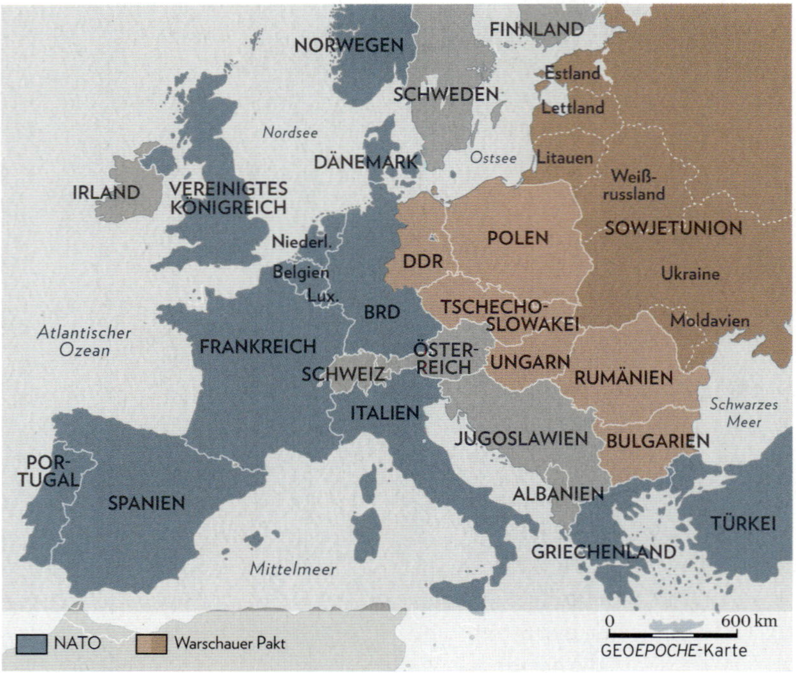

JAHRZEHNTELANG waren Deutschland und Europa geteilt, in zwei Machtblöcke und Militärbündnisse: den kommunistischen Warschauer Pakt und die von den USA geführte NATO

Anstieg ihrer Auslandsschulden stoppen, müsste der Lebensstandard um 25 bis 30 Prozent sinken. Kurz: Sie ist pleite. Ihre Führung aber hat die Warnzeichen ignoriert, ist der eigenen Propaganda und internen Schönrednerei erlegen.

Vor dieser niederschmetternden Bilanz bringt Krenz noch eine vage gehaltene Verordnung zur Reisefreiheit ein, die dem Regime Luft verschaffen soll.

Sie wird genehmigt, und gegen 19.00 Uhr verliest Regierungssprecher Günter Schabowski den Text auf einer Pressekonferenz vor laufenden Kameras.

Nachfrage eines Korrespondenten: „Wann tritt das in Kraft?"

„Das tritt, nach meiner Kenntnis", Schabowski blättert in seinen Unterlagen, „ist das sofort. Unverzüglich."

Auch für Berlin? Schabowski ist unsicher. „Also", sagt er lesend, „doch doch". Unter den Journalisten wächst die Unruhe. Ein Korrespondent fragt: „Herr Schabowski, was wird mit der Berliner Mauer jetzt geschehen?"

Der SED-Mann behilft sich mit Floskeln, starrt ins Nichts. Er weiß es nicht. Das Regime weiß nicht weiter.

Wenig später bilden sich die ersten Ostberliner Grüppchen an den innerstädtischen Grenzübergängen, fordern Auslass. Gegen 20.30 Uhr sind es am zentral gelegenen Übergang Bornholmer Straße bereits Hunderte. Die Beamten haben keine Anweisungen, sind hilflos.

Gegen 21.00 Uhr skandieren Tausende vor dem Kontrollposten „Wir wollen rüber!". In den Grenzern steigt Panik auf. Endlich kommt ein Befehl: Einzelne „Provokateure" seien durchzulassen und mit einem speziellen Stempel im Ausweis insgeheim auszubürgern.

Doch die Masse der Zurückbleibenden wird nur noch aufgeregter. Um 22.28 Uhr weist ein Sprecher des DDR-Fernsehens mit beschwörender Stimme darauf hin, Ausreisen seien vorher zu beantragen, vom nächsten Morgen an, zu den üblichen Sprechzeiten der Ämter. Eine Viertelstunde später berichtet die ARD fälschlich, die Grenze sei offen. In beiden Teilen der Stadt machen sich weitere Berliner in großer Zahl auf zur Mauer.

Bornholmer Straße, 23.30 Uhr. Schon haben die Menschen ein Absperrgitter fortgeschoben. Endlich meldet der verantwortliche Stasi-Offizier an seine Vorgesetzten: „Es ist nicht mehr zu halten." Und lässt die Schlagbäume öffnen. Bis Mitternacht folgen die übrigen Berliner Grenzübergänge. Zu Zehntausenden strömen die Ostdeutschen hinaus.

In Ostberlin reißt der Strom eine junge Physikerin mit, die gerade aus der Sauna kommt, spült sie über die Grenze, in eine Privatwohnung von Westberlinern. Dort trinkt Angela Merkel erstmals in ihrem Leben ein Dosenbier West.

Noch ehe der Morgen graut, tanzen Ost- und Westberliner auf der Mauer, um sie herum, in den Straßen. Weltweit sitzen Menschen vor ihren Fernsehgeräten und schauen dem Wunder zu: dass die Welt sich ändern kann. Zum Guten.

SOFIA, 9. NOVEMBER. Fast unbemerkt findet am Abend des Mauerfalls noch ein zweiter Umsturz statt. Von Gorbatschow ermutigt, eröffnet eine Gruppe jüngerer Funktionäre um Außenminister Mladenow dem 78-jährigen Todor Schiwkow, seine Zeit sei um. Der versucht noch, sich zu winden. Dann gibt er auf – „aus Alters- und Gesundheitsgründen", wird es am nächsten Tag heißen. Insgeheim hat er wohl längst resigniert.

So endet der Putsch friedlich. Der Gestürzte lässt sich Cognac bringen, Mladenow Whisky, andere Minister trinken Wein. Sie werden Reformen einleiten, teils auch nur zum Schein ankündigen, um einem Aufstand zuvorzukommen. Und ihre Pfründen zu verteidigen.

OSTBERLIN, 10. NOVEMBER. Kolonnen von Trabis verstopfen die Westberliner Straßen, werden dort frenetisch begrüßt. Dicht drängen sich die Menschen vor allem am Brandenburger Tor auf der Mauer. Einige schlagen mit Hämmern Brocken aus dem Beton. Eine über Tage währende Party hat begonnen.

Im Plenarsaal des ZK-Gebäudes der SED erläutert der Vorsitzende der Plankommission die wirtschaftliche Lage. Die Sitzung endet im Tumult.

Derweil bedrängen in Moskau hohe Offiziere aus Armee und Geheimdienst ihre Staatsführung, nun doch die Sowjetarmee aus den Kasernen zu rufen, die innerdeutsche Grenze mit Waffengewalt wieder zu schließen. Andernfalls hätte die UdSSR den Kalten Krieg verloren.

KP-Generalsekretär Gorbatschow lehnt ab. Er bleibt bei seinem Kurs.

MOSKAU, 16. NOVEMBER. Jan Fojtík, der Chefideologe der tschechoslowakischen KP, ein Hardliner, ist zu Gast. Seit Wochen nehmen in der ČSSR die Proteste zu, doch behält die Polizei die Oberhand. Der eigentliche Garant der kommunistischen Macht ist seit der Revolte von 1968 die Sowjetarmee. 80 000 fremde Soldaten stehen im Land. Würden sie notfalls noch einmal ausrücken?

Bereits im Herbst hat Fojtík an Moskaus strategisches Interesse appelliert: Sollte das Regime in Prag stürzen, würde die Tschechoslowakei unweigerlich zum westdeutschen Protektorat werden.

PRAG, 17. NOVEMBER. Als Fojtík am Abend heimkehrt, ist die Stadt in Aufruhr. Bereitschaftspolizei knüppelt überwiegend studentische Demonstranten nieder, es gibt Verletzte, 143 Protestler werden verhaftet – darunter die Symbolfigur des Prager Frühlings, der inzwischen fast 70-jährige ehemalige KP-Führer Alexander Dubček.

Gegen 22.00 Uhr laufen nur noch einzelne, verstörte Studenten durch die zentrale Národní-Straße. In der Stille aber zieht sich ein Sturm der Empörung zusammen.

Und Fojtíks Nachrichten sind schlecht: Die Sowjetarmee wird unter allen Umständen in den Kasernen bleiben. Schlimmer noch: Gorbatschow will sich offiziell für die sowjetische Intervention von 1968 entschuldigen.

In den Tagen darauf eskaliert die Situation in Prag immer weiter. Erst rufen Schüler und Studenten einen Streik aus, dann protestieren am 19. November 20 000 Demonstranten gegen den überharten Polizeieinsatz. Am 20. sind es 200 000 Menschen, ebenso am 21.

Auf dem Wenzelsplatz spricht Václav Havel an diesem Abend und verkündet, die Regierung habe in Gespräche mit der Opposition eingewilligt.

BUKAREST, 23. NOVEMBER. Unter donnerndem Applaus bestätigen mehr als 3000 Delegierte auf dem 14. Parteitag der rumänischen KP Nicolae Ceauşescu einstimmig als Partei- und Staatschef. Feiern ihren „Führer" als „Titan unter Titanen".

Kein anderer osteuropäische Herrscher treibt einen solchen Personenkult wie das „Genie der Karpaten". Kaum einer regiert mit derartiger Härte. Und keiner drangsaliert seine Bevölkerung mit ähnlich aberwitzigen Großprojekten.

Kaum irgendwo schließlich sind die Korruption und das Elend größer. Selbst in strengen Wintern dürfen Wohnungen nur auf zwölf Grad Celsius geheizt werden. Die Grundnahrungsmittel sind rationiert. Frauen gebären in halb verfallenen Krankenhäusern und lassen ihr Baby zurück, weil sie es nicht ernähren können. Kinder leben auf der Straße; viele schnüffeln giftigen Lack zur Betäubung.

PRAG, 24. NOVEMBER. Nach 21 Jahren Redeverbot steht Alexander Dubček auf einem Balkon am Wenzelsplatz und spricht für Demokratie, gegen Gewalt und Extremismus. 300 000 feiern ihn. Am Abend tritt die KP-Führung zurück. Bald kursiert ein Schlachtruf: „Havel auf die Burg!" Dort, oberhalb der Gassen und Plätze, residiert der Staatspräsident.

BONN, 28. NOVEMBER. Haushaltsdebatte im Bundestag. Helmut Kohl erhält das Wort. Nur eine Handvoll Vertrauter ist eingeweiht in den Coup, den der Bundeskanzler nun wagen wird: Er stellt ein Programm in zehn Punkten vor – dessen Ziel die deutsche Einheit ist.

Wie aus dem Nichts hievt Kohl das Thema auf die internationale Tagesordnung. Und bringt inmitten der sich überstürzenden Ereignisse das Heft des Handelns an die Bundesregierung, macht die westdeutsche Opposition ebenso zu Getriebenen wie die Siegermächte des Zweiten Weltkriegs.

Auch Gorbatschow wird davon überrascht. Zwar hat Kohl bei einem Besuch des Russen im Sommer geäußert, die deutsche Einheit werde kommen, „so sicher, wie der Rhein zum Meer fließt". Doch das schien eine abstrakte Aussage über eine ferne Zukunft.

Nun steht der Kreml vor der Frage, ob die UdSSR eine deutsche Wiedervereinigung mitgestalten, sie taktisch verzögern oder aktiv verhindern soll – und zu jeweils welchen Bedingungen.

Gorbatschow meint es durchaus ernst mit dem Selbstbestimmungsrecht eines jeden Volkes, auch des deutschen. Andererseits muss er Widerstand in den eigenen Reihen bis hin zu einem Putsch fürchten, falls er die DDR fallen lässt – für Millionen Veteranen Symbol ihres leidvoll errungenen Sieges im Zweiten Weltkrieg. Wie viele hält auch der Generalsekretär die Teilung für ein Urteil der Geschichte. Und auch ihn beunruhigt die Aussicht auf einen deutschen Machtzuwachs. Grundsätzlich will er deshalb eine reformsozialistische, offene DDR – und keine Wiedervereinigung.

Doch zwischen Ideen, Beratern und Stimmungen schwankend, von innersowjetischen Krisen abgelenkt, legt Gorbatschow seine Führungsmannschaft auf keine Linie fest. Und so kommt es zu jener Entwicklung, die den sowjetischen Interessen am abträglichsten ist: Moskau lässt die Dinge treiben.

PRAG, 3. DEZEMBER. Premier Ladislav Adamec nimmt fünf Nichtkommunisten in das 20-köpfige Regierungskabinett auf, belässt aber alle Schlüsselressorts in kommunistischer Hand. Der Opposition ist das zu wenig. Unterstützt von 200 000 Demonstranten, droht sie nun mit dem Generalstreik.

31. DEZEMBER 1989, BERLIN. Ein Paar feiert auf der ausgedienten Mauer. Das abgelaufene »Wunderjahr« ist für viele vor allem ein Versprechen auf eine bessere Zukunft

MOSKAU 4. DEZEMBER. Noch einmal treffen sich die Führer der Warschauer-Pakt-Staaten. Bei einem Gespräch mit Gorbatschow verliert Ceauşescu die Kontrolle, bezichtigt den Russen wutentbrannt des Verrats. Beide Männer schreien. Der Rumäne wirft sein Champagnerglas auf den Boden, stürmt aus dem Saal und lässt sich zum Flughafen fahren. „Mit Nicolae", sagt Gorbatschow zu Beratern, werde es „böse enden".

LEIPZIG, 4. DEZEMBER. Auf der Montagsdemonstration beschimpfen sich Gegner und Befürworter einer deutschen Vereinigung als „Rote", als „Nazis". Die nationale Frage erreicht die Protestbewegung – und beginnt, sie zu spalten.

PRAG, 10. DEZEMBER. Staatspräsident Husák vereidigt ein neues Kabinett, das mehrheitlich aus Nichtkommunisten besteht. Anschließend tritt er zurück.

TEMESWAR, 16. DEZEMBER. Um das Haus von László Tőkés in der rumänischen Provinz haben sich mehrere Hundert Menschen versammelt. Sie wollen ihren Pfarrer, der gegen ein Programm zur Auslöschung der Dörfer aufgetreten ist, vor der Deportation durch den Staatssicherheitsdienst Securitate schützen.

Polizei rückt vor. Da schlägt die Stimmung um, geht es plötzlich um mehr als den Pfarrer. Rufe gegen Ceauşescu werden laut, nach Freiheit, und: „Wir haben Hunger!" Ein Demonstrationszug formiert sich.

Zwar gelingt es der Securitate, Tőkés und dessen Frau am Morgen des folgenden Tages aus ihrem Haus zu verschleppen. Doch die Explosion der aufgestauten Wut wird dadurch allenfalls heftiger. Tausende ziehen durch die Straßen, verwüsten die örtliche Parteizentrale, stecken Autos und Busse in Brand, Porträts und Bücher des *Conducatore*. Der schickt nun die Armee – und erteilt den zögernden Offizieren persönlich den Feuerbefehl mit scharfer Munition. Gegen 19.00 Uhr fallen die ersten Schüsse.

Dutzende Demonstranten werden in den folgenden Stunden getötet, Hunderte verwundet und verhaftet, viele im Arrest geschlagen. Für Ceauşescu ist die Sache damit erledigt. Tags darauf fliegt er zu einem Staatsbesuch in den Iran.

DRESDEN, 19. DEZEMBER. Dunkel ragt die Ruine der Frauenkirche in den Abend. Die dicht gedrängte Menge auf dem Neumarkt reckt Transparente, Deutschlandfahnen. Gleißend fokussieren Scheinwerfer den schweren Mann im dunklen Zweireiher auf seinem engen, hohen Rednerpult: Helmut Kohl besucht Sachsen und kommt schon kaum noch als Staatsgast, eher als Deutscher unter Deutschen. Die Mehrheit ruft nicht länger die Parole der Bürger-Opposition „Wir sind *das* Volk".

Sondern: „Wir sind *ein* Volk!"

BUKAREST, 21. DEZEMBER. Zehntausende Claqueure hat der zurückgekehrte Diktator Ceauşescu im Zentrum zusammenbringen lassen. Radio und TV übertragen live. Obwohl die Armee in Temeswar vor weiterem Blutvergießen zurückgeschreckt ist, ein Revolutionskomitee dort die erste „freie Stadt" Rumäniens ausgerufen hat, die Rebellion auf andere Orte überzuspringen beginnt, will Ceauşescu demonstrieren, wer im Land die Macht hat, die Mehrheit.

Donnernder, rhythmischer Applaus unter einem dichten Wald roter Transparente. Auf dem mächtigen Balkon des Zentralkomitee-Gebäudes steht der Tyrann, seine Stimme dröhnt über den Platz. Plötzlich aber dringen Protestrufe durch den Jubel. Ein Tumult bricht aus, Menschen schreien, rempeln andere an, stürzen, laufen weg. Pfiffe gellen.

Ceauşescu stutzt. Er blinzelt. Begreift nicht, minutenlang. Die TV-Übertragungen werden unterbrochen.

Der Conducatore versucht fortzufahren, verspricht spontan höhere Löhne und Renten. Das Volk pfeift. Es ist der Moment, in dem der Staatschef die Kontrolle verliert – und jeder sieht es.

Schließlich zieht sich Ceauşescu ins Innere des Gebäudes zurück. Auf dem Platz, in anderen Straßen laufen die Menschen zusammen, rufen nach freien Wahlen. Immer mehr, weitere Tumulte, Unruhen. Wasserwerfer bleiben trotz der bitteren Kälte wirkungslos.

Am Abend beginnt die Armee, scharf zu schießen, in Bukarest, aber auch in anderen Städten. Feuer brechen aus. Dutzende, Hunderte kommen bei den Kämpfen ums Leben.

Aber die Menschenmengen wachsen weiter. Bald laufen erste Soldaten zu den Aufständischen über. Bis am Morgen des 22. Dezember ein Hubschrauber vom Dach des ZK-Gebäudes abhebt – und alle, die es sehen, begreifen: Der Diktator flieht. Er ist besiegt.

Zwar nehmen Geheimdienst und Spezialeinheiten den Kampf gegen die Revolution noch einmal auf. Die Zahl der Toten steigt immer weiter.

Doch dann können reguläre Einheiten Ceauşescu fassen. Offiziere bilden ein improvisiertes Militärtribunal – und urteilen den heiser protestierenden Conducatore in kürzester Zeit ab, zusammen mit seiner im Volk ebenso verhassten Frau. Am 25. Dezember wird das Paar gefesselt, an eine Wand geführt, auf beider letzten Wunsch hin gemeinsam. Fallschirmjäger erschießen sie mit mehreren Salven aus automatischen Waffen.

Als das Fernsehen die blutüberströmten Leichen zeigt, fällt die Gegenrevolte in sich zusammen.

PRAG, 29. DEZEMBER. In der Universität sitzen Studenten vor dem TV-Gerät, auf den Plätzen um die Burg stehen sie unter Lautsprechern. Gebannt verfolgen die Prager, wie drinnen der am Vortag gekürte Parlamentsvorsitzende Alexander Dubček die Wahl eines neuen Staatspräsidenten leitet.

Immer noch haben die Kommunisten hier die Mehrheit. Aber sie sind geschlagen, und sie wissen es. Vermutlich mit Ingrimm, doch ohne Gegenstimme bestätigen die Abgeordneten den einzigen Kandidaten: ihren zähen, freundlichen, verhassten Widersacher.

Den Bürger Václav Havel.

Als Havel später auf einen Balkon der Burg tritt, ein stolzes, etwas zerknautschtes Lachen im Gesicht, vor sich ein Schmuckgitter aus vergoldeten Ornamenten, im Rücken die pompöse Stuckfassade, ringsumher Nationalfahnen, empfängt ihn euphorischer Jubel. Am Abend brennen in der Altstadt Feuerwerke, tanzen die Menschen. Der utopische Party-Gag vom Vorjahr ist Realität: Monarchie für alle. Demokratie.

MOSKAU/WASHINGTON, 1. JANUAR 1990. Auch diesmal wenden sich Michail Gorbatschow und der neue US-Präsident George H. W. Bush mit einer Ansprache an das jeweils andere Volk. Beide Staatschefs betrachten den Kalten Krieg als überwunden und blicken voraus in eine Zukunft friedlicher Kooperation, der Freiheit, des wirtschaftlichen Austausches und Aufschwungs.

Selten waren die Hoffnungen und Erwartungen eines Kontinents, vielleicht der Welt, höher als zu Ende des Jahres 1989. In den USA verkündet der Politikwissenschaftler Francis Fukuyama gar das „Ende der Geschichte", den endgültigen Sieg der liberalen Ideale, von Demokratie und Marktwirtschaft.

Doch es kommt anders.

Denn auf den Sieg der Revolution folgen die Mühen der Freiheit, wirtschaftliche Turbulenzen, Chaos. Und mannigfache Enttäuschung.

War in fast allen rebellierenden Ländern das Nationalbewusstsein ein Vehikel der Freiheit, so zeigt es bald als Nationalismus seine zerstörerische Seite: Jugoslawien versinkt in einem blutigen Krieg seiner Völker. Rumänien und Bulgarien bleiben in der Hand korrupter Eliten, die Minderheiten als Wutableiter nutzen. Václav Havel und der wenig später zum polnischen Staatspräsidenten gewählte Lech Wałęsa werden für ihre ausgleichende Politik als Verräter beschimpft. In Ungarn wandelt sich Viktor Orbán vom jungen Wilden zum autoritären Nationalkonservativen.

Keiner indes scheitert so tragisch wie Michail Gorbatschow. Seine Wirtschaftsreformen schlagen fehl, und die Sowjetunion zerbricht. Statt als Retter des Imperiums geht Gorbatschow als sein Totengräber in die Geschichte ein.

Was bleibt, ist die Erinnerung an einen vielfachen, fulminanten Sieg des Freiheitswillens und der Friedensliebe. Die Gewissheit, dass die Geschichte offen ist: zum Schlechteren – aber auch zum Besseren. ◊

Der Weg zur

Nach dem Mauerfall steht die DDR Anfang 1990 vor dem Kollaps. Entschlossen verfolgt der bundesdeut
alle Siegermächte des Zweiten Weltkriegs stellen sich gegen sein Vorhaben – vor allem aus Furcht vor der

28 JAHRE, ZWEI MONATE UND 27 TAGE lang war sie das Symbol der Spaltung Deutschlands und der Welt: Nach dem Fall der Mauer werden nun immer mehr Breschen in das Bauwerk geschlagen – und im Juni 1990 beginnt die DDR-Regierung mit dem systematischen Abriss des Betonwalls. So groß ist ihre wirtschaftliche Not, dass sie Teile davon im Ausland versteigern lässt, für jeweils rund 180 000 D-Mark

EINHEIT

sche Kanzler Helmut Kohl ein ehrgeiziges Ziel: die Wiedervereinigung der beiden Staaten. Doch fast Macht und Größe eines geeinten Deutschlands. Und so beginnt ein monatelanges Ringen

TEXT: *Reymer Klüver*

W

Was ist nur mit Schewardnadse los? Die Außenminister sind perplex. So energisch, beschwörend fast, haben sie ihren Kollegen aus Moskau noch nie erlebt. Immer wieder blickt er sie an und betont, dass alles, was er in seinem zwölf Seiten langen Redetext vorträgt, wirklich ernst gemeint sei.

Kein listiges Zwinkern, kein Lächeln – wie sonst, wenn er andeuten will, dass es noch Spielraum gibt für Verhandlungen.

Seine Position ist offenbar direkt mit dem Politbüro im Kreml abgestimmt, und er gibt sie präzise wieder, Wort für Wort – ganz so wie zu Zeiten seiner Vorgänger im Kalten Krieg. Und deren wichtigste Vokabel in Verhandlungen war meist: „njet".

Nein, sagt nun auch Eduard Schewardnadse: Mitglied in der NATO, dem Militärbündnis des Westens, könne ein vereintes Deutschland unter keinen Umständen werden. Das sei „nicht akzeptabel". Die Haltung der Sowjetunion sei da „unnachgiebig".

Man müsse die „inneren und äußeren Aspekte der Einheit" trennen, wie er es im Diplomatenjargon formuliert. Zusammenwachsen könnten die beiden deutschen Staaten also durchaus, die Bundesrepublik und die DDR.

Aber souverän werden (sprich: über sich selbst bestimmen), so gibt er zu verstehen, könne ein vereintes Deutschland noch lange nicht. Man brauche eine „Übergangsperiode".

Und die werde sich hinziehen. „Sicherlich einige Jahre noch."

Erstaunt schauen ihn seine Außenministerkollegen aus der Bundesrepublik, der DDR, Frankreich, Großbritannien und den USA über den Konferenztisch an.

Mit großen Hoffnungen sind sie an diesem 5. Mai 1990 nach Bonn gekommen, zur ersten Runde der „Zwei-plus-Vier-Gespräche". In ihnen wollen die zwei deutschen Staaten und vier Siegermächte des Zweiten Weltkriegs die deutsche Einheit vereinbaren.

Fast auf den Tag genau 45 Jahre nach Kriegsende sollen Verhandlungen die Teilung Deutschlands überwinden – soll jene Grenze verschwinden, die wie keine zweite für das Erbe des Weltenbrandes steht. Es wäre, nach mehr als vier Jahrzehnten, das Ende der europäischen Nachkriegsordnung.

Dass die Sowjetunion gleich am ersten Verhandlungstag allem zustimmt, auch der Mitgliedschaft eines vereinten Deutschlands in der NATO, hatte zwar niemand ernsthaft erwartet. Dass Schewardnadse so bestimmt und klar in seiner Ablehnung auftreten würde, aber auch nicht. Er warnt seine Kollegen ausdrücklich: Er bluffe nicht.

Sind die Gespräche damit an ein Ende gekommen, noch bevor sie richtig begonnen haben? Scheitern sie tatsächlich an der Frage, die nicht nur für die Sowjetunion, sondern auch für die drei westlichen Siegermächte von zentraler Bedeutung ist: welchem Bündnis das geeinte Deutschland angehören soll?

London, Paris und Washington wollen hier kein Stück weit nachgeben. Und so lässt die Rede des sowjetischen Außenministers nun die Sorge aufkommen, dass ein vereintes, souveränes Deutschland auf Jahre hinaus unmöglich sein wird. Vielleicht waren die Erwartungen doch zu hoch, ging bisher alles zu schnell. Schließlich ist es keine sechs Monate her, dass die Mauer gefallen ist.

°

DAMALS, IM NOVEMBER 1989, haben die Ereignisse die Politiker in Bonn, Paris, London, Washington und Moskau überrumpelt. Keiner hat damit gerechnet, dass sich der eiserne Griff des sozialistischen Regimes in der DDR so schnell lockern würde. Und keiner weiß zunächst so richtig, wie man darauf reagieren soll.

Helmut Kohls REDE bricht ein Tabu

Als Erster ergreift der westdeutsche Kanzler die Initiative. Helmut Kohl gilt als Machtmensch. Tatsächlich spürt er wie kein Zweiter, dass eine Zeitenwende begonnen hat – und dass er die Gelegenheit nutzen muss: „Jetzt wird Weltgeschichte geschrieben", sagt er nach dem Mauerfall.

Am 28. November 1989 tritt Kohl ans Rednerpult des Bundestags und entwirft einen Zehn-Punkte-Plan: einen Weg zur Einheit der beiden deutschen Staaten. Der Kanzler formuliert zwar vorsichtig, spricht lediglich von „konföderativen Strukturen", von gemeinsamen Regierungskommissionen und von Konsultationen mit dem Ziel, in der Zukunft eine gemeinsame „bundesstaatliche Ordnung in Deutschand" zu schaffen. Dennoch bricht er ein Tabu: Erstmals macht ein Bundeskanzler konkrete Vorschläge zur Wiedervereinigung des geteilten Landes. „Dass die Einheit kommen wird, dessen bin ich sicher", sagt Helmut Kohl gegen Ende der Rede mit bebender Stimme.

Dieser Auftritt setzt die Siegermächte unter Zugzwang. Sie hatten 1945 die Regierungsgewalt in Deutschland übernommen und sich nach der Gründung der Bundesrepublik wichtige Rechte vorbehalten. Auch nach dem Deutschlandvertrag von 1954, mit dem Westdeutschland weitgehende Souveränität erhielt, war eine Wiedervereinigung des Landes von ihrem Einverständnis abhängig.

Die einstigen Alliierten müssen nun auf Kohls Vorstoß irgendwie reagieren. Sind sie für eine Wiedervereinigung, wie alle Regierungen im Westen stets in der Öffentlichkeit beteuert haben? Oder gibt es nun, da es konkret wird, doch Vorbehalte?

Allerdings glaubt selbst Kohl, dass es bis zur tatsächlichen Einheit noch lange dauern wird – Ende November 1989 geht er seinen engen Beratern gegenüber von fünf bis zehn Jahren aus.

Wohl aus Angst, dass seine Initiative bereits in ihren Anfängen torpediert werden könnte, hat er außer ausgewählten Mitarbeitern niemanden vorab über seinen Zehn-Punkte-Plan informiert – nicht einmal seinen Außenminister Hans-Dietrich Genscher und seinen engsten Verbündeten in Europa, den französischen Präsidenten François Mitterrand. Nur das Weiße Haus in Washington hat den Text ein paar Stunden vor seiner Rede erhalten – doch da war es Nacht in den USA.

Auch wegen dieser Geheimnistuerei schlägt Kohl nur Tage nach seiner Rede auf einem Treffen der EG-Staats- und Regierungschefs eine „eisige Atmosphäre" entgegen, wie er sich später erinnert. Keiner stellt sich öffentlich gegen das Selbstbestimmungsrecht der Deutschen – doch Italiener, Holländer, Franzosen und Briten geben Kohl zu verstehen, dass sie die Aussicht auf ein vereintes Deutschland nicht glücklich stimmt. Bonn erklärt die europäische Nachkriegsordnung – das politische Erbe des NS-Vernichtungskriegs – einseitig für beendet? Das will so keiner der europäischen Nachbarn akzeptieren.

Das alte Misstrauen gegen die Deutschen ist wieder da: die Angst vor einem wirtschaftlichen und militärischen Koloss auf dem Kontinent. Vor allem Frankreichs Staatspräsident Mitterrand, dem Helmut Kohl sich nach zahllosen Treffen eigentlich persönlich verbunden fühlt, reagiert unwirsch auf den Zehn-Punkte-Plan. Die beiden streiten am Telefon. Die Stimmung, notiert ein Mitarbeiter im Pariser Präsidentenpalast, sei „so schlecht wie noch nie".

Dass er von Kohl nicht in die Wiedervereinigungspläne eingeweiht wurde, nimmt Mitterrand persönlich

NACH ÖFFNUNG der Grenze ziehen täglich Tausende Ostdeutsche in den Westen. Allein in den ersten zwei Monaten des Jahres 1990 verlassen rund 120 000 Menschen die DDR

NACH UND NACH verschwindet die Mauer aus den Straßen. Indes eskaliert in der DDR die Krise. Bereits im Februar 1990 will eine deutliche Mehrheit der Bürger eine Vereinigung mit der BRD

übel. Doch er ist hin- und hergerissen. Das friedliche Aufbegehren der Menschen in der DDR bewundert er, hält den Ruf nach einem einigen Deutschland für einen „natürlichen Wunsch". Daher versteht er Kohls Anliegen. Aber zugleich ist ihm das Tempo zu hoch. Im Kreis seiner Berater wirft er Kohl die „Beschlagnahme der DDR" vor.

Noch kurz vor Weihnachten besucht er Ostberlin, obwohl Staatschef Erich Honecker, der ihn im Jahr zuvor eingeladen hatte, inzwischen längst gestürzt ist. Mitterrand will sich selbst ein Bild von der Lage in der DDR machen – und demonstrieren, dass Paris in der Deutschlandpolitik ein gewichtiges Wort mitzureden hat.

Den Franzosen, der in großen geschichtlichen Dimensionen denkt, treibt die Sorge um, dass sich das Gleichgewicht in Europa verschieben und Deutschland zu stark werden könnte. Seine Haltung zu den Einheitsplänen: hinhalten und erst einmal abwarten.

Da ist die britische Premierministerin Margaret Thatcher viel eindeutiger: Sie lehnt eine Wiedervereinigung Deutschlands grundsätzlich ab. Zwar feiert auch sie den Mauerfall als „großen Tag für die Freiheit". Aber zugleich fürchtet sie, dass die deutsche Einheit das politische Gefüge auf dem Kontinent zerstören würde. Deshalb befindet sie: „Die Grenzen sollten bleiben, wie sie sind" – einschließlich der innerdeutschen.

Auch hat sie Sorge, dass die Wiedervereinigung in Moskau zu einem Umsturz gegen den KPdSU-Chef Michail Gorbatschow führen könnte und kommunistische Hardliner dort die Aufbruchstimmung im Land sowie die Entspannungspolitik gegenüber dem Westen wieder rückgängig machen könnten. Sie will aber Gorbatschow unter keinen Umständen als sowjetischen Gegenpart verlieren.

Zudem hegt sie eine tiefe Abneigung gegen Helmut Kohl und hat alte Ressentiments gegen die Deutschen. Die britische Premierministerin ist davon überzeugt, dass das „deutsche Wesen" eine destabilisierende Kraft für Europa bedeutet: Sie will den „Moloch in die Schranken weisen", wie sie Frankreichs Präsident bei einem Treffen zu verstehen gibt.

Um ihre Haltung zu unterstreichen, zieht sie aus ihrer Handtasche eine Landkarte, auf der die verschiedenen Ausdehnungen Deutschlands in der Vergangenheit

zu sehen sind. „Im Hinblick auf die Zukunft nicht sonderlich beruhigend“, fügt sie an.

Die resolute Entschlossenheit Thatchers fehlt Michail Gorbatschow. Aber auch er gesteht dem französischen Präsidenten Anfang Dezember tiefe Ängste: Sollte die Wiedervereinigung tatsächlich kommen, vertraut er Mitterrand bei einer Begegnung an, „gibt es hier eine Zwei-Zeilen-Meldung“, dass ein sowjetischer „Marschall meinen Posten übernimmt“.

Im Kreml herrscht Ratlosigkeit. Keiner weiß, wie Moskau auf Kohls Plan reagieren soll.

Gorbatschow äußert sich nicht eindeutig. Noch im November hat er von einem „absoluten und unnachgiebigen Veto“ zu allen Einheitsplänen gesprochen, doch will er in ferner Zukunft ein geeintes Deutschland nicht ausschließen – allerdings erst, wenn die Teilung des Kontinents durch ein „gemeinsames europäisches Haus“ überwunden sei.

Kohls Rede aber setzt ihn nun unter Druck. Der Generalsekretär der KPdSU empfindet den Zehn-Punkte-Plan als Affront. Hatte der Kanzler ihm nicht in einem Telefonat unmittelbar nach dem Fall der Mauer versprochen, auf nationale Alleingänge zu verzichten?

Anfang Dezember bekommt Außenminister Genscher bei einem Moskau-Besuch den Zorn der Sowjetführung zu spüren: Kohl stelle der DDR-Führung ein „Ultimatum“, schimpft Gorbatschow, er mische sich in die inneren Angelegenheiten der DDR ein.

In Moskau sind Ressentiments gegen Deutsche – so wie auch in London und Paris – schnell wieder abrufbar. Noch ist die Nachkriegszeit nicht beendet.

Gorbatschow bremst Genscher. Eine künstliche Beschleunigung der Ereignisse in der DDR würde die Stabilität in Europa bedrohen, warnt er. Seine Haltung zur Einheit: auf Zeit spielen. Die will er nutzen, um den sowjetischen Einfluss zu sichern.

°

NUR EIN REGIERUNGSCHEF unter den vier Siegermächten begrüßt eine mögliche Wiedervereinigung vorbehaltlos: US-Präsident George H. W. Bush. „Lasst die Deutschen diese Angelegenheit regeln“, mahnt er in einem Interview.

Sehr schnell entwickelt seine Regierung eine durchdachte Strategie, wie sie auf die neue Situation reagieren soll. Nur einen Tag nach Kohls Rede im Bundestag formuliert US-Außenminister James

Baker vier Prinzipien der amerikanischen Deutschlandpolitik:

- Die Deutschen sollen selbst bestimmen, was sie wollen.
- Ist es die Einheit, dann soll sie schrittweise kommen, da der Prozess Rücksicht auf den Zusammenschluss Europas nehmen muss.
- Die Grenzen in Europa werden (bis auf die innerdeutsche Trennlinie) endgültig anerkannt und nicht verändert.
- Und das vereinte Deutschland bleibt Mitglied der NATO.

Zusammengefasst bedeutet dies: Washington will die Wiedervereinigung befördern – aber zu den eigenen Bedingungen.

Beistand also nur von jenseits des Atlantiks, in Europa dagegen nichts als Widerwille gegen Kohls Pläne: Paris reserviert, London aufgeschreckt, der Kreml verärgert.

In Bonn wachsen angesichts der Abwehrfront die Zweifel. War der Kanzler zu forsch? Mitte Dezember erwägt Kohl sogar, Moskau ein Moratorium bei der Wiedervereinigung anzubieten, um Gorbatschow entgegenzukommen.

Aber der in Gang gesetzte Prozess lässt sich nicht mehr anhalten – mehr noch: Er beginnt sich zu beschleunigen. Bei einer Rede in Dresden brandet dem Kanzler am 19. Dezember 1989 der Jubel Zehntausender entgegen. „Mit Kohl zur Einheit Deutschlands" ist auf Plakaten zu lesen – und „Deutschland einig Vaterland".

Die Stimmung in der DDR kippt. Unmittelbar nach dem Mauerfall war noch mehr als die Hälfte der DDR-Bürger gegen die Wiedervereinigung, hofften viele auf einen „dritten Weg" jenseits des kommunistischen Regimes und des westlichen Kapitalismus. Anfang Februar 1990 sind aber bereits drei Viertel für die staatliche Einheit.

Auslöser ist vor allem die rapide Verschlechterung der Wirtschaftslage: Kombinate arbeiten nicht mehr, Lieferverträge werden nicht eingehalten, die bis dahin staatlich gelenkte Einheitsgewerkschaft droht mit Streik.

Jeden Tag verlassen rund 2000 Menschen die DDR Richtung Westen; Ende Januar sind es bereits eine Viertelmillion seit dem Fall der Mauer. Jene, die im Osten bleiben, fordern die Einführung der D-Mark.

All das wird auch in den Hauptstädten der einstigen Alliierten registriert. Als Erster gibt Mitterrand (der den desolaten Zustand der DDR bei seinem Besuch erlebt hat) seinen Widerstand auf. „Ob es mir gefällt oder nicht, die Wiedervereinigung ist eine Realität", sagt er Kohl bei dessen Besuch Anfang Januar 1990 in Mitterrands Ferienhaus an der Atlantikküste.

Ende Januar erreicht Gorbatschow eine schonungslose Bestandsaufnahme des KGB: Die DDR, berichtet ihm sein Geheimdienstchef, breche zusammen.

Die Einheit erscheint unausweichlich – es sei denn, sie würde mit Waffengewalt gestoppt: Noch stehen ja 360 000 sowjetische Soldaten in Ostdeutschland. Doch das ist eine Option, die Gorbatschow nach Jahren der Perestroika und Entspannungspolitik offenkundig nie ernsthaft in Erwägung zieht.

Am 10. Februar erklärt er dem überraschten Kanzler bei dessen Kremlbesuch: „Ich glaube, dass es zwischen der UdSSR, der Bundesrepublik und der DDR keine Meinungsunterschiede über die Einheit gibt. Zwischen Ihnen und mir besteht Einvernehmen, dass die Deutschen ihre Wahl selbst treffen müssen." Mit anderen Worten: Moskau hat nichts mehr gegen die Wiedervereinigung.

ZWEI plus VIER lautet die Formel

AUSSCHLAGGEBEND DAFÜR ist zweierlei: zum einen die Einsicht, dass die Einheit ohnehin nicht mehr zu verhindern ist, zum anderen die Erkenntnis, dass ein vereintes Deutschland wohl der wichtigste wirtschaftliche und politische Partner der UdSSR in Europa wäre. Allerdings, so Gorbatschow, gebe es noch einiges zu besprechen.

Die Briten aber bremsen weiter. Margaret Thatcher verlangt nach wie vor eine „lange Übergangszeit". Sie nimmt Kohl den Zeitdruck persönlich übel: „Man kann nicht die Geschichte dieses Jahrhunderts ignorieren", schimpft sie.

Die Premierministerin drückt damit eine weitverbreitete Stimmung in Europa aus: Auch Italien sind zwei deutsche Staaten deutlich lieber als ein wiedervereinigtes Deutschland – nicht zuletzt, weil Rom fürchtet, künftig in Europa an den Rand gedrängt zu werden. Ebenso blickt die Regierung der Niederlande mit Skepsis auf eine mögliche Dominanz des übermächtigen Nachbarn.

Doch als die drei anderen Siegermächte Zustimmung zu einer Wiedervereinigung signalisieren, muss auch Thatcher ihren Widerstand aufgeben – unter einer Bedingung: Deutschland bleibt in der NATO, so wie es auch die US-Regierung verlangt.

Genau das aber hat Gorbatschow gegenüber Kohl bewusst offengelassen. Welcher Militärallianz soll das geeinte Deutschland angehören: der NATO, dem

DA DIE DDR kollabiert, hält Moskau deren Ende schließlich für unvermeidbar. Auch London und Paris sind, trotz großer Bedenken, zu Verhandlungen bereit (Mauerbesucher in Berlin)

Warschauer Pakt? Beiden? Oder bleibt es auf alle Zeiten neutral, wie es Gorbatschow am liebsten wäre?

Das ist die große Frage, als die Außenminister aller beteiligten Staaten am 13. Februar 1990 zum ersten Mal nach dem Fall der Mauer zusammenkommen: auf einer seit Monaten geplanten Konferenz der beiden Militärblöcke.

Bonn und Washington nutzen die Gelegenheit, um die Einheitspläne voranzutreiben. In hektischer Hotelzimmer-Diplomatie einigen sich die Außenminister der einstigen Siegermächte mit ihren Kollegen aus den beiden deutschen Staaten auf ein Konferenzformat: BRD und DDR sollen mit den Alliierten über den Weg in die Einheit verhandeln.

„Zwei plus Vier" wird die Runde auf Drängen Bonns heißen und nicht „Vier plus Zwei" – um zu signalisieren, dass die beiden deutschen Staaten an erster Stelle stehen und die vier Mächte nicht über sie bestimmen.

Für alle Beteiligten hat das Format einen entscheidenden Vorteil: Alle anderen – etwa Deutschlands direkte Nachbarn in Europa – sind nicht dabei, können nicht reinreden oder auch noch Ansprüche stellen.

Italien gefällt das ganz und gar nicht, kann aber gegen die Front der Alliierten nichts ausrichten. Auch Israel verfolgt den Prozess skeptisch. Vor allem aber die Polen sind unzufrieden – sie fürchten den neu entstehenden deutschen Riesen an ihrer Westgrenze.

Ohnehin ist nicht klar, was am Ende der Verhandlungen herauskommen soll: ein völkerrechtlich verbindliches Abkommen? Ein Friedensvertrag fast ein halbes Jahrhundert nach Kriegsende? Das will Bonn unbedingt vermeiden – unter anderem, um nicht langwierig über Reparationen für die einst von NS-Deutschland angegriffenen Länder verhandeln zu müssen.

Die Amerikaner haben im Gegensatz zur Sowjetführung ein klares Wunschergebnis der Gespräche: ein vereinigtes Deutschland in der NATO. Sie waren nicht nur die Sieger im Zweiten Weltkrieg, sondern sehen sich auch als Gewinner im anschließenden jahrzehntelangen Wettkampf der Systeme. Ende Februar sagt Bush zu Kohl in kleiner Runde: „Wir haben die Sowjets besiegt und sie uns nicht."

Ganz ohne Bedenken verhandelt indes auch die US-Regierung nicht. Denn in Washington hält sich eine Furcht: dass Moskau von Bonn als Gegenleistung für die Wiedervereinigung die Neutralität verlangen könnte – und dass die Deutschen zustimmen würden.

Hat nicht Außenminister Genscher Ende Januar 1990 die Idee aufgebracht, Deutschland solle zwar Mitglied der NATO bleiben, aber das ehemalige DDR-

Gebiet nicht unter den militärischen Schutz des Bündnisses stellen? Und wollen nicht weite Teile der SPD ohnehin kein Gesamtdeutschland in der NATO?

°

SO IST DIE SPANNUNG hoch, als am 5. Mai in Bonn die Zwei-plus-Vier-Verhandlungen beginnen. Im großen Sitzungssaal des Auswärtigen Amtes sind die sechs Außenminister zusammengekommen. Und tatsächlich spricht Schewardnadse sofort den Kern der Debatte an: die Bündnisfrage – und das sowjetische Njet zur deutschen NATO-Mitgliedschaft.

Da eine Lösung zu finden erscheint nach den harten Worten Schewardnadses geradezu unmöglich. Immerhin einigen sich die Außenminister auf eine Tagesordnung für weitere Verhandlungen. Problem vertagt.

Ganz oben auf die Liste rückt zunächst die Grenzfrage. Auf der internationalen Ebene gilt die Unveränderlichkeit der Grenze zwischen der DDR und Polen entlang der Flüsse Oder und Neiße schon lange als selbstverständlich, aber offenbar nicht für die Westdeutschen. Und das entwickelt sich nun zu einem ernsthaften Problem.

Erkennt das vereinte Deutschland die Grenze zu Polen endgültig an – und damit die Zugehörigkeit der einstigen deutschen Ostgebiete zum Nachbarland?

Seit dem Warschauer Vertrag der Bundesrepublik 1970 mit Polen schien die Frage abgehakt zu sein. Doch jetzt laviert Kohl. Natürlich wolle niemand in Europa Grenzen verschieben, betont er, fügt aber stets hinzu: Endgültig dürfe das erst das Parlament des wiedervereinigten Landes zusichern.

Formaljuristisch ist das korrekt, tatsächlich aber ein vorgeschobenes Argument. Denn Kohl fürchtet, ein endgültiger, vertraglich verbindlicher Verzicht auf die einstigen Ostgebiete könnte ihm bei den nächsten Wahlen die Stimmen der aus Schlesien, Ostpreußen und Ostpommern Vertriebenen (und deren Nachkommen) kosten.

Und er sieht die Frage offenbar als Faustpfand gegenüber Polen: Er will die Grenzanerkennung nur gegen den definitiven Verzicht auf etwaige Reparationsforderungen für die Verwüstungen des Zweiten Weltkriegs zugestehen.

Das aber lassen die Alliierten dem Kanzler nicht durchgehen. Frankreichs Präsident schlägt sich auf die Seite der Polen und verlangt öffentlich ein Nachgeben der Deutschen. Es ist die Bedingung für Frankreichs Ja zur Einheit. Auch die Amerikaner geben zu verstehen, dass die Frage vor der Einheit geklärt sein müsse.

Sie sind es aber auch, die am Ende den Konflikt entschärfen: Auf Drängen aus dem Weißen Haus bekunden Bundestag und Volkskammer der DDR in gleichlautenden Resolutionen den Willen, die polnische Westgrenze anzuerkennen und festzuschreiben. Das geschieht am 21. Juni, kein Zufall. Denn tags darauf tagt zum zweiten Mal die Runde der Zwei-plus-Vier. Sie kann die Grenzfrage nun als erledigt abhaken.

Bleibt der Punkt der NATO-Mitgliedschaft oder, wie es US-Außenminister Baker ausdrückt: die „Quadratur des Kreises".

Noch einmal reist Kohl in die UdSSR. Er will Moskau eine Art Gesamtpaket anbieten: eine Reduzierung der Bundeswehr auf 370 000 Mann beim gleichzeitigen Abzug der Sowjettruppen aus der DDR binnen drei bis vier Jahren, einen Nichtangriffspakt sowie den Verzicht auf atomare, biologische und chemische Waffen und schließlich umfangreiche Wirtschaftshilfe an Moskau – alles gegen die NATO-Mitgliedschaft.

12. SEPTEMBER 1990: Die Außenminister der USA, Großbritanniens, der UdSSR, Frankreichs und der BRD (v. l.) sowie der Minsterpräsident der DDR (2. v. r.) unterzeichnen den »Zwei-plus-Vier-Vertrag«. Und ermöglichen so die Wiedervereinigung

Der Kanzler ist nervös. Denn er weiß nicht, dass sich Gorbatschow bereits entschlossen hat, die Verhandlungen nicht an der Bündnisfrage scheitern zu lassen.

Im kleinen Kreis ist der KP-Chef zusammen mit seinem Außenminister (und ohne die Deutschland-Experten in Partei und Regierung) zu der Einsicht gekommen, dass die Einheit unaufhaltbar bis zum Jahresende real sein wird. Nun will er die Gelegenheit nutzen und den historischen Ausgleich mit den Deutschen suchen – und deren wirtschaftliche Hilfe als Gegenleistung einfordern. Für Gorbatschow ist ein KPdSU-Parteitag gerade gut ausgegangen, so muss er vorerst keinen innenpolitischen Widerstand fürchten.

Beim Treffen mit Kohl im pompösen Moskauer Gästehaus des sowjetischen Außenministeriums signalisiert er sein Entgegenkommen, gibt dem Kanzler zu verstehen, dass sie über die NATO-Mitgliedschaft Deutschlands reden könnten. Konkret einigen sie sich nach dem Weiterflug der Delegationen ins Kaukasus-Gebirge. In Gorbatschows alter Datscha, einer ehemaligen Oberförsterei, besiegelt der Sowjetführer den Deal mit Kohl.

Die beiden haben sich umgezogen und abends, der entspannten Atmosphäre angemessen, auf Baumstümpfen am Flussufer Platz genommen: Gorbatschow im Pullover, der Deutsche in einer Strickjacke. Raissa, die Ehefrau des Sowjetführers, überreicht dem überraschten Kanzler sogar einen selbst gepflückten Blumenstrauß.

Die eigentlichen Verhandlungen gehen am nächsten Morgen weiter. Die Deutschen, so bestätigt Gorbatschow da, sollen die volle Souveränität erhalten und selbst bestimmen, welchem Bündnis sie angehören.

Das ist der Durchbruch. Tags darauf, am 17. Juli, kommen die Außenminister der Zwei-plus-Vier-Runde in Paris zusammen, ihr drittes Treffen. Und Eduard Schewardnadse bestätigt offiziell den Deal im Kaukasus: „Die Zeit der Blöcke ist vorbei."

Fortan sind die Verhandlungen mehr oder weniger Formsache. Diplomaten, Beamte und Juristen bekommen die Aufgabe, die Wiedervereinigung auf dem Papier auszuarbeiten.

Und schon beim vierten Treffen der Zwei-plus-Vier-Vertreter, am 12. September 1990 in Moskau, ist der „Vertrag über die abschließende Regelung in Bezug auf Deutschland" fertig ausformuliert.

Die fünf Außenminister der BRD, der USA, Großbritanniens, Frankreichs und der Sowjetunion sowie der Ministerpräsident der DDR unterschreiben das historische Abkommen an einem langen Mahagoni-Tisch im Moskauer Parteihotel „Oktjabrskaja".

Es ist völkerrechtlich bindend und schließt mit den Folgen des Zweiten Weltkriegs ab – anstelle eines Friedensvertrags. Beschleunigt haben das Verfahren sicherlich zwei Telefonate Kohls mit Gorbatschow wenige Tage zuvor. In ihnen einigen sich die beiden auf die konkrete Höhe der deutschen Finanzhilfe für die Sowjetunion, die sie im Kaukasus nur vage verabredet hatten: Sie soll sich auf 15 Milliarden D-Mark belaufen, umgerechnet 7,7 Milliarden Euro.

Innerhalb von gut vier Monaten sind in den Verhandlungen damit Probleme gelöst worden, die eine ganze Epoche als unüberwindbar galten. Mehr als vier Jahrzehnte Teilung mit Hunderten Toten an Mauer und deutsch-deutscher Grenze werden mit ein paar Unterschriften zu einer Episode der Weltgeschichte.

Die Einheit wäre indes nie gekommen, hätten sich nicht die einstigen Gegner im Kalten Krieg, hätten sich nicht die Anführer der beiden Supermächte Sowjetunion und USA entschlossen, die Konfrontation der Vergangenheit zu beenden – aus sehr unterschiedlichen Motiven.

George Bush handelte aus einer Position der Stärke heraus. Die Teilung Deutschlands und Europas ging zu den Bedingungen Amerikas zu Ende: Deutschland blieb in der NATO.

Michail Gorbatschow fügte sich in das Unvermeidliche: Die Macht, das Sowjetimperium in Europa aufrechtzuerhalten, hatte er längst verloren. Mit der Milliarden-Hilfe, die ihm die Deutschen gewähren, versucht er nur noch, den Zusammenbruch der UdSSR selbst abzuwenden.

Exakt drei Wochen nach Vertragsunterzeichnung, am 3. Oktober 1990, gibt es die DDR nicht mehr. Fünf neue Bundesländer sind fortan Teil der Bundesrepublik Deutschland: Sachsen, Sachsen-Anhalt, Thüringen, Brandenburg, Mecklenburg-Vorpommern.

Kurz zuvor haben die Alliierten ihre letzten Vorbehaltsrechte als Besatzungsmächte über Deutschland aufgegeben – damit gewinnt die Bundesrepublik ihre vollständige Souveränität.

Rechtsverbindlich ist das Abkommen, als die UdSSR als letzter der Alliierten am 15. März 1991 die Ratifizierungsurkunde bei der Bundesregierung hinterlegt.

Zwei Tage zuvor war unter größter Geheimhaltung eine sowjetische Militärmaschine vom Flugplatz Sperenberg bei Berlin Richtung Moskau gestartet.

Ein letztes Mal hatte der Kreml die alten Hoheitsrechte in Anspruch genommen, um einen einstigen Verbündeten vor der Strafverfolgung im nun vereinten Deutschland zu schützen. Sein Name: Erich Honecker. ◊

DREI TAGE

Unter Michail Gorbatschow, der die UdSSR für Demokratie und Marktwirtschaft ge
1991 eine Gruppe systemtreuer Funktionäre mit Hilfe des Militärs die Macht an sich:

IM AUGUST

öffnet hat, erodiert der Sowjetapparat rasant. Besorgt um die Zukunft der Union, reißt im Sommer Sie setzt den Kremlchef fest und schickt Panzer in die Straßen Moskaus **TEXT:** *Insa Bethke*

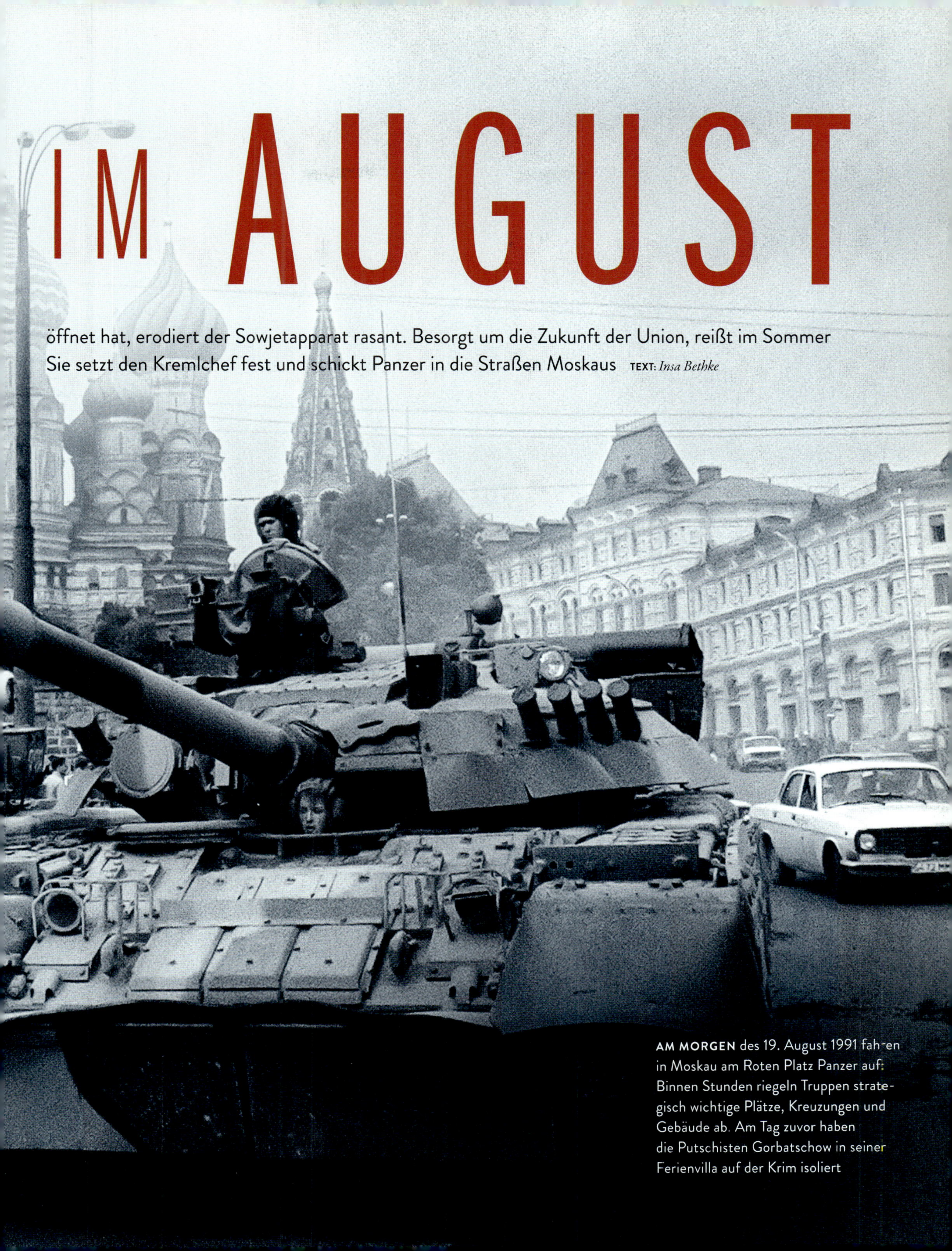

AM MORGEN des 19. August 1991 fahren in Moskau am Roten Platz Panzer auf: Binnen Stunden riegeln Truppen strategisch wichtige Plätze, Kreuzungen und Gebäude ab. Am Tag zuvor haben die Putschisten Gorbatschow in seiner Ferienvilla auf der Krim isoliert

Durch Moskau dringt das Dröhnen schwerer Militärfahrzeuge. Hunderte Panzer und Truppentransporter rollen in Richtung Zentrum: 4000 Soldaten haben den Befehl erhalten, in die Stadt einzurücken. Das Militär riegelt am frühen Morgen dieses 19. August 1991 die Hauptkreuzungen ab, den Roten Platz, das Telegraphenamt, den Amtssitz des Bürgermeisters, das Fernsehzentrum im Nordosten der Stadt und das Weiße Haus an der Moskwa – Sitz der Regierung und des Parlaments der Sowjetrepublik Russland.

Doch es bleibt ruhig. Überall versammeln sich Menschen auf den Bürgersteigen, drängen zwischen Panzer und Fahrzeuge, beginnen Gespräche mit Soldaten. Viele erfahren erst jetzt, was in den Sechs-Uhr-Nachrichten verkündet worden ist: Michail Gorbatschow, der KP-Chef und Präsident der Sowjetunion, sei krank, daher habe Vizepräsident Gennadij Janajew sein Amt übernommen und den Ausnahmezustand verhängt.

Tatsächlich sitzt Gorbatschow in seiner Ferienvilla auf der Krim fest. Eine Gruppe hoher Funktionäre hat ihn am Tag zuvor isoliert, um die Unterzeichnung eines Vertrags zu verhindern, der den Republiken der UdSSR mehr Souveränität gewähren soll. Das wäre, so sehen es die Funktionäre, das Ende der Sowjetunion – und ihrer Karrieren.

Am 20. August, so hat Gorbatschow vor Kurzem angekündigt, werde er unterschreiben. In der Nacht zum 19. haben sich seine Gegner daher zum „Notstandskomitee“ erklärt und beschlossen, ihren Putsch militärisch abzusichern.

Doch die Verschwörer begehen einen Fehler. Sie versäumen es, einen weiteren Fürsprecher der Unionsreform rechtzeitig aus dem Verkehr zu ziehen: Boris Jelzin, den Präsidenten Russlands.

Jelzin hält sich an diesem Morgen in seiner Datscha außerhalb Moskaus auf. Eine seiner Töchter weckt ihn mit der Nachricht vom Staatsstreich. Um 9.30 Uhr lässt er sich zum Weißen Haus fahren, um mit Vertrauten zu beraten. Niemand hält ihn auf, auch die Panzerfahrer nicht, die vor dem Parlament Position bezogen haben: Sie haben nur den Befehl, wichtige Straßen und Gebäude zu sichern – und keine Gewalt anzuwenden.

Auf dem Platz vor dem Weißen Haus sammeln sich im Laufe des Vormittags immer mehr empörte Bürger, dazu Journalisten aus dem In- und Ausland. Lange geschieht nichts, doch gegen 12.15 Uhr öffnet sich das Eingangsportal.

Jelzin läuft, umringt von seinen Leibwächtern, die Stufen herunter, klettert auf einen Schützenpanzer mit geöffneter Luke und nestelt, während seine Begleiter hinter ihm die weiß-blau-rote russische Trikolore entrollen, ein Papier aus seinem Jackett.

„Ins Fernsehen lassen sie uns nicht, ins Radio lassen sie uns nicht – ich lese nun vor“, ruft er den Umstehenden zu. Dann trägt er einen vorbereiteten Appell vor, erklärt die Machtübernahme zum „reaktionären, verfassungsfeindlichen Staatsstreich“, das Notstandskomitee für gesetzeswidrig und ruft die Bevölkerung dazu auf, Gorbatschow zu unterstützen.

Nur wenige Minuten später gehen Boris Jelzins Worte bereits um die Welt. Seine Rede auf dem Panzer wird den Widerstand Hunderttausender Sowjetbürger befeuern und dem Putsch so die entscheidende Wende geben.

Doch Michail Gorbatschow wird Jelzin nicht retten. Im Gegenteil: Er wird die Ereignisse dieser Tage nutzen, um sich selbst zum Herrn des Kreml zu machen.

Boris Jelzins Karriere in Moskau beginnt 1985, als der Bauingenieur und Provinzpolitiker aus dem Ural auf den neuen Kremlchef Michail Gorbatschow trifft. Der hat als KP-Funktionär im Nordkaukasus Karriere gemacht, wurde 1978 ins Zentralkomitee der kommunistischen Partei berufen und ist nun dank seiner frischen Art und seiner Offenheit für einen neuen, mensch-

ZWÖLF MÄNNER beschließen den Staatsstreich – darunter Innenminister Boris Pugo, Gorbatschows Vize Gennadij Janajew und der Rüstungsfunktionär Oleg Baklanow (v. l.)

licheren Sozialismus zum Generalsekretär der KPdSU gewählt worden. Ein Berater empfiehlt ihm Jelzin, sagt, er denke „im großen Stil und weiß, wie man etwas anpackt". Gorbatschow beschließt, den aufstrebenden Funktionär in die Hauptstadt zu holen, zunächst als Bauabteilungsleiter im Zentralkomitee.

Antreiber kann der eher vorsichtig und berechnend agierende Kremlchef brauchen. Er wird gewaltige Reformen anschieben müssen, um das Siechtum der UdSSR zu beenden: Das Wettrüsten mit den USA, die Unterstützung der Bruderländer und der 1979 begonnene Afghanistankrieg haben den Staat immer mehr ausbluten lassen.

Zudem hat sich die Planwirtschaft als Irrweg erwiesen. In der Regel bleiben die Ernteerträge weit unter den Erwartungen, die Erzeugnisse im Maschinenbau sind voller Mängel, und die Regierung muss die Lebensmittel subventionieren, um die Preise stabil zu halten.

Jelzin, impulsiv, wagemutig, wird schon bald mit der Führung der Moskauer Parteisektion betraut. Binnen kurzer Zeit nimmt er die Menschen der sowjetischen Kapitale für sich ein – der Politiker liebt das Bad in der Menge, fährt mit Bus und Bahn, trifft in Betriebskantinen Arbeiter zum Mittagessen.

Anfang 1986 stellt Gorbatschow seine Pläne vor, wie er die UdSSR zu neuer Stärke führen will: durch „Glasnost" und „Perestroika", durch Offenheit und Umbau. Um das Vertrauen der Bevölkerung in die Führung zurückzugewinnen, ermuntert er die Menschen, ihre Meinung frei zu äußern.

Kritische Stimmen wagen sich bald an die Öffentlichkeit, einst linientreue Zeitschriften und Zeitungen berichten nun über die übermäßigen Militärausgaben des Landes, den Terror der Stalin-Zeit sowie Missstände wie etwa die Wohnungsnot; liberale Blätter drucken lange verbotene Literaturklassiker ab.

Gleichzeitig stößt Gorbatschow Reformen in der Wirtschaft an, fördert (noch in engen Grenzen) das Entstehen von Privateigentum, Wettbewerb und Konkurrenz. Staatsunternehmen erhalten mehr Freiheiten bei der Planung, in der Landwirtschaft gründen sich die ersten privaten Kleinbetriebe. Überdies erneuert er die Führungsriege der KPdSU, fördert reformwillige Politiker – Männern wie Jelzin, der gegen die Korruption im Parteiapparat wettert und die meisten Funktionäre der Moskauer Stadtverwaltung binnen Kurzem austauscht.

Boris Jelzin stützt Gorbatschows Kurs zwar, kann ihn aber schon bald nicht mehr leiden. Er empfindet ihn als arrogant und kontrollwütig und trägt dem Kremlchef nach, dass der ihn nicht als Vollmitglied, sondern nur als (nicht stimmberechtigten) Kandidaten ins Politbüro aufgenommen hat, das höchste Führungsgremium der Partei.

Zudem scheint ihm Gorbatschow seinen enormen Einsatz nicht zu danken, im Gegenteil: Der Sowjetführer erteilt Journalisten sogar die Anweisung, weniger über den beliebten Moskauer Parteichef zu berichten, der ihm zunehmend die Schau stiehlt. Umgekehrt greift Jelzin den Generalsekretär, dessen Reformtempo ihm zu langsam ist, bei Politbürositzungen immer wieder scharf an, verfolgt dessen Reden mit finsterem Blick.

Jelzins einst „konstruktive Aggression" habe nun „destruktive" Züge angenommen, notiert ein Journalist.

Im Herbst 1987 begeht Boris Jelzin dann einen Tabubruch: Auf einer ZK-Versammlung geißelt er Gorbatschows Reformvorhaben als leere Versprechen und wirft der Regierung vor, um den KP-Chef einen Personenkult zu betreiben.

Später nimmt er zwar manches zurück, doch Gorbatschow verzeiht ihm den Auftritt nicht, schiebt ihn auf einen Stellvertreterposten in der Baubehörde

DIE PUTSCHISTEN haben die Armee auf ihrer Seite, wollen ein Blutvergießen aber vermeiden: Die einrückenden Soldaten sind angewiesen, auf Demonstranten nicht zu reagieren

ab. „Er hält sich für einen Volkshelden", ätzt er gegenüber Beratern.

Jelzin muss die Moskauer Parteiführung abgeben, verfällt in Apathie; man habe ihm zu verstehen gegeben, dass er „politisch eine Leiche" sei, notiert er.

Im Sommer 1988 fordert er auf der 19. Konferenz der KPdSU seine Rehabilitierung, doch die Delegierten verweigern sie ihm. Es ist wohl diese erneute Demütigung, die Jelzin dazu treibt, nun als erbitterter Gegner des alten Systems und Fürsprecher rasanter Reformen in die Politik zurückzukehren.

Die Chance dazu bietet ihm ausgerechnet Gorbatschows Demokratisierungsprozess. Im März 1989 dürfen die Sowjetbürger bei den ersten halbwegs freien Wahlen im Land Abgeordnete für einen „Kongress der Volksdeputierten" bestimmen, aus dem wiederum der Oberste Sowjet gebildet wird, das Parlament der UdSSR. (In vielen Teilrepubliken der Sowjetunion entstehen ähnliche Gremien, die bald wie eigenständige Parlamente agieren.)

Zwar hat die KPdSU in dem Kongress für Dutzende eigene Abgeordnete Plätze reserviert und in etlichen Wahlbezirken dafür gesorgt, dass es nur einen einzigen, ihr genehmen Kandidaten gibt.

Dennoch gelingt vielen kritischen Politikern der Einzug in die von Gorbatschow geführte Versammlung, darunter auch Boris Jelzin.

Nach einem aggressiven Wahlkampf, an dessen Ende Zehntausende zu seinen Veranstaltungen strömen, erzielt der von seinen Parteigenossen Gedemütigte in seinem Bezirk ein triumphales Wahlergebnis von 89 Prozent.

Jelzin begründet nun mit anderen Kritikern wie dem Dissidenten Andrej Sacharow – der einst als Physiker am Atomprogramm der UdSSR mitgearbeitet, sich später aber zum Menschenrechtler gewandelt hatte – die erste parlamentarische Opposition innerhalb der KPdSU. Die ist inzwischen in zwei Lager zerfallen: ein liberales, das Gorbatschow unterstützt, und ein konservatives.

Anfangs unterstützt die Jelzin-Gruppe den Kurs des KP-Chefs, doch dann kommt es zu Differenzen. Denn Gorbatschows Reformansätze greifen nicht, in den Läden sind bald keine Kühlschränke, keine Möbel und nicht einmal mehr Rasierklingen, Schulhefte und Seife erhältlich. Und weil der Staat nicht mehr in der Lage ist, Lebensmittel zu subventionieren, steigen die Preise für Butter und Brot rasant. Im Sommer 1989 kommt es zu den größten Streiks in der Geschichte der UdSSR; 500 000 Bergarbeiter legen die Arbeit nieder.

Zugleich fordern Nationalitätenkonflikte im Sowjetreich Moskau heraus: ausgelöst von Gorbatschow, der immer wieder vom Selbstbestimmungsrecht der Völker gesprochen hat – und sie nicht mehr unter Kontrolle bekommt. In Tiflis, wo militante Gruppen im Frühjahr die Abspaltung Georgiens von der Sowjetunion fordern und eine Protestbewegung begründen, lösen Moskaus Truppen eine Demonstration brutal auf; 20 Menschen sterben. Kurz darauf lässt Gorbatschow mit 50 000 Soldaten die aserbaidschanische Hauptstadt einnehmen.

Vor allem die baltischen Staaten entwinden sich bald dem Griff der Zentrale. Inspiriert durch die Umstürze, in denen Ende 1989 alle sozialistischen Regime in den Ostblockstaaten zu Fall kommen, erklärt Litauen im Frühjahr 1990 seine Unabhängigkeit; auch Estland und Lettland verkünden in rascher Folge ihre baldige Souveränität.

Jelzin setzt sich nun an die Spitze der auch in seiner Heimat aufkeimenden Freiheitsbewegung und unterstützt das „Demokratische Russland", eine parteiähnliche Organisation der Opposition, die sich Anfang 1990 gegründet hat.

Der Politiker mit dem „chronisch beleidigten Ehrgeiz", wie ein Historiker über ihn schreibt, arbeitet entschlossen darauf hin, die Macht in Russland zu übernehmen. Mit seiner Unterstützung bilden die Vertreter des „Demokratischen Russland" den stärksten Block im russischen Volksdeputiertenkongress, dem im März 1990 demokratisch gewählten neuen Parlament der Teilrepublik. Als es zwei Monate später zusammentritt, bestimmen die Abgeordneten Jelzin (der längst dabei ist, Gorbatschow den Rang als beliebtester Politiker abzulaufen) zum Vorsitzenden der Volksversammlung.

Gorbatschow verfolgt den Aufstieg seines Gegners fassungslos. Jelzins Ansehen nehme wöchentlich zu – obwohl er doch klinge „wie eine abgenutzte Schallplatte", wie es bei einem Treffen des Politbüros aus ihm herausbricht.

Seine eigene Macht und die seiner Partei hingegen verfällt. Bereits im März 1990 hat der Volksdeputiertenkongress per Verfassungsänderung das Monopol der KPdSU beseitigt (Gorbatschow versucht, seine Stellung zu sichern, indem er für sich das Amt eines Sowjetpräsidenten schafft, in das er sich vom Volksdeputiertenkongress wählen lässt).

Zudem treibt die Versorgungskrise, die inzwischen überall im Land zu Plünderungen und Raubüberfällen führt und die Staatsführung im Westen um Kredite betteln lässt, das Land immer weiter von ihm fort. „Nieder mit Gorbatschow", fordern Demonstranten bei der traditionellen Maikundgebung.

Im Juni 1990 erklärt der russische Volksdeputiertenkongress Russlands Souveränität, aber nicht den Austritt aus der Sowjetunion – man wolle „einen demokratischen Rechtsstaat im Bestand einer erneuerten UdSSR" gründen, heißt es in der Deklaration des Parlaments. Und Jelzin, als Vorsitzender der Volksversammlung inzwischen Russlands führender Politiker, macht schon bald deutlich, dass er nicht länger bereit ist, sich dem Sowjetpräsidenten unterzuordnen.

Auf einem KP-Parteitag im Juli wird Gorbatschow (dem mit KGB, Armee und Innenministerium noch immer die wichtigsten Machtorgane unterstehen) erneut als Generalsekretär bestätigt, aber ein Viertel der Delegierten stimmt gegen ihn.

Boris Jelzin verlässt daraufhin die Partei: Er stützt sich fortan vollständig auf den demokratischen Block im Land.

TAUSENDE Menschen stellen sich den Panzern entgegen. Befeuert wird der Widerstand durch Russlands Präsidenten Boris Jelzin, der den Umsturzversuch öffentlich verurteilt

VIELERORTS IN Moskau errichten die Bürger Barrikaden – auch aus Sorge, dass die Armee den Amtssitz des russischen Präsidenten stürmen könnte

ALS BEI EINER nächtlichen Panzerpatrouille drei Zivilisten sterben, lässt der Verteidigungsminister die Truppen zurückziehen – der Staatsstreich ist gescheitert

Gorbatschow reagiert zunehmend sprunghaft auf die Entwicklungen, plant mal eine behutsame Einführung der Marktwirtschaft, lässt Experten dann einen radikalen „500-Tage-Plan" für einen schnellstmöglichen Übergang zum Kapitalismus entwerfen, der ein Bündnis mit Jelzin ermöglichen würde.

Während Gorbatschow noch nach Kompromissen sucht, um Gegner des Vorhabens zu besänftigen, prescht Boris Jelzin vor und lässt das russische Parlament über den Plan abstimmen; im September ist er beschlossene Sache. Doch Gorbatschow lässt das Projekt am Ende zugunsten unbestimmterer Pläne fallen, weil er eine zusätzliche Schwächung der Zentralmacht fürchtet.

Für die meisten KP-Funktionäre ist eine weitere Zusammenarbeit mit Jelzin nun ausgeschlossen. Andere fordern, ihn zum Stellvertreter des Sowjetpräsidenten zu machen und auf diese Weise an die Leine des Kreml zu legen. Doch Gorbatschow glaubt nicht, dass sich sein Rivale darauf einlassen wird, und winkt ab.

Der KP-Führer beginnt nun, die alten Eliten zu umgarnen. Er ersetzt den liberalen Innenminister durch den altgedienten Parteisekretär Boris Pugo, macht den Apparatschik Gennadij Janajew zu seinem Stellvertreter, hebt weitere Funktionäre auf hohe Posten. Auch auf die Chefs von Armee und Rüstungsindustrie, die seine Abrüstungspolitik hart getroffen hat, geht Gorbatschow wieder zu.

Doch dann stößt er die alten Kader erneut vor den Kopf. Im Frühjahr 1991 lässt er die Sowjetbevölkerung per Referendum über den Erhalt der UdSSR abstimmen. Seit Monaten arbeitet die Staatsführung an einem neuen Unionsvertrag, der den Teilrepubliken mehr Rechte zugestehen soll: Gorbatschow hofft, so ein weiteres Auseinanderdriften der UdSSR zu verhindern.

Er bringt eine Mehrheit der Sowjetbürger hinter sich, doch der Sieg ist zweifelhaft: Sechs von 15 Republiken boykottieren die Abstimmung.

In Russland nutzt Jelzin das Referendum, um sich selbst an die Macht zu bringen: Gegen Gorbatschows Willen fügt er dem Bogen die Frage hinzu, ob das Land künftig von einem vom Volk gewählten Präsidenten regiert werden solle. Er gewinnt das Votum, danach unterstützen Hunderttausende seine Kandidatur für das neue Amt, sammeln sich zu Kundgebungen, verteilen Flugblätter und laufen von Haustür zu Haustür, um für seine Wahl zu werben.

Gorbatschow hingegen, dessen Regierung im Kampf gegen den Staatsbankrott die Preise für Brot und Wurst verdreifacht hat, wird bei Massenkundgebungen lauthals kritisiert. Er verhängt, als Straßenkämpfe drohen, ein Demonstrationsverbot für Moskau und lässt dort Soldaten aufmarschieren, wagt es aber nicht, gegen die Anhänger seines Rivalen einzuschreiten. Vielmehr nimmt er nun Verhandlungen mit Jelzin und acht weiteren Republikführern über den geplanten neuen Unionsvertrag auf – getrieben vom Zorn der Bürger und der Furcht, die Republiken würden sonst im Alleingang einen Bund schmieden.

Die Hardliner sind außer sich. Bei einer ZK-Sitzung wird dem Kremlchef von einem KP-Sekretär vorgeworfen, „dem Land anzutun, was ihm seine Feinde nicht antun können". Ein anderer verlangt die Verhängung des Ausnahmezustandes, um den Staat zu retten – oder aber Gorbatschows Rücktritt.

Der Kremlchef aber zielt jetzt auf eine Verständigung mit den Führern der sowjetischen Teilrepubliken, vor allem mit Jelzin, der am 12. Juni 1991 mit 57 Prozent der Stimmen zum russischen Präsidenten gewählt wird und durch eine seiner ersten Amtshandlungen die Zerschlagung der KPdSU vorantreibt: Er verbietet jede Aktivität der kommu-

AM 22. AUGUST kehrt Gorbatschow von der Krim nach Moskau zurück. Die Bürger feiern das Ende des Putsches als Sieg über die Diktatur – hier auf Barrikaden vor Jelzins Amtssitz

BORIS JELZIN spricht zur Menge: Während des Staatsstreichs ist der russische Präsident zum Helden und Symbol des Widerstands geworden

nistischen Partei in Russlands staatlichen Betrieben und Einrichtungen.

Kurz nach Jelzins Wahl erfährt Gorbatschow durch den US-Botschafter in Moskau von Gerüchten über einen bevorstehenden Staatsstreich. Doch seine Gegner, die tatsächlich bereits über einen gewaltsamen Sturz nachdenken, haben es inzwischen aufgegeben, im Zentralkomitee gegen die Reformpläne des Sowjetpräsidenten zu opponieren. Gorbatschow sieht daher keine Gefahr und schlägt die Warnung in den Wind.

Er verhandelt mit Jelzin und den anderen Republikführern weiter über die Zukunft der Union, beide haben aber höchst unterschiedliche Vorstellungen: Während Gorbatschow auf eine reformierte Union mit einer immer noch starken Zentrale abzielt, strebt Jelzin eine lockere Föderation an, in der die Republiken den Großteil der Macht haben.

Wochenlang ringen die Männer um einen Kompromiss, bis der neue Vertrag endlich unterschriftsreif ist. Er sieht eine Umwandlung der UdSSR in eine Föderation vor, deren Zentrale nur noch über die gemeinsame Außenpolitik und den Haushalt bestimmt.

Vielen Aktivisten der demokratischen Bewegung geht der Entwurf nicht weit genug; aus Sicht der KP-Funktionäre aber kommt er dem Untergang der UdSSR gleich. Vor allem KGB-Chef Wladimir Krjutschkow fürchtet um seine Stellung: Die Verhandlungen haben gezeigt, dass der Geheimdienst nur noch eine untergeordnete Rolle spielen soll.

Am 30. Juli erklärt Jelzin, dass Gorbatschow ihm versichert habe, noch im August die Kontrolle über Russlands Wirtschaft der Teilrepublik selbst zu überlassen. Damit schürt er weitere Ängste unter den Anhängern des alten Regimes: Denn es erscheint als sicher, dass Jelzin alle systemtreuen Fabrik- und Betriebsdirektoren durch ihm genehme Manager ersetzen wird.

Drei Tage später verkündet Gorbatschow dann überraschend, die für den Herbst geplante Vertragsunterzeichnung werde auf den 20. August vorverlegt. Mit diesem Manöver will er einen möglichst störungsfreien Abschluss der Unionsreform gewährleisten. Anschließend reist er in den Sommerurlaub auf die Krim.

Am 5. August bittet KGB-Chef Krjutschkow vier der mächtigsten Männer der UdSSR heimlich zum Gespräch, darunter Verteidigungsminister Dmitrij Jasow und Oleg Baklanow, Chef der sowjetischen Rüstungsindustrie. Die fünf wollen die Vertragsunterzeichnung um jeden Preis verhindern und planen nun einen Putsch, um Gorbatschow und Jelzin auszuschalten.

Nach einem weiteren Treffen am 17. August ist die auf zehn Verschwörer angewachsene Gruppe handlungsbereit, die Dokumente zur Machtübernahme sind ausgearbeitet. Doch Gorbatschow soll noch eine letzte Chance bekommen.

Tags darauf besuchen fünf der Putschisten Gorbatschow auf der Krim und fordern ihn auf, einer Ausrufung des Ausnahmezustandes zuzustimmen. Als der Präsident (dessen Telefonleitungen gekappt worden sind) sich weigert, riegeln Wachleute sein Anwesen ab.

Am Abend wird Boris Jelzin von einer Reise nach Kasachstan zurückerwartet; die Verschwörer überlegen, ihn zur Landung auf einem Moskauer Militärflughafen bei Moskau zu zwingen und dort festzuhalten, falls er versuchen sollte, ihre Pläne zu durchkreuzen.

Doch das Flugzeug wird nicht umgelenkt. Und als Jelzin endlich landet, haben sich die Verschwörer bereits im Kreml versammelt, um den Putsch in Gang zu setzen. Auch Außenminister Alexander Bessmertnych und Gorbatschows Stellvertreter Gennadij Janajew werden nun in die Pläne eingeweiht.

Janajew soll an die Spitze des Notstandskomitees rücken, doch der sichtlich angetrunkene Vizepräsident zaudert. Es dauert Stunden, bis er die Dokumente unterschrieben hat, die am Morgen in den Nachrichten verlesen werden sollen.

Die Putschisten erklären darin, dass sie den Unionsvertrag ablehnen und weitere Beratungen fordern – und dass wegen der Staatskrise der Ausnahmezustand gelte und ein Notstandskomitee die Regierungsgewalt übernommen habe.

Jelzin ist derweil ohne Probleme zu seiner Datscha westlich von Moskau gelangt. Erst um drei Uhr morgens befiehlt KGB-Chef Krjutschkow, eine Eliteeinheit dorthin zu schicken.

60 Männer beziehen unbemerkt vor dem Gebäude Stellung, erhalten aber keinen Befehl zum Zugriff, auch die Telefonleitungen werden nicht abgestellt.

Keiner der Verschwörer sucht das Gespräch mit Jelzin, niemand versucht, ihn aufzuhalten. Weshalb, bleibt rätselhaft: Vielleicht setzen die Putschisten darauf, dass ihn seine Feindschaft mit Gorbatschow in ihr Lager treiben wird, vielleicht ist es aber auch die mangelhafte Planung, die ihnen am Ende weder Zeit für das eine noch das andere lässt.

Als Jelzin am frühen Morgen von den Ereignissen in Moskau erfährt, versammelt er Vertraute und Kabinettsmitglieder zu Beratungen in seiner Datscha. Leibwächter berichten ihm nun, dass das Anwesen umstellt ist. Jelzins Männer befürchten ihre Verhaftung. Anfangs, so lassen spätere Berichte vermuten, ringen sie um eine Strategie, erwägen gar Verhandlungen mit den Verschwörern, die ja KGB und Militär auf ihrer Seite haben.

Schließlich lässt Jelzin sich überzeugen, den Putschisten entgegenzutreten, sich an die Seite Gorbatschows zu stellen und das Notstandskomitee als Verbrecherbande zu brandmarken. Dann verfasst die Gruppe einen Appell an die Bevölkerung, den Jelzins Töchter auf der Schreibmaschine abtippen. Gegen 9.30 Uhr ist Jelzin mit den Papieren nach Moskau unterwegs – und macht das Weiße Haus zur Zentrale des Widerstands.

Moskau, 19. August, 17.00 Uhr. Im sowjetischen Außenministerium gibt das Notstandskomitee eine Pressekonferenz. Der Auftritt wird zur Blamage: Mit zitternden Händen erklärt Janajew die Lage, auf Nachfragen der Journalisten gibt er unglaubwürdige Antworten, widerspricht teils

ZWISCHEN FRÜHJAHR 1990 UND WINTER 1991 sagen sich 14 Teilrepubliken der UdSSR von der Zentrale in Moskau los – alle bis auf Russland, die größte und bedeutendste Sowjetrepublik. Die meisten Staaten erklären kurz nach dem Augustputsch von 1991 ihre Unabhängigkeit

den Erklärungen, die am Morgen im Fernsehen zu hören waren.

Auch die anderen Funktionäre wirken unvorbereitet, einige gar betrunken. Dass ihr Vorgehen rechtmäßig ist, glaubt den Putschisten nun niemand mehr.

Tags darauf gehen in Moskau und Leningrad Hunderttausende auf die Straße. Sie legen sich Panzern in den Weg, bilden menschliche Mauern, errichten Barrikaden. Vor dem Weißen Haus stehen 60 000 Menschen, als Jelzin erneut vor das Gebäude tritt und die Putschisten attackiert: „Es gibt und wird keinen Weg zurück zur Vergangenheit geben. Russland wird frei sein“, erklärt er.

Die Menge jubelt, ruft „Jelzin, Jelzin“ und „Russland, Russland“. Rockbands und der Cellist Mstislaw Rostropowitsch spielen vor dem Amtssitz, in dem sich neben Jelzins Entourage auch viele Abgeordnete verschanzt haben.

Gegen Abend errichten die Demonstranten Barrikaden vor dem Gebäude; angeblich steht der Sturm des Weißen Hauses unmittelbar bevor.

Tatsächlich entwerfen Experten des KGB und der Armee seit dem Morgen Pläne, wie sich Jelzin stoppen lassen könnte. Abgesichert durch Luftlandetruppen, sollen Elitekämpfer des Geheimdienstes einen Korridor durch die Menge bahnen und Soldaten danach das Weiße Haus einnehmen.

Doch der zuständige General warnt, dass jede Gewaltaktion zu einem Blutbad führen würde. Die Putschisten kommen zu keiner klaren Entscheidung, besprechen am Abend nicht einmal, ob sie Gewalt anwenden wollen oder nicht.

Wenig später fordert der Putsch die ersten Toten. Kurz nach Mitternacht rollen Dutzende Panzer über Moskaus Hauptverkehrsstraße. Sie fahren nur Patrouille, sollen die Bürger einschüchtern und nach Hause treiben. Doch das ahnen die Demonstranten nicht, die hastig Hindernisse errichten: Dies muss der erwartete Angriff auf das Weiße Haus sein.

Gut 800 Meter vor Jelzins Amtssitz gerät die Kolonne am Ende eines Tunnels ins Stocken: Die Protestler haben mit Bussen und Lkw den Weg versperrt. Die Menge wirft Steine und Brandsätze auf die Panzer, Bürger klettern auf die Fahrzeuge und versperren den Fahrern mit Decken die Sicht. Als einer der Panzer zurückstößt, stürzt ein 23-Jähriger mit dem Kopf auf den Asphalt und stirbt.

Zwei weitere Demonstranten kommen durch Schüsse um, die attackierte Soldaten in Todesangst abgeben.

Drei Tote, zwölf Verletzte: Verteidigungsminister Jasow ist erschüttert, als er von dem Zwischenfall erfährt – und entscheidet noch in der Nacht, alle Truppen aus Moskau abzuziehen.

Am Morgen des 21. August kommt es zum Streit unter den Verschwörern, einige Männer um KGB-Chef Krjutschkow sind weiterhin für eine Militäraktion. Doch Jasow erklärt, er lasse es nicht zu, dass geschossen werde – und fügt hinzu, er sei entschlossen, Gorbatschow um Verzeihung zu bitten: „Wer in der Lage ist, Dummheiten zu begehen, muss auch in der Lage sein, die Verantwortung dafür zu übernehmen“, sagt er.

Daraufhin geben alle Putschisten auf. Am Nachmittag schicken sie eine Delegation auf die Krim, doch Gorbatschow lässt die Männer von seinen Wachen festsetzen. (Krjutschkow und sechs weitere Putschisten werden kurz darauf festgenommen; der Innenminister und ein in den Putsch verwickelter Armeemarschall entziehen sich der drohenden Verhaftung durch Selbstmord.)

Wenig später trifft eine Abordnung des russischen Parlaments auf der Krim ein; sie begleitet Gorbatschow und seine Familie noch in der Nacht zurück nach Moskau.

LITERATURTIPPS

IGNAZ LOZO
»Der Putsch gegen Gorbatschow«
Detailreiche Darstellung der Ereignisse im Sommer 1991 (Böhlau).

TIMOTHY J. COLTON
»Yeltsin – A Life«
Solide, aber teils wenig kritische Biografie des Politikers (Basic Books).

Moskau, am frühen Morgen des 22. August 1991. Vor dem Weißen Haus brandet Jubel für den ungeliebten Präsidenten auf, ein letztes Mal.

Auf einer Pressekonferenz am gleichen Tag rechtfertigt Gorbatschow seine Politik zwar noch einmal und verspricht, die kommunistische Partei weiter zu reformieren. Da aber haben Bürger überall im Land bereits begonnen, Denkmäler der Sowjetära niederzureißen. In Moskau hissen die Menschen Flaggen im Weiß-Blau-Rot des alten Russland und stürzen die Statue des Begründers der ersten sowjetischen Geheimdienstorganisation, Felix Dserschinskij.

Am 23. August holt Jelzin auf einer Sitzung des Obersten Sowjet zum letzten Schlag gegen seinen Rivalen aus. Er nötigt Gorbatschow, ein Kabinettsprotokoll zu verlesen, aus dem die Verstrickung der sowjetischen Minister in den Putsch hervorgeht. „Na los, lesen Sie jetzt", blafft er, den Zeigefinger auf Gorbatschow gerichtet.

Danach unterschreibt er ein Dekret, dass die KP in Russland verbietet.

IN KÜRZE

Obwohl der Putschversuch hoher Sowjetfunktionäre gegen Michail Gorbatschow im August 1991 rasch scheitert, gewinnt der Kremlchef seine Autorität nicht mehr zurück. Boris Jelzin, Präsident der Teilrepublik Russland und sein politischer Rivale, hilft ihm zwar beim Widerstand gegen den Staatsstreich, zerschlägt aber kurz darauf Russlands KP, treibt die Auflösung der UdSSR und Gorbatschows Rücktritt voran und übernimmt an Weihnachten 1991 die Macht im Kreml.

Nach diesem Debakel rät Gorbatschow dem Zentralkomitee der KPdSU, sich aufzulösen, und tritt als ihr Generalsekretär zurück. Das auf dem Territorium der russischen Republik befindliche Vermögen der KPdSU geht, so verfügt es Jelzin, in das Eigentum Russlands über.

Von der Sowjetunion ist nichts mehr geblieben als eine leere Hülle. Noch während des Putsches haben Litauen, Estland und Lettland ihre Unabhängigkeit bekräftigt (Georgien hatte sich bereits im Frühjahr 1991 unabhängig erklärt), in den Wochen und Monaten danach folgen alle übrigen Republiken außer Russland.

Gorbatschow unternimmt einen letzten Versuch, den Sowjetstaat zu retten, und verhandelt unter anderem mit Russland und sieben weiteren Republiken über ein Abkommen, das die UdSSR in eine Art Wirtschaftsgemeinschaft verwandeln würde.

Doch Ende November macht Jelzin Gorbatschows Hoffnungen zunichte: Sein Parlament werde keinerlei Art von Unionsstaat mehr billigen.

Und am 8. Dezember 1991 schafft er bei einem Treffen mit den Regierungschefs der Ukraine und Weißrusslands Fakten. Die drei Politiker verfassen ein Dokument, das die Existenz der UdSSR „als Subjekt des internationalen Rechts und als geopolitische Realität" für beendet erklärt.

Als Nachfolger bilden sie einen losen Wirtschaftsbund ohne jede Zentralmacht. Dieser „Gemeinschaft Unabhängiger Staaten" schließen sich bis auf die baltischen Länder sowie Georgien kurz darauf alle ehemaligen Sowjetrepubliken an.

Gorbatschow resigniert. Am 23. Dezember regelt er in einem zehnstündigen Gespräch mit Jelzin seinen Rücktritt, zwei Tage später verkündet er im Fernsehen, dass er seine Tätigkeit als Präsident der UdSSR beende. Anschließend wird die rote Fahne über dem Kreml eingeholt. Es ist, nach gut 69 Jahren, das Ende des Sowjetimperiums. Das Erbe übernimmt Russlands Präsident Jelzin, darunter den Koffer mit den Atomcodes und die 2,8 Millionen russischen Soldaten der sowjetischen Armee.

Nun setzt Jelzin die geplanten Wirtschaftsreformen um. Im Januar 1992 gibt er die meisten Preise frei, wenige Monate später beginnt er mit der Privatisierung der russischen Staatsbetriebe. Die Folge ist eine dramatische Wirtschaftskrise, die große Teile der Bevölkerung noch tiefer ins Elend treibt (siehe Seite 82).

Angesichts dieses Absturzes gelten die Putschisten vielen Menschen schon bald als Patrioten, die das Land hatten retten wollen. Schließlich fordert eine Mehrheit der Russen die Freilassung der Männer um Krjutschkow. Sie können das Gefängnis noch vor Prozessbeginn im Frühjahr 1993 unter Auflagen verlassen.

Im Jahr darauf beschließt das neu gewählte Parlament eine Amnestie. Viele der Verschwörer kehren zurück in die Politik, organisieren Demonstrationen gegen Jelzin und unterstützen die zerschlagene, aber inzwischen wieder neu gegründete KP.

Wie das Land verfällt auch Boris Jelzins Heldenaura nun rapide. Der Kremlchef, immer schon dem Alkohol zugetan, trinkt immer exzessiver. Die Sucht beginnt, seinen Ruf zu beschädigen. Und schon bald scheint klar, dass er Russlands nächste Präsidentschaftswahlen im August 1996 verlieren – und dass der Kandidat einer schon tot geglaubten Bewegung sie wohl gewinnen wird:

Gennadij Sjuganow, der neue Chef der Kommunistischen Partei. ◊

Rauchschwaden verdunkeln den historischen Hafen von Dubrovnik. Die Jugoslawische Volksarmee, verbündet mit Serben und Montenegrinern, attackiert die kroatische Hafenstadt mit Granaten und Raketen. Der junge Fotograf Pavo Urban dokumentiert die Angriffe, auch jenen vom 6. Dezember, bei dem er selber stirbt. Seine Aufnahmen, die überdauern, illustrieren diesen Beitrag

STADT UNTER FEUER

TEXT: *Ralf Berhorst* FOTOS: *Pavo Urban*

Als um 1990 der sozialistische Vielvölkerstaat Jugoslawien zerfällt, brechen alte Demütigungen, Konflikte, Hassgefühle hervor. Politiker schüren den Nationalismus und stürzen die Region in einen erbitterten Krieg. Im Herbst 1991 erreicht das blutige Drama im Südosten Europas die kroatische Stadt **Dubrovnik**. Deren pittoreskes Zentrum, ein Weltkulturerbe, wird zur tödlichen Falle

Es ist noch dunkel in Dubrovnik, als Colin Kaiser von dem Geräusch heftiger Explosionen aus dem Schlaf gerissen wird. Der UNESCO-Experte, der in einem Institutsgebäude in der historischen Altstadt untergebracht ist, blickt auf seine Armbanduhr: Es ist 5.48 Uhr.

Kaiser verlässt das Bett und horcht durch die geschlossenen Fensterläden auf die Quelle der Detonationen. Draußen folgt weiter Schlag auf Schlag.

Zunächst scheint das dumpfe Getöse weit entfernt. Doch binnen Minuten kommen die Einschläge näher. Erst jetzt begreift der Amerikaner: Das Zentrum Dubrovniks steht unter Granatfeuer.

Panik erfasst den Mann der UN-Kulturorganisation, und er eilt ins Erdgeschoss des Instituts. Dort gibt es überall Fensterfronten, die unter der Wucht der Explosionen zerbersten und zur tödlichen Gefahr werden könnten. Mit zwei Einheimischen und einem Kollegen, der ebenfalls vom Lärm geweckt worden ist, flüchtet Kaiser in das nahe gelegene Kloster der Dominikaner. Erst in einem der unterirdischen mittelalterlichen Gewölbe fühlen sie sich sicher.

Es ist der 6. Dezember 1991. Seit fast sechs Wochen belagert die Jugoslawische Volksarmee die Hafenstadt an der Südspitze Kroatiens. Gut 1000 Mann sind auf den Hügeln um Dubrovnik postiert, mit Mörsern, Haubitzen, Sturmgewehren, Granatwerfern und Raketensystemen. Vor der Küste patrouillieren Kriegsschiffe der jugoslawischen Bundesmarine und blockieren die Stadt zur Seeseite, Kampfjets donnern über die Häuser.

Bislang haben die Belagerer fast ausschließlich die Neustadt unter Feuer genommen, wo die meisten der 50 000 Einwohner Dubrovniks wohnen; die Altstadt (in der nun noch etwa 1600 Menschen ohne Wasser und Strom ausharren, seit die Angreifer Anfang Oktober die Leitungsnetze bombardierten und die Versorgung unterbrachen) haben sie weitgehend verschont.

Das historische Quartier erstreckt sich auf einem Landvorsprung von 450 mal 500 Metern, geschützt von wuchtigen Festungsmauern. Italienische Baumeister haben Dubrovnik geprägt und die große Hauptstraße, den Stradun, nach einem Erdbeben 1667 einheitlich aus hellem Kalkstein errichtet. Jahrhundertelang war die Stadt Handelsrepublik und ein Rivale Venedigs, gebot einst über eine Flotte von 200 Schiffen. Von dieser Zeit zeugen noch die prachtvollen Adelspaläste, barocke Kirchen und Kathedralen, Klöster der Franziskaner und der Dominikaner. 1979 hat die UNESCO die Altstadt zum Weltkulturerbe ernannt.

Im Dezember 1991 aber sind viele der historischen Fassaden, Kirchenportale, Statuen und andere Sehenswürdigkeiten hinter Holzverschalungen und Sandsäcken versteckt.

Inzwischen ist es 8.00 Uhr, und die Dunkelheit ist einem strahlenden Wintertag gewichen. Das Bombardement hält an und ist sogar noch intensiver geworden. Manchmal zerplatzen fünf, sechs Granaten kurz hintereinander.

Mitten in der Altstadt duckt sich der 19-jährige Tonči Skočko im Lebensmittelgeschäft seines Vaters zusammen mit einigen Kunden in einer Art Verschlag, der als Weinkeller dient.

Nach den ersten Granateinschlägen in der Nähe hat sein Vater die Ladentür geschlossen. Plötzlich flammt draußen ein greller Lichtblitz auf, gefolgt von einer lauten Detonation, die die Tür aufsprengt, Steinsplitter und Schrapnelle durch den Raum jagt.

Als sich der Rauch und Staub etwas gelegt haben, wagt sich Skočko mit einem Freund auf die Stufen vor dem Laden hinaus. Weiter die Straße hinab lodern Flammen aus einem Gebäudedach.

Etwa 50 Meter entfernt liegt die Grundschule Dubrovniks, ein erst kürzlich renoviertes Bauwerk, das mit seinen Betonwänden mehr Schutz bietet als die historischen Häuser im Zentrum.

Doch der Weg dorthin scheint ihm wohl zu riskant. Nur ein, zwei Minuten verharrt er auf der Schwelle.

Da zuckt ein neuer Lichtblitz auf, die Granate explodiert direkt neben dem jungen Mann. Skočko schafft es zurück in das Geschäft, sackt aber nach wenigen Metern auf dem Boden zusammen. Eine halbe Stunde lang versuchen Freunde, ihn zu reanimieren und gießen Wasser über sein Gesicht. Vergebens. Ein Schrapnell, nicht größer als ein Getreidekorn, hat Tonči direkt ins Herz getroffen. Nicht einmal Blut ist an der Wunde zu sehen.

Die Schützen der JVA zielen an diesem Tag bewusst auf die Schätze in Dubrovniks Altstadt, auf die historischen Sehenswürdigkeiten rund um den Stradun. Ihre Granaten beschädigen die Balustrade der St.-Blasius-Kirche und die Statuen der Kathedrale, sie treffen den Kreuzgang des Franziskaner-Klosters und die Kuppel des Onofrio-Brunnens.

Die Belagerer in den Bergen feuern Lenkraketen auf den historischen Hafen, wo Fähren und Sportboote in Flammen aufgehen, dunkle Rauchsäulen in den Himmel aufsteigen.

Hunderte Granaten jagen an diesem Vormittag mit pfeifendem Geräusch auf Wohnhäuser herab und reißen die Ziegeldächer auf. Sie entfachen Brände, die der kalte Bora-Wind, der an diesem Tag aus den Bergen weht, zusätzlich nährt.

Die Bewohner Dubrovniks sind dem Inferno schutzlos ausgeliefert, es gibt keine Verteidiger, nur einige Dutzend kroatische Heimatgardisten mit ein paar leichten Feldhaubitzen, die ein Fort auf einem der Hügel halten. Die Gassen der Altstadt sind seit dem frühen Morgen menschenleer. Die meisten Bewohner harren im Erdgeschoss ihrer Häuser aus, Keller gibt es fast nirgendwo.

In den oberen Etagen der Häuser, in denen in der Regel die Küchen untergebracht sind und Gasflaschen lagern, wäre es noch gefährlicher. Einige Einwohner haben es in die Katakomben unter den alten Festungsanlagen geschafft, deren Mauern bis zu sechs Meter dick sind, oder in eines der massiven Klostergebäude.

DUBROVNIK wird bereits im Oktober 1991 von feindlichen Einheiten umringt und immer wieder beschossen. Schlichte Trauermeldungen an einer Mauer im historischen Zentrum künden von den Toten

DIE ANGREIFER ziehen einen Belagerungsring um Dubrovnik und kappen die Strom- und Trinkwasserleitungen zur Altstadt. So wird der Prachtboulevard Stradun zur öffentlichen Versorgungsstelle

NUR DIE TEILS meterdicken Mauern einiger historischer Gebäude bieten den Bewohnern Schutz vor dem Bombardement. Doch selbst in deren Nischen können tödliche Granatsplitter gelangen

Stunden dauert das Bombardement an. Im Universitätsviertel westlich der Altstadt schießen die Belagerer eine Bibliothek mit 20 000 Bänden in Brand. Als bei einem Hotel Feuerwehrleute Flammen löschen wollen, nehmen die Angreifer sie von den Hügeln aus unter Feuer. Sieben Menschen sterben.

Am verwaisten Stradun harrt an diesem Vormittag der angehende Filmstudent und Fotograf Pavo Urban im Ladeneingang eines Juweliers aus. Immer wieder wagt sich der 23-Jährige aus seiner Deckung, um die Zerstörung seiner Heimatstadt mit der Kamera festzuhalten. Die Detonationen ringsum lassen seine Bilder verwackeln. Um die Mittagszeit drückt Urban zum letzten Mal auf den Auslöser. Dann explodiert direkt neben ihm eine Granate, ein Splitter trifft den jungen Mann in den Bauch. Urban verblutet an Ort und Stelle (siehe Seite 63).

Erst gegen 14.30 Uhr endet der Beschuss. 19 Menschen sind ums Leben gekommen, Dutzende verwundet.

Das Bombardement vom Nikolaustag 1991 dient keiner militärischen Eroberung, es ist ein Akt reinen Terrors. Mit ihm vollzieht sich eine weitere Entgrenzung der Gewalt in dem unerklärten Krieg, der seit Sommer 1991 zwischen Kroatien und dem von Serbien dominierten Restjugoslawien wütet.

Knapp ein halbes Jahrhundert nach seiner Gründung zerfällt der Vielvölkerstaat auf dem Balkan in einem blutigen Bruderkampf. Und mitten in einer Zeit des Aufbruchs und der Hoffnung, die Osteuropa nach einer Welle friedlicher Revolutionen erfasst, kehrt der Krieg mit archaischer und verstörender Wucht auf den Kontinent zurück – 46 Jahre nach Ende des Zweiten Weltkriegs.

°

IM MAI 1945 hatten jugoslawische Partisanen, angeführt von dem Kommunisten Josip Broz, genannt „Tito", ihr Land aus eigener Kraft von der deutschen Besatzung befreit. Der Krieg hatte dem Land einen gewaltigen Blutzoll abgefordert: Schätzungen zufolge betrug die Gesamtzahl der jugoslawischen Kriegstoten bis zu einer Million Menschen. In Kroatien und Bosnien-Herzegowina, wo das NS-Regime einen Satellitenstaat erschuf, waren die Verluste besonders hoch. Dort hatte das faschistische Regime der kroatischen Ustascha (von *ustaša*, „Aufrührer") Hunderttausende Serben aus ihrer Heimat vertrieben und allein in ihren Lagern vermutlich mehr als 200 000 Menschen ermordet, vor allem Serben, aber auch Juden und Roma. Zudem hatten sich jugoslawische Widerstandsgruppen – darunter kroatische Kommunisten und serbische Monarchisten – während der Besatzungszeit gegenseitig bekämpft.

Im neuen Jugoslawien sollte diese traumatische Gewalterfahrung vergessen sein. KP-Chef Tito wollte die Vergangenheit ruhen lassen. Nach einigen Prozessen gegen Hauptkriegsverbrecher der Ustascha und anderer Kollaborations-Regime ließ er die Aufarbeitung stoppen.

Er errichtete einen Einparteienstaat, der den Kommunisten alle Macht sicherte. Zugleich gab er Jugoslawien eine betont föderale Ordnung, die die Spannungen zwischen den Völkern des Balkans unter Kontrolle halten sollte.

Daher erhielten die fünf Nationen Jugoslawiens – Slowenien, Kroatien, Serbien, Montenegro und Mazedonien – sowie das multiethnische Bosnien-Herzegowina jeweils eine eigene Republik mit weitgehenden Rechten. Doch natürlich blieb die Kommunistische Partei das eigentliche Machtzentrum Jugoslawiens, der Tito als Staatsoberhaupt und Oberbefehlshaber der Armee vorstand.

„Brüderlichkeit und Einheit", die alte Parole aus dem Partisanenkampf, sollte die Spaltungen überwinden. Mit der fortschreitenden Entwicklung des Sozialismus, so Tito, würden ethnische Grenzen ohnehin bedeutungslos werden.

Vom Pathos des Aufbruchs ließen sich anfangs viele mitreißen. Die Kommunisten errichteten Stahlwerke, Fabriken und Werften, sie verwandelten das bisher rückständige Land binnen zwei Jahrzehnten in einen modernen Industriestaat. Zudem wagte es Tito 1948, sich dem sowjetischen Diktator Josef Stalin zu widersetzen, der daraufhin mit ihm brach. Das verschaffte Tito Prestige unter seinen Landsleuten und Jugoslawien eine

SERBIEN LÖST den Balkankrieg aus: Die Belgrader Führung träumt von einem eigenen Großreich und unterstützt aufständische Serben in Kroatien (Hafen von Dubrovnik)

einzigartige Position zwischen den großen Machtblöcken – sowie Millionen Dollar an Wirtschaftshilfe aus den USA.

Auch dank dieser Zahlungen prosperierte das Land. Titos Kommunisten gewährten mehr Freiheiten als die repressiven Staaten des Warschauer Paktes: Jugoslawiens Bürger durften ins Ausland reisen, es gab keine staatliche Vorzensur von Büchern, Zeitungen und Filmen, ausländische Journale lagen an den Kiosken aus, Arbeiter konnten streiken. Das Regime erlaubte es Hunderttausenden, im Westen Geld zu verdienen.

Als Tito 1961, mitten im Kalten Krieg, in Belgrad die „Bewegung der Blockfreien Staaten" gründete, einen Zusammenschluss von 25 neutralen Staaten, die sich für Abrüstung einsetzten, trug das seinem Land internationale Anerkennung ein – und die stabilisierte den Vielvölkerstaat auch im Inneren.

So war die Zufriedenheit mit der Regierung groß und die Traumata der Vergangenheit schienen tatsächlich überwunden. Zwar heirateten Kroaten, Serben und Slowenen weiterhin vor allem Angehörige der eigenen Teilnation. Aber 1964 bezeichneten in einer Umfrage 81 Prozent der Jugoslawen das Verhältnis zu den anderen Nationen der Föderation als „gut" oder „zufriedenstellend".

Zudem achtete Tito peinlich darauf, keines der Völker zu bevorzugen, nationalistische Umtriebe standen im sozialistischen Jugoslawien unter Strafe.

Dann aber starb der Staatsgründer 1980 mit fast 88 Jahren – und binnen Kurzem zerbrach die von ihm erschaffene Ordnung. Es zeigte sich, dass Jugoslawien mithilfe der westlichen Kredite über seine Verhältnisse gelebt hatte. Das Land war hoch verschuldet, es konsumierte weitaus mehr, als es produzierte, die meisten Betriebe arbeiteten unwirtschaftlich, gelähmt von sozialistischer Bürokratie.

Titos Nachfolger steuerten mit einem Sparkurs gegen. Die Inflation schnellte auf über 100 Prozent und halbierte die Einkommen, 1984 waren mehr als eine Million Jugoslawen ohne Arbeit.

In der Krise brachen nun rasch Spannungen und Gegensätze zwischen den sechs Republiken auf, die wirtschaftlich unterschiedlich entwickelt waren. In Slowenien etwa, dem ökonomisch stärksten Teilstaat, stellten immer mehr Menschen die Ausgleichszahlungen in den gemeinsamen Bundeshaushalt infrage – die Republik trug ein Viertel des föderalen Budgets, obwohl in ihr nur acht Prozent der Bevölkerung Jugoslawiens lebten. Und nun zeigte sich auch, dass die Geister der Vergangenheit keineswegs gebannt waren. Nichts war vergessen.

Die alten, viele Jahrzehnte lang unterdrückten Konflikte, Traumata und seelischen Verwundungen zwischen den Völkern Jugoslawiens brachen wieder auf. Rigoros durchgesetzte Tabus schwanden – und die Parole „Brüderlichkeit und Einheit" erwies sich als hohl.

Die Debatte entzündete sich unter anderem an den Opferzahlen des Zweiten Weltkriegs. In Kroatien traten nun wieder Nationalisten auf, trugen Symbole des faschistischen Ustascha-Regimes zur Schau – und bestritten offizielle Zahlen der von NS-Kollaborateuren zwischen 1941 und 1945 ermordeten Serben.

In Serbien wiederum veröffentlichten Intellektuelle der Akademie der Wissenschaften und Künste 1986 ein Memorandum, in dem es hieß, Serben würden gegenüber Slowenen und Kroaten seit Jahrzehnten wirtschaftlich benachteiligt. Nun drohe ihnen in Teilen der Föderation die Vernichtung, sie stünden vor einem „physischen, politischen, rechtlichen, kulturellen" Genozid. Die Verfasser forderten die „volle nationale und kulturelle Integrität des serbischen Volkes".

Presse, Radio und Fernsehen nahmen dieses Thema auf, auch in anderen Teilstaaten Jugoslawiens – und mit jeweils zunehmend nationaler Färbung.

In Zeitschriften und Popsongs, auf Postkarten, Wimpeln und anderen Devotionalien lebten folkloristische Erinnerungen an den Guerillakampf des Zweiten Weltkriegs auf. In Serbien kleideten sich Nationalisten mit den Uniformen der „Tschetniks", der monarchietreuen Widerstandskämpfer der Besatzungszeit. In Kroatien feierten neue Patrioten Freiheitshelden aus dem 17. Jahrhundert.

So verfestigten sich Selbstüberhöhungen, Opferrollen und Täterbilder, schürten Rachegefühle. Vergangenheit und Gegenwart überblendeten sich. In dieser Zeit der Ungewissheit gaben kollektive Identitäten scheinbar festen Halt.

Es waren vor allem kommunistische Kaderpolitiker, die schon früh die mobilisierende Kraft des Nationalismus erkannten – und in ihm eine Chance sahen, sich in der Zeit des Wandels, die ab 1989 Osteuropa erfasste und überall sozialistische Regime aus dem Amt fegte, an der Macht zu halten.

Obwohl sie Zöglinge der alten Ordnung waren, traten sie bei Großdemonstrationen als nationalistische Erneuerer auf und beriefen sich auf den vermeintlichen „Volkswillen" der Menge. Von den Regierenden gelenkte Medien, vor allem das Fernsehen, befeuerten die aufgeheizte Stimmung, die Hunderttausende zu Aufmärschen auf die Straßen lockte.

ESKALATION: Auch in Kroatien kommen Nationalisten an die Macht, die sich nun vehement den serbischen Hegemonialplänen widersetzen (in Brand geschossenes Auto in Dubrovnik)

In Serbien, der größten und bevölkerungsreichsten der sechs Republiken, begünstigte der nationalistische Furor den Aufstieg eines Mannes, der zuvor als blasser KP-Funktionär niemandem aufgefallen war: Slobodan Milošević.

o

DER FRÜHERE DIREKTOR einer Belgrader Bank war 1986 an die Spitze von Serbiens KP gerückt und wurde im Mai 1989 zum Präsidenten der Teilrepublik gewählt. Als linientreuer kommunistischer Funktionär hatte sich der 47-Jährige bei nationalistischen Umtrieben in der Vergangenheit stets bedeckt gehalten, vermutlich waren sie ihm sogar fremd. Aber Milošević war ein kühler Machtstratege ohne innere Überzeugungen. Geschickt wusste er den serbischen Opfermythos anzusprechen, der tief verwurzelt war in der Vergangenheit des Landes: das Gefühl, zu den Verlierern der Geschichte zu gehören.

Milošević nutzte die serbischen Tages- und Wochenzeitungen, die Radio- und TV-Stationen fortan als Propagandainstrument. Das Belgrader Fernsehen begann, Hass zu schüren gegen die „Feinde des serbischen Volkes".

Im Juni 1989 sprach Milošević auf dem Amselfeld – einer Schlachtstätte, auf der ein serbischer Fürst 600 Jahre zuvor einem osmanischen Heer unterlegen war – zu mehr als einer Million fast ausschließlich serbischer Zuhörer und erklärte, damals sei „tragische Uneinigkeit" der Grund der Niederlage gewesen.

Milošević bekannte sich zwar zum Miteinander der Völker, verhieß der Menge jedoch auch neue nationale Größe und schwor sie auf künftige Kämpfe ein: „Heute, sechs Jahrhunderte später, stehen wir wieder in Schlachten und vor Schlachten. Sie werden nicht mit Waffen ausgetragen, obwohl auch das nicht auszuschließen ist."

Viele Serben sahen in ihm inzwischen eine Art Erlöser und hofften auf ein Großserbien unter seiner Führung. Da jedoch mehr als ein Viertel ihrer acht Millionen Landsleute in den anderen Teilrepubliken Jugoslawiens lebte, hatten die serbischen Nationalisten kein Interesse an einem Zerfall des Vielvölkerstaats, sondern forcierten seine Zentralisierung unter der Führung Belgrads.

In den folgenden Monaten versuchte Milošević, Kontrolle über die föderalen Institutionen Jugoslawiens zu gewinnen. Er zielte zunächst auf das paritätisch besetzte Staatspräsidium und platzierte Getreue an die Spitze der traditionell mit Belgrad verbündeten Republik Montenegro sowie der Provinzen Kosovo und Vojvodina (zwei weitgehend autonomer Gebiete innerhalb Serbiens, die inzwischen Stimmrecht im Staatspräsidium besaßen). Damit kontrollierte Milošević vier der acht Voten in dem Gremium. Zwar fehlte ihm eine Stimme zur Mehrheit, doch konnte er Entscheidungen des Präsidiums problemlos blockieren.

Seine aggressive Rhetorik weckte vor allem in Slowenien und Kroatien, aber auch in Bosnien-Herzegowina die Sorge, künftig in einem von Serbien dominierten Jugoslawien leben zu müssen. Und sie verstärkte in Slowenien und Kroatien den Wunsch nach Unabhängigkeit.

Im Januar 1990 verließen die slowenischen Delegierten unter Protest den Bundeskongress der jugoslawischen Kommunisten, weil sich Milošević auch dort die Macht zu sichern versuchte. Er hatte vorgeschlagen, das bisherige Konsensprinzip durch Mehrheitsvoten zu ersetzen, weil er wusste, dass die meisten

EINE FAMILIE BRINGT SICH in Sicherheit. Dubrovnik wird zum Ziel, nicht weil es militärisch bedeutsam ist – sondern vermutlich aus Gründen der Psychologie: Die Stadt gilt als Symbol Kroatiens

PREKÄRE EINHEIT 1989

JUGOSLAWIEN, ein Verbund aus mehreren Teilrepubliken (oben), zerfällt um 1990 in diversen Konflikten: Serben und Montenegriner kämpfen gegen Kroaten, Serben und Kroaten gegen bosnische Muslime, später Kroaten und bosnische Muslime gegen Serben

der kommunistischen Kader (die einen Zerfall Jugoslawiens fürchteten) auf seiner Seite waren. Es war die letzte Zusammenkunft des Gremiums.

°

NUR DREI MONATE SPÄTER siegten in Slowenien und Kroatien bei freien Wahlen – den ersten überhaupt in ihrer Geschichte – Politiker, die nach der Loslösung von Jugoslawien strebten.

In Slowenien triumphierte der dortige KP-Chef Milan Kučan, in Kroatien gewann der ehemalige Partisan und JVA-General Franjo Tudjman, ein glühender Nationalist und Antisemit, dessen Obsession seit Langem die Eigenstaatlichkeit Kroatiens war. Zweimal hatte Tudjman unter den Kommunisten wegen nationalistischer Umtriebe im Gefängnis gesessen. Unter anderem hatte er behauptet, die Opferzahlen der von den Ustascha Ermordeten seien weit übertrieben und dienten „einzig und allein" dem Zweck, „eine kollektive und ewige Schuld des kroatischen Volkes aufzubauen".

Nach den Wahlen übernahm eine von Tudjman angeführte neue Partei die Regierung und bestimmte ausgerechnet die wie ein Schachbrett gemusterte weiß-rote Flagge der Ustascha zum neuen Staatswappen Kroatiens (wenn auch mit umgekehrter Farbfolge).

Und der Entwurf für eine neue Verfassung, den Tudjman im Juni 1990 vorlegte, definierte die Republik als souveränen Staat der kroatischen Nation – die Serben wurden darin als eine ethnische Minderheit unter vielen erwähnt.

Solche unheilvollen Reminiszenzen und Entscheidungen weckten in Serbien die Angst vor einem Aufleben des Faschismus in Kroatien und befeuerten den alten Opfermythos. 1990 titelte eine serbische Zeitung: „1941 begann mit denselben Methoden!" und: „Der Genozid darf sich nicht wiederholen". Als am 19. Mai 1991 in einem Referendum über 90 Prozent der Kroaten für die Unabhängigkeit ihrer Republik stimmten, boykottierte die serbische Minderheit in der Teilrepublik die Abstimmung.

Gut einen Monat später, am 25. Juni 1991, erklärten sich Kroatien und Slowenien durch einen Beschluss ihrer Parlamente für unabhängig.

Jugoslawien besaß zu diesem Zeitpunkt bereits keine funktionierenden gesamtstaatlichen Institutionen mehr: Serbien und Montenegro hatten im Mai die turnusgemäße Wahl eines Kroaten in das Amt des Staatspräsidenten blockiert.

Aber es gab noch die Jugoslawische Volksarmee. Die Generäle und Offiziere der Bundesstreitmacht wollten einen Zerfall der Föderation nicht hinnehmen.

Und so ergriff die Armeeführung nun Partei. Direkt nach dem Votum in Ljubljana setzte sie 2000 Soldaten der JVA sowie 400 Bundespolizisten und 270 Zollbeamte nach Slowenien in Marsch – offiziell zur „Sicherung der Grenze".

Denn Slowenien hatte die Kontrolle über seine Zollstationen, Flugplätze und Häfen übernommen, die jugoslawischen Hoheitszeichen entfernt und durch das Wappen der neuen Republik ersetzt.

Am Morgen des 27. Juni erreichten die Bundestruppen slowenisches Gebiet.

Im Fernsehen erklärte Sloweniens Präsident Kučan, sein Land werde „diesen aggressiven Akt mit allen Mitteln beantworten". Seine Territorialstreitkräfte waren gerüstet für den Kampf: Am Nachmittag des gleichen Tages schossen sie einen JVA-Helikopter mitten über dem Zentrum von Ljubljana ab, der Pilot und ein Bordmechaniker starben.

Fünf Tage später nahmen slowenische Einheiten JVA-Panzer nahe der Grenze zu Kroatien unter Feuer.

Die Bundesarmee schien dem kleinen Slowenien nicht gewachsen. Bei den Kämpfen und Scharmützeln, die ent-

DIE ZEIT VON ANGST und Unsicherheit in den Gassen Dubrovniks währt Monate. Dutzende Menschen sterben. Kaum zu beziffern dagegen sind die seelischen Wunden des Bruderkampfes

DIE ANGRIFFE auf Dubrovnik treffen einen großen Teil der Altstadt, darunter jahrhundertealte Häuser, Brunnen, Paläste und Kirchen

DUBROVNIKS ZENTRUM liegt am 6. Dezember 1991 im Dunst der Detonationen. Der Frieden auf dem Balkan wird sich erst Jahre später einstellen – und bleibt auch danach fragil

brannten, starben 44 JVA-Soldaten und acht slowenische Kombattanten.

Die Nachrichten über auffahrende Armee-Panzer und den von slowenischen Freischärlern abgeschossenen Hubschrauber wirkten verstörend auf den Rest Europas. Die zwölf Mitglieder der Europäischen Gemeinschaft (der späteren EU) bereiteten gerade einen gemeinsamen Binnenmarkt vor – auf einen Sezessionskrieg inmitten des Kontinents war niemand eingestellt. Zudem gab es keine Pläne und Mechanismen zur Beilegung eines solchen Konflikts.

Daher eilten die Außenminister Italiens, Luxemburgs und der Niederlande als Vermittler der EG nach Zagreb und Belgrad und erreichten, dass Kroatien und Slowenien ihre Unabhängigkeit für drei Monate aussetzten. Die JVA sollte abziehen, die Diplomaten wollten Zeit gewinnen für Verhandlungen. Noch hofften die meisten EG-Mitglieder, dass sich der Zerfall Jugoslawiens stoppen ließe.

Tatsächlich zog die Bundesarmee ihre Truppen aus Slowenien zurück. De facto war die nördlichste Republik damit unabhängig.

Slobodan Milošević, der starke Mann Restjugoslawiens, war bereit, die Sezession Sloweniens hinzunehmen – denn dort lebten fast keine Serben.

Anders war die Situation in Kroatien, wo fast 600 000 Serben lebten, denen er in seinen Ansprachen nationale Einheit und neue Größe verhieß. Schon im Januar 1991 hatte Milošević daher kategorisch erklärt: „Das serbische Volk möchte zusammen in einem Staat leben. Deshalb ist jede Aufteilung, die das serbische Volk spaltet, nicht akzeptabel."

Zu dieser Zeit schwelte auf kroatischem Boden längst schon mit Billigung der Führung in Belgrad ein unerklärter Krieg, der als ziviler Widerstand begonnen hatte, als serbische Polizisten gegen die neuen Staatssymbole protestierten.

Bereits im Februar 1990 hatten sich die serbischen Nationalisten in der von besonders vielen Serben bewohnten kroatischen Region Krajina zu einer eigenen Partei zusammengeschlossen. Sie pochten auf das Recht zur Autonomie, hielten sieben Monate später ein Referendum ab, riefen mitten in Kroatien einen serbischen Zwerg-Staat aus, das „Serbische Autonome Gebiet Krajina", und träumten von einem Zusammenschluss mit dem benachbarten Mutterland.

Belgrad lieferte den Aufständischen heimlich Waffen und Geld, und so konnten die Freischärler im Frühjahr 1991 mehrere Gebiete im Süden und Osten Kroatiens mit mehrheitlich serbischer Bevölkerung unter ihre Kontrolle bringen. Am 31. März starben bei Auseinandersetzungen ein kroatischer Polizist und ein serbischer Milizionär – drei Monate vor den Kämpfen in Slowenien waren es die ersten Toten des Krieges in Jugoslawien. Viereinhalb Wochen später lockten serbische Paramilitärs kroatische Polizisten in einen Hinterhalt und erschossen zwölf von ihnen.

Im Juli und August 1991 eroberten die Rebellen in der Krajina Dorf um Dorf. Tudjmans Regierung hatte ihnen wenig entgegenzusetzen; die kroatischen territorialen Verteidigungskräfte, die im alten Jugoslawien den Republiken unterstanden, hatte die JVA bereits entwaffnet.

Und die eilig aus Polizisten und Polizeireservisten rekrutierte kroatische Nationalgarde war noch nicht schlagkräftig. Sie verfügte über keinerlei schwere Waffen, fuhr in Kleintransportern und Reisebussen zu den Kampfplätzen.

Dagegen unterstützte die JVA-Führung – die inzwischen weitgehend unter dem Einfluss von Milošević stand – nun immer offener die serbischen Nationalisten. Und so eskalierte der schwelende Kampf zum Krieg.

Am 26. August marschierten Einheiten der JVA zusammen mit serbischen Milizen auf Kijevo, eine kroatische Enklave in einem sonst mehrheitlich von Serben besiedelten Gebiet, bombardierten den Ort zwölf Stunden lang und trieben die Einwohner in die Flucht.

Weiter östlich umzingelten Armeeverbände und Paramilitärs die alte Barockstadt Vukovar, beschossen sie mit Artillerie und Granatwerfern und überfielen bald Stadt und Umland.

Kroatiens Führer Tudjman rief in seinem Land die Generalmobilmachung aus und verkündete, es befinde sich in einem „Krieg der Befreiung".

Seine Nationalgardisten belagerten die JVA-Kasernen auf kroatischem Boden und schnitten sie von Telefonverbindungen, von Strom und Wasser ab, um zu verhindern, dass die dort stationierten Bundestruppen in die Kämpfe eingreifen. Inzwischen aber kontrollierten serbische Kräfte fast ein Drittel Kroatiens.

Die Vertriebenen flohen zu den Badeorten an der Küste Dalmatiens.

°

AM 1. OKTOBER 1991 marschierten Tausende JVA-Soldaten sowie Serben und Montenegriner plündernd und brandschatzend auf den Großraum um Dubrovnik zu. Zwar gab es dort keine JVA-Kaserne zu befreien, auch lebten in der Touristenregion kaum Serben, doch den Angreifern erschien Dubrovnik, das isoliert an der Südspitze Kroatiens liegt, wohl als ein leichtes Ziel für eine Attacke.

Nur etwa 670 Kroaten, verstreut über einen Umkreis von 75 Kilometern, verteidigten den Bezirk. Die Nationalgardisten, Polizisten und Freiwillige verfügten nur über alte Gewehre, hatten weder schwere Artillerie noch Flugzeuge. So kamen die Angreifer rasch voran.

Sie besetzten die Anhöhen östlich der Stadt. Kriegsschiffe der Bundesmarine blockierten Dubrovnik zur See, Kampfpiloten bombardierten die Telekommunikationsverbindungen und das Versorgungsnetz für Wasser und Strom.

Noch im Oktober begannen die JVA-Soldaten die Stadt vom Wasser und von den Hügeln aus mit Granaten und Raketen zu beschießen.

Zumeist zielten sie auf die Neustadt, wo sich Flüchtlinge in den Hotels drängten, aber mehrfach trafen sie auch das historische Zentrum Dubrovniks. Dutzende Menschen starben.

Das Feuer auf das Kulturerbe empörte die Weltöffentlichkeit mehr als jede andere Attacke der JVA.

Am 27. November kam Colin Kaiser zusammen mit einem UNESCO-Kollegen in die Stadt, um die bis dahin entstandenen Schäden zu inspizieren. Kaiser hisste weithin sichtbar die blaue Flagge der UN-Organisation auf drei historischen Festungsanlagen.

Die internationalen Proteste schienen zu wirken. Am 5. Dezember 1991 einigten sich kroatische Regierungsvertreter und ein Vize-Admiral der JVA auf

Pavo Urban

DER FOTOGRAF UND DER TOD

Er liefert die eindringlichsten Fotos aus Dubrovnik – und kommt dabei ums Leben

Die Angriffe auf Dubrovnik, die Anfang Oktober 1991 beginnen, sind Attacken auf seine Heimat: Pavo Urban hält das Martyrium seiner Stadt über Wochen mit der Kamera fest. Er ist kein Berufsfotograf, sondern ein ambitionierter Amateur, ein 23-jähriger angehender Filmstudent, der sich zuvor an Stillleben und Frauenakten versucht hat. Und doch wirken seine Aufnahmen eindringlicher als die der wenigen Pressefotografen vor Ort. Die Bilder sind stiller, weniger spektakulär, weniger dokumentarisch – und scheinen gerade deshalb eine tiefere Ikonografie des Krieges, der einzelnen Menschen in ihm, zu liefern. Mag sein, dass die Fotos auch deshalb intensiver sind als die der professionellen Kollegen, weil er sich weiter vorwagt als alle anderen. Einmal, erzählt er einem Freund, ist eine Luftmine so nahebei explodiert, dass er dachte, jetzt sei alles vorbei. Wenig später, als er bei dem Angriff am 6. Dezember beim Fotografieren seine Deckung verlässt, wird er tödlich getroffen. Das Motiv auf Seite 62 ist sein letztes.

eine Feuerpause für Dubrovnik, auch die Schiffsblockade sollte gelockert werden, Wasser und Strom für die Eingeschlossenen bald wieder fließen. Nur die schriftliche Zustimmung des JVA-Oberkommandos in Belgrad stand noch aus.

Die Einwohner schöpften nach zwei Monaten Belagerung Hoffnung.

Zu früh.

°

DUBROVNIK, 7. DEZEMBER 1991. Am Morgen nach dem Inferno wagen sich Colin Kaiser und sein Kollege zu einem Erkundungsgang durch die Altstadt. Überall rauchende Häuser, Trümmerteile, Steinsplitter und zerborstene Ziegel. Verkohlte Balken und zerborstene Dächer drohen herabzustürzen. Fassungslos gehen die beiden Männer durch die Gassen, fotografieren, machen sich Notizen, begutachten die Einschläge an der Kathedrale und an der Synagoge Dubrovniks.

Die Verwüstungen übertreffen bei Weitem die Schäden der vergangenen beiden Monate. Besonders verheerend waren die vielen Brände.

Vorsichtig verlassen die Menschen ihre Wohnungen und die wenigen Schutzräume, sie suchen nach Verwandten und Freunden. So viele Einwohner wie seit Wochen nicht mehr drängen sich auf dem Stradun, ungläubig und neugierig zugleich. Sie beginnen, Schutt und Trümmerteile wegzuräumen, die das historische Kalksteinpflaster überdecken.

Plötzlich peitschen aus den Bergen Schüsse über den Stradun; Panik bricht aus, die Menge stürzt auseinander (doch Granaten schlagen an diesem Tag nicht mehr ein).

Zum Laden von Tonči Skočkos Vater kommen Freunde; sie helfen, die aufgesprengte Tür mit Holzplatten zu reparieren, und ersetzen den zerstörten Tresen, fegen Glasscherben zusammen.

Zwei Tage später trägt die Familie Tonči zu Grabe – solange bleibt der Lebensmittelladen in der Altstadt geschlossen, dann öffnet das Geschäft wieder.

SLOBODAN MILOŠEVIĆ, langjähriger KP-Funktionär, befeuert den serbischen Nationalismus

Mehr als die Hälfte der Häuser im historischen Quartier ist beschädigt. Rund 400 Gebäude mit einer Plakette des Weltkulturerbes sind getroffen. Noch am Vortag haben die Beobachter das Pariser Hauptquartier der UNESCO per Telefon alarmiert. So erfährt die Welt von dem Bombardement am Nikolaustag. Im Sturm der Empörung kündigt die JVA eine „vollständige Untersuchung des Vorfalls“ an – so, als sei das stundenlange Bombardement ein Versehen gewesen.

Weshalb aber hat die Bundesarmee die Stadt attackiert? Erobern wollten die Kommandeure Dubrovnik offenbar nicht, vermutlich ging es ihnen um die psychologische Wirkung, wollten sie ein nationales Symbol Kroatiens treffen und die kroatische Bevölkerung vertreiben.

Nun aber zeigt sich, wie ungeschickt der Angriff war. Er beschleunigt den Prozess, der schon bald zu Kroatiens internationaler Anerkennung führen wird.

Hat Franjo Tudjman möglicherweise genau darauf gesetzt und daher nicht mehr Verteidiger an die Küste Dalmatiens entsandt? Sicher ist, dass Kroatiens Präsident von Anfang das Ziel verfolgte, eher mit diplomatischen als mit militärischen Mitteln die Unabhängigkeit seiner Heimat zu erreichen.

Bis dahin sind alle Verhandlungen ohne Ergebnis verlaufen, hat keiner der unter den Konfliktparteien vereinbarten Waffenstillstände gehalten. Nun beantragen Slowenien und Kroatien offiziell bei der Europäischen Gemeinschaft die Anerkennung ihrer Unabhängigkeit (das dreimonatige Moratorium ist bereits im Oktober abgelaufen).

Lange Zeit hat die EG um jeden Preis versucht, einen Zerfall Jugoslawiens zu verhindern – auch, um keinen Präzedenzfall für die Atommacht UdSSR zu schaffen, wo im Sommer altkommunistische Funktionäre gegen Staatschef Gorbatschow geputscht haben (siehe Seite 42).

Doch jetzt prescht die deutsche Regierung vor; die Bundesrepublik hat sich bei ihrer Wiedervereinigung ja selbst auf das Selbstbestimmungsrecht der Völker berufen. Außenminister Hans-Dietrich Genscher erklärt am 23. Dezember 1991, Bonn werde Slowenien und Kroatien anerkennen, und düpiert so seine Partner in der EG.

Um die Einheit der Europäischen Gemeinschaft zu wahren, bleibt den übrigen Mitgliedern nichts anderes, als am 15. Januar 1992 nachzuziehen.

Bonns Alleingang ist ein übereilter, historisch unsensibler Schritt – zumal Deutschland im Zweiten Weltkrieg die Schutzmacht des faschistischen Ustascha-Regimes war. (Führende Historiker gehen heute aber davon aus, dass ein Aufschub der Anerkennung den Zerfall Jugoslawiens nicht verhindert hätte.)

Nun kommt Bewegung in die diplomatischen Bemühungen. Neben der EG verhandelt inzwischen auch der ehemalige US-Außenminister Cyrus Vance im Auftrag der Vereinten Nationen mit den Kontrahenten. Und überraschend akzeptiert Slobodan Milošević im Januar 1992 einen Friedensplan des Amerikaners. Der sieht vor, Blauhelmtruppen in den umkämpften Gebieten in Kroatien zu stationieren, um so die Konfliktparteien voneinander zu trennen.

Serbiens Präsident hat erkannt, dass die Abspaltung Kroatiens nicht mehr zu verhindern ist. Aber inzwischen haben dort die Milizionäre und die JVA ihre militärischen Ziele erreicht: Sie kontrollieren fast alle serbisch besiedelten Regionen – knapp ein Drittel des kroatischen Territoriums. Die geplante Stationierung der UN-Schutztruppen könnte die Geländegewinne zementieren, so das Kalkül von Milošević.

Im März 1992 rücken 14 000 UN-Blauhelmsoldaten in Kroatien ein, daraufhin zieht die JVA-Führung die Bundestruppen ab, nachdem Serbien einem Waffenstillstand bereits im Januar zugestimmt hatte.

In Dubrovnik dauert der sporadische Beschuss jedoch noch bis Ende Juni an. Mehrmals schlagen Granaten in der Stadt ein, weitere Menschen sterben. Das Umland rund um die Stadt haben die Angreifer auf einer Länge von gut 200 Kilometern geplündert und verwüstet, Häuser angezündet und zerstört, viele Bewohner getötet oder verletzt.

Erst im Oktober ziehen sich die letzten Einheiten von den Hügeln um die Stadt zurück. Kroatien scheint befriedet.

Doch nun wechselt der südslawische Bruderkampf auf einen neuen Schauplatz: Bosnien-Herzegowina. Im April 1992 haben sich bosnische Serben auch dort für unabhängig erklärt. Gemeinsam mit JVA-Einheiten haben sie Ostbosnien überrannt und die dortige muslimische Bevölkerung vertrieben. Bald kontrollieren sie zwei Drittel der Republik.

Diesmal wird auch Zagreb zum Aggressor. Kroatische Nationalisten rufen im Juli 1992 auf dem Gebiet Bosnien-Herzegowinas ebenfalls einen eigenen Staat aus. Ihre Truppen vertreiben gemeinsam mit von Tudjman geschickten Einheiten alle Nicht-Kroaten aus eroberten Gebieten und zerstören sogar die jahrhundertealte Brücke von Mostar, lange Zeit ein Symbol friedlichen Zusammenlebens in der von Serben, Kroaten und Muslimen bewohnten Stadt.

Erst im März 1994 einigen sich Kroaten und bosnische Muslime auf eine Föderation und kämpfen fortan als Verbündete.

Sie können nicht verhindern, dass bosnisch-serbische Armee- und Polizei-Einheiten am 11. Juli 1995 die UN-Schutzzone Srebrenica stürmen und mehr als 8000 Männer und Heranwachsende systematisch ermorden. Es ist das größte Kriegsverbrechen in Europa seit 1945 (siehe Seite 102).

Auch nach Kroatien kehrt der Krieg noch einmal zurück: Dort beginnen Tudjmans Truppen im Mai 1995 eine Großoffensive, erobern Westslawonien, die Krajina und fast alle von den serbischen Milizen besetzten Gebiete zurück. Diesmal muss die serbische Bevölkerung fliehen.

Milošević erkennt, dass sich die Kräfteverhältnisse verschoben haben, und geht auf eine neue Friedensmission der USA ein. Am 21. November 1995 einigen sich die Kriegsparteien auf ein Abkommen, das Bosnien-Herzegowina als Staat erhält, aber de facto zwischen den Gegnern aufteilt. Ein parallel ausgehandelter Vertrag beendet auch den Krieg in Kroatien. Die letzten noch unter serbischer Kontrolle stehenden Gebiete kommen bis 1998 unter Aufsicht der UNO und dann wieder unter die Regie Zagrebs. Jugoslawien existiert nicht mehr.

IN KÜRZE

Das Ende des Sozialismus offenbart in Jugoslawien tiefe Gegensätze, die unter dem Regime des früheren Partisanenführers Josip Broz Tito jahrzehntelang unterdrückt worden waren. Alte und neue Eliten in den Teilrepubliken streben nach Unabhängigkeit und größerer Macht und setzen auf nationalistische Hetze: etwa in Serbien, das Großmachtpläne hegt. Im Sommer 1991 zerbricht das Land, es kommt zum Ringen um Gebiete und Einfluss – und zu einem Krieg, der sich bis 1999 hinziehen wird.

LITERATURTIPPS

HOLM SUNDHAUSSEN
»Jugoslawien und seine Nachfolgestaaten 1943–2011«
Aktuelles Standardwerk (Böhlau).

MARIE-JANINE CALIC
»Geschichte Jugoslawiens im 20. Jahrhundert«
Lesenswerte, umfassende Analyse (C. H. Beck).

Die Balkankriege haben weit mehr als 100 000 Menschen das Leben gekostet. Rund 3,5 Millionen Jugoslawen sind allein in Bosnien, Kroatien und dem Kosovo (wo 1998 ein weiterer Konflikt ausbricht) aus ihrer Heimat vertrieben worden oder sind geflohen, Hunderttausende wurden verletzt.

In Dubrovnik beginnen Experten schon 1993 mit dem Wiederaufbau des Weltkulturerbes. Sie decken die zerschossenen Dächer mit neuen Ziegeln ein, gebrannt aus einem speziellen Ton. Sie schließen die kleinen Krater im Pflaster des Stradun, die die explodierenden Granaten gerissen haben, bessern die zerfetzten Steinornamente an Balustraden, Palästen und Brunnen aus.

Doch die seelischen Verwundungen bleiben, auf allen Seiten – bis heute. Zwischen Kroatien, Serbien und den anderen Staaten Ex-Jugoslawiens herrscht nach wie vor ein brüchiger Frieden.

Die Protagonisten des Krieges sind längst von der politischen Bühne abgetreten oder gestorben. Franjo Tudjman, 1997 als Kroatiens Präsident wiedergewählt, stirbt zwei Jahre später an Krebs. In Serbien stürzt die Opposition Staatschef Slobodan Milošević im Oktober 2000 und liefert ihn im Jahr darauf an den eigens in Den Haag geschaffenen „Internationalen Strafgerichtshof für das ehemalige Jugoslawien" aus. Milošević stirbt noch während des Prozesses 2006 in Untersuchungshaft an Herzversagen.

Die neuen Staatschefs in Belgrad und Zagreb haben sich offiziell für Verbrechen und Menschenrechtsverletzungen bei den ehemaligen Gegnern entschuldigt. Aber nach wie vor ist die Vergangenheit in den Köpfen präsent – und eine stete Gefahr: so wie Hunderte von Minen, die noch immer in den ehemaligen Kriegsgebieten liegen. Nicht weit unter der Erdoberfläche. ◊

GEO*EPOCHE* KOLLEKTION

DIE LANDUNG der Alliierten wendet 1944 den Krieg

DER ZWEITE WELTKRIEG IN EUROPA

Es ist der blutigste Konflikt der Geschichte. Der Zweite Weltkrieg bringt ein nie da gewesenes Maß der Mobilisierung hervor und eine neue Dimension des Völkermords. An seinem Ende werden weite Teile Europas zerstört sein, durch gewaltige Panzerschlachten und Bombenangriffe, in Brand gesetzt von den rücksichtslosen deutschen Militärs. Die aktuelle Ausgabe von GEO*EPOCHE* KOLLEKTION erzählt den Verlauf des folgenreichsten aller Kriege in Europa: vom deutschen Überfall auf Polen 1939, den schnellen Siegen der Wehrmacht im Westen und in Skandinavien über den Vernichtungskrieg im Osten, die Wende des Konflikts in Stalingrad 1943 und an den Stränden der Normandie im Jahr darauf bis zum Ende, als die vom NS-Regime ausgelöste Gewalt schließlich auf Deutschland zurückfällt.

GEO*EPOCHE* KOLLEKTION
»Der Zweite Weltkrieg in Europa« hat 196 Seiten Umfang und kostet 13,50 Euro. Weitere Themen: Winston Churchill • Paris unter den Deutschen • Die Befreiung Neapels • Der Endkampf um Berlin

GEO*EPOCHE* EDITION

DIE GROSSEN MALER 2

Im zweiten Teil seiner Porträtreihe über große Maler präsentiert GEO*EPOCHE* EDITION die bedeutendsten Künstler der Moderne – von Caspar David Friedrich über William Turner, Claude Monet und Vincent van Gogh bis zu Pablo Picasso und den Amerikanern Jackson Pollock, Robert Rauschenberg, Jasper Johns, Andy Warhol.

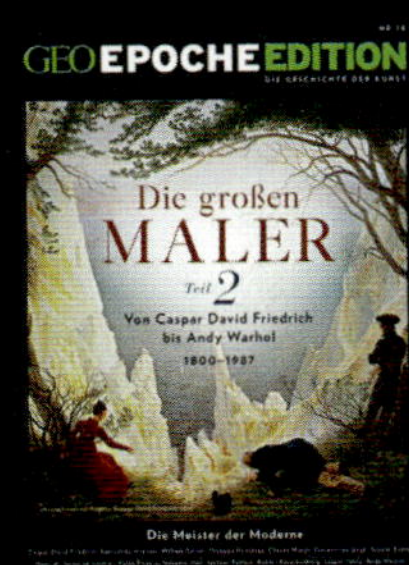

GEO*EPOCHE* EDITION
»Die großen Maler, Teil 2« hat 156 Seiten im Großformat und kostet 16,50 Euro. Weitere Porträtierte: Katsushika Hokusai • Utagawa Hiroshige • Gustav Klimt • Henri de Toulouse-Lautrec • Salvador Dalí

GEO*EPOCHE* PANORAMA

WILDER WESTEN

GEO*EPOCHE* PANORAMA berichtet über jene Zeit, die bis heute die Seele der Supermacht USA prägt: die des Wilden Westens. In mehreren Texten und großen Bildgeschichten erzählt das Heft von den Indianern und ihrer brutalen Verdrängung durch die weißen Siedler – und von Cowboys, Revolverhelden und Banditen.

GEO*EPOCHE* PANORAMA
»Der Wilde Westen« hat 132 Seiten im Großformat und kostet 15 Euro. Einige Themen: Prärieindianer – die Herren der großen Weiten • Cowboys – 1000 Meilen Staub • Der letzte Kampf der Sioux

1989 und die FOLGEN

TAUSENDE MENSCHEN STRÖMEN in den Tagen nach dem Mauerfall zum Brandenburger Tor. Aber die Hoffnungen, die die Umbrüche des Jahres 1989 wecken, bleiben in vielen Ländern unerfüllt

Der Zusammenbruch der Sowjetmacht bringt den Deutschen die Wiedervereinigung. Doch in vielen früher sozialistischen Staaten herrschen in der Folge Autokraten, erstarkt der Nationalismus, kommt es zu jahrelangen Kriegen. Und zwischen Russland und dem Westen entbrennt schließlich sogar ein neuer Konflikt

TEXT: *Andreas Sedlmair*

Daten, zu denen in diesem Heft ein Beitrag zu lesen ist, sind rot markiert ●

Nach dem Ende des Zweiten Weltkriegs ist Europa geteilt: in eine westliche Hälfte mit zumeist demokratischen, marktwirtschaftlich ausgerichteten Staaten sowie den von der Sowjetunion dominierten, kommunistisch regierten „Ostblock“ (dem das formal blockfreie Jugoslawien nahesteht). Der Kalte Krieg zwischen den zwei Systemen, in den 1970er Jahren während der Entspannungspolitik abgeschwächt, bricht in den 1980er Jahren erneut mit voller Schärfe aus. Dabei verschiebt sich das Kräfteverhältnis vor allem ökonomisch stetig zugunsten des von den USA geführten Westens.

1986 reagiert der neue KP-Chef Michail Gorbatschow auf die Krise der Sowjetunion und initiiert eine umfassende Reformpolitik, durch die er die Gesellschaft unter den Schlagworten „Glasnost“ („Offenheit“) und „Perestroika“ („Umbau“) modernisieren will. Zudem ordnet die UdSSR das Verhältnis zu ihren Verbündeten neu: Zunehmend dürfen Osteuropas Länder nun ihre inneren Angelegenheiten regeln, und so entstehen vielerorts Bewegungen, die das Machtmonopol der kommunistischen Parteien und schließlich auch die Vorherrschaft Moskaus offen infrage stellen.

● 1989

Lesen Sie dazu die Geschichte ab S. 6

6. 2. Polen. In Warschau beginnen Verhandlungen zwischen der kommunistischen Regierung des Landes und der unabhängigen Gewerkschaft Solidarność sowie Vertretern anderer oppositioneller Gruppen. Die Machthaber erhoffen sich von den Gesprächen eine Beruhigung des Landes, das von Streiks und Protesten erschüttert wird. Am 5. April unterzeichnen die Unterhändler ein Abkommen, das unter anderem die Anerkennung der bis dahin illegalen Solidarność vorsieht.

Zudem dürfen oppositionelle Gruppen an den für Juni vorgesehenen Wahlen zum Senat, der neu geschaffenen zweiten Parlamentskammer, ohne Einschränkungen teilnehmen; im Sejm, dem Abgeordnetenhaus, sollen die regierenden Kommunisten allerdings gemeinsam mit den Blockparteien 65 Prozent der Sitze erhalten.

23. 3. Jugoslawien. Auf massiven Druck der Teilrepubik Serbien stimmt das Parlament der serbischen Provinz Kosovo Verfassungsänderungen zu, die den bisherigen Autonomiestatus der Region aufheben. Damit wird die dort lebende albanische Bevölkerungsmehrheit de facto von Belgrad regiert.

26. 3. UdSSR. Bei den Wahlen zum Kongress der Volksdeputierten (der unter anderem den Obersten Sowjet kürt, ein weiteres, häufiger tagendes Parlament) sind erstmals rund die Hälfte der Kandidaten nicht von der KPdSU bestimmt, sondern von der Bevölkerung und politischen Vereinigungen aufgestellt worden. Die Bürger entsenden zahlreiche Reformpolitiker in das Gremium – und entziehen konservativen Parteifunktionären und Militärs das Vertrauen.

EDUARD SCHEWARDNADSE

1928–2014

Als sowjetischer Außenminister verhandelt der Georgier über die deutsche Einheit – als Präsident regiert er nach dem Untergang der UdSSR sein Heimatland. Doch 2003 begehren Oppositionelle gegen ihn auf und verjagen ihn aus dem Amt

9. 4. UdSSR. 20 Menschen kommen ums Leben, als sowjetische Fallschirmjäger in Tiflis, der Hauptstadt der Sowjetrepublik Georgien, gewaltsam eine Demonstration auflösen. Der Vorfall trägt dazu bei, dass immer mehr Georgier die Loslösung ihres Landes von der UdSSR befürworten.

2. 5. Ungarn. An vier Grenzorten beginnen ungarische Truppen mit dem Abbau des Sperrzauns, der bis dahin die Grenze zu Österreich gesichert hat. Die marode Barriere ist überflüssig geworden, da die Ungarn seit 1988 Reisefreiheit genießen. Der sowjetische KP-Chef Gorbatschow lässt die ungarischen Machthaber gewähren und setzt so ein Signal für Reformbewegungen in anderen sozialistischen Staaten.

4. 6. Polen. Aus den am 5. April vereinbarten Wahlen zum Senat geht die Solidarność als Sieger hervor; die regierenden Kommunisten sind in der neuen Kammer nicht vertreten.

16. 6. Ungarn. Auf dem Budapester Heldenplatz gedenken Zehntausende des Reformkommunisten Imre Nagy, der 1956 den antisowjetischen Aufstand der Ungarn angeführt hatte und nach dessen Niederschlagung hingerichtet wurde. Die feierliche Umbettung des Leichnams des lange verfemten Politikers wird allgemein als demonstrative Abwendung von der sowjetfreundlichen Politik der vergangenen Jahrzehnte verstanden – und von führenden Vertretern der regierenden kommunistischen Arbeiterpartei mitgetragen. Bereits seit dem Frühjahr treten immer mehr konservative Kommunisten aus Protest gegen den neuen Kurs aus der Partei aus.

24. 6. Polen. Der Sejm wählt den Solidarność-Berater Tadeusz Mazowiecki zum Ministerpräsidenten – und damit zum ersten nichtkommunistischen Regierungschef Polens seit mehr als vier Jahrzehnten. Er führt eine Koalitionsregierung aus Solidarność, Kommunisten und kleineren Parteien.

28. 6. Jugoslawien. Slobodan Milošević, Präsident der Teilrepublik Serbien, beschwört die Rückkehr des serbischen Volkes zu früherer nationaler Größe – in einer Rede zum 600. Jahrestag der verlustreichen Schlacht eines serbisch dominierten Heeres gegen die Osmanen auf dem Amselfeld.

Auch in anderen Teilen Jugoslawiens, vor allem in Kroatien und Slowenien, setzen Politiker auf nationalistische Rhetorik – und tragen so zur Zerstörung der schon lange brüchigen Einheit im Vielvölkerstaat bei.

8. 7. Rumänien. Auf Anregung Michail Gorbatschows erklären die Partei- und Regierungschefs der von Moskau beherrschten Warschauer-Pakt-Staaten, dass fortan „jedes Volk selbst das Schicksal seines Landes bestimmen" dürfe: Wenn ein Staat aus dem sozialistischen Lager ausschert, werden keine Panzer mehr rollen – wie 1956 gegen Ungarn und 1968 gegen die ČSSR.

23. 8. UdSSR. Am 50. Jahrestag des 1939 geschlossenen Hitler-Stalin-Paktes verbindet eine 670 Kilometer lange Menschenkette die Hauptstädte von Estland, Lettland und Litauen. Rund zwei Millionen Einwohner der baltischen Sowjetrepubliken (etwa 30 Prozent der Bevölkerung) protestieren damit gegen die unrechtmäßige Annexion ihrer Staaten durch die UdSSR, die durch das Abkommen der zwei Diktatoren vorbereitet worden war. Immer lauter werden die Rufe nach eine Loslösung von der UdSSR.

11. 9. Ungarn. Die Regierung öffnet die Grenze nach Österreich für Zehntausende DDR-Touristen, die in Ungarn seit Wochen auf eine Ausreise in den Westen hoffen. Allein in den folgenden drei Tagen flüchten 15 000 Menschen.

30. 9. Tschechoslowakei. Der westdeutsche Außenminister Hans-Dietrich Genscher verkündet mehreren Tausend DDR-Bürgern, die in der Prager BRD-Botschaft Zuflucht gesucht haben, dass Ostberlin ihrer Ausreise zugestimmt hat.

7. 10. DDR. Die SED-Führung zelebriert den 40. Jahrestag der DDR-Gründung mit einer großen Militärparade sowie mit einem Festakt im Palast der Republik. Doch die Sympathie der Bürger gehört Staatsgast Gorbatschow. „Gorbi! Gorbi! Gorbi!", skandieren sie – und: „Wir sind das Volk".

17. 10. DDR. Angesichts der seit Wochen andauernden Massenproteste beschließt das Politbüro der SED, Staats- und Parteichef Erich Honecker abzusetzen. Zum neuen Generalsekretär wählt das ZK am folgenden Tag Honeckers Kronprinz Egon Krenz. Doch der Machtwechsel trägt wenig zur Beruhigung der Situation bei, denn Krenz ist ein Repräsentant des SED-Regimes.

23. 10. Ungarn. Das Land ruft die Republik Ungarn aus. Eine Woche zuvor hat das Parlament bei nur fünf Gegenstimmen eine neue Verfassung verabschiedet, die ein Mehrparteiensystem und Gewaltenteilung vorsieht.

9. 11. DDR. Egon Krenz erklärt dem Führungsgremium der SED, dass der ostdeutsche Staat faktisch pleite ist. Angesichts dieser Krise sowie der offenen ungarischen Grenze und der Prager Botschaftsflüchtlinge stimmen die Funktionäre einer von Krenz eingebrachten Regelung zu, die „Privatreisen nach dem Ausland ohne Vorliegen von Voraussetzungen" grundsätzlich gestattet. Schon am Abend sehen sich die DDR-Grenztruppen in Ostberlin Zehntausenden gegenüber, die in den Westteil der Stadt gelangen wollen – und öffnen mehrere Übergangsstellen. Damit ist die Berliner Mauer gefallen, das wichtigste Symbol des Kalten Krieges (auch weil die sowjetischen Truppen in dieser Nacht in ihren Kasernen bleiben).

Bulgarien. Auf Druck von Parteifunktionären muss der langjährige KP-Chef Todor Schiwkow von seinen Ämtern zurücktreten. Kurz zuvor hatte sich der konservative Kommunist angesichts zunehmender Proteste im Land zwar reformbereit gezeigt, aber Außenminister Petar Mladenow hat von Gorbatschow Rückendeckung für einen Coup erhalten.

28. 11. Westdeutschland. Kanzler Helmut Kohl stellt im

IMRE POZSGAY
1933–2016
Der Ungar ist in seinem Land der erste Parteifunktionär, der den Freiheitskampf seiner Landsleute, die sich 1956 gegen Moskau erhoben hatten, öffentlich »Volksaufstand« nennt und nicht »Konterrevolution«. Er setzt sich für das Ende der Einparteienherrschaft ein

Bundestag ein Programm in zehn Punkten vor: einen Stufenplan zur deutschen Einheit. Damit ist die Wiedervereinigung Thema der internationalen Politik – zur Überraschung Gorbatschows, aber auch der Verbündeten und Westdeutschlands Nachbarn, die Kohl zuvor nicht informiert hat.

3. 12. Tschechoslowakei. Nach zahlreichen Demonstrationen ernennt Staatspräsident Gustáv Husák eine neue Regierung, in der fünf der 20 Ministerien von Nichtkommunisten geführt werden. Doch die Proteste ebben nicht ab, sodass er sieben Tage später ein mehrheitlich demokratisches Kabinett berufen muss – und anschließend zurücktritt.

16. 12. Rumänien. In der Stadt Temeswar gehen Hunderte auf die Straße, um gegen die Versetzung eines oppositionellen Pfarrers zu protestieren – und schließlich auch gegen das Regime von Staatschef Nicolae Ceaușescu. Als am folgenden Tag Einheiten des Militärs und des Geheimdienstes Securitate versuchen, die Unruhen gewaltsam zu beenden, kommen mehr als 50 Menschen ums Leben.

21. 12. Rumänien. In Bukarest wird KP-Chef Ceaușescu, der vor Zehntausenden vermeintlichen Anhängern publikumswirksam die Unruhen in Temeswar verurteilen will, von Teilen der Zuhörer ausgebuht. Als tags darauf eine aufgebrachte Menge das ZK-Gebäude stürmt, muss der von dem starken Widerstand überraschte Diktator in einem Hubschrauber fliehen. Die Macht in Bukarest übernimmt nun eine „Front zur nationalen Rettung" unter Führung des Kommunisten Ion Iliescu. Bei schweren Kämpfen vor allem zwischen Angehörigen der Securitate (die das alte Regime stützen) und Soldaten der Armee kommen in den folgenden Tagen fast 1000 Menschen ums Leben. Die rumänische Revolution ist damit der einzige blutige Umsturz des Jahres 1989.

25. 12. Rumänien. In der Stadt Tergowiste verurteilt ein Militärtribunal Ceaușescu und dessen Ehefrau Elena unter anderem wegen Völkermordes zum Tode. Kurz darauf wird das Diktatorenpaar hingerichtet.

29. 12. Tschechoslowakei. Das Parlament in Prag wählt einstimmig den Bürgerrechtler Václav Havel zum Staatspräsidenten des Landes. Damit hat die unblutige Revolution in der Tschechoslowakei gesiegt.

1990

20. 1. UdSSR. Moskaus Truppen besetzen Baku, die Hauptstadt der Aserbaidschanischen Sowjetrepublik, um Pogrome Einheimischer gegen Armenier zu beenden. Bei dem Einsatz kommen mehr als 100 Menschen ums Leben. Der „Schwarze Januar" ist Teil des seit 1988 ausgetragenen Kampfes um Bergkarabach, eine vorwiegend von Armeniern bewohnte Region in Aserbaidschan. Mit dem nun einsetzenden, zunehmenden Verfall der sowjetischen Zentralmacht gewinnt dieser ethnische Konflikt in den folgenden Jahren an Vehemenz.

22. 1. Jugoslawien. Bei einem Kongress des gesamtjugoslawischen Bundes der Kommunisten verlassen die slowenischen Delegierten unter Protest die Versammlung, da sie sich mit ihren Forderungen nach mehr Freiheiten für die Teilrepubliken nicht haben

TADEUSZ MAZOWIECKI
1927–2013
Als sich in Polen die oppositionelle Gewerkschaft »Solidarność« formiert, zählt der katholische Intellektuelle zu ihren wichtigsten Beratern. 1989 wählt ihn das Parlament zum ersten nichtkommunistischen Regierungschef seit mehr als 40 Jahren

ION ILIESCU
geb. 1930
Iliescu, anfangs ein Protegé des rumänischen Staatschefs Nikolae Ceaușescu, fällt ab 1971 zusehends in Ungnade. Als der Diktator Ende 1989 entmachtet wird, steigt Iliescu zum Anführer der »Front zur nationalen Rettung« und neuen Präsidenten auf

durchsetzen können. Der Eklat bedeutet das faktische Ende der jugoslawischen KP, die jahrzehntelang als Garant für die staatlich verordnete „Brüderlichkeit und Einheit“ im Vielvölkerstaat aufgetreten ist.

11. 3. Litauen. Das kurz zuvor frei gewählte Parlament erklärt die Unabhängigkeit Litauens von der Sowjetunion und setzt die Verfassung wieder in Kraft, die vor der sowjetischen Annexion des Landes 1940 Gültigkeit hatte. Michail Gorbatschow fordert die Rücknahme des von ihm als rechtswidrig bezeichneten Aktes und verhängt eine Wirtschaftsblockade über Litauen.

Die gleichfalls auf Loslösung von der UdSSR orientierten baltischen Republiken Estland und Lettland geben in den folgenden Monaten ähnliche Souveränitäts-Erklärungen ab.

14. 3. UdSSR. Der Volksdeputiertenkongress hebt den in der Verfassung von 1977 festgeschriebenen Anspruch der KPdSU auf das politische Machtmonopol auf. Zudem wählt der Kongress Gorbatschow zum ersten (und wie sich herausstellen wird: letzten) Präsidenten der Sowjetunion. Gorbatschow erhofft sich von der neuen Position eine von der KPdSU unabhängige Machtstellung, die ihm eine Fortsetzung der Reformen ermöglicht.

18. 3. DDR. Aus den ersten freien Parlamentswahlen überhaupt geht das von der Ost-CDU dominierte Parteienbündnis „Allianz für Deutschland“ als Sieger hervor. Viele der am Sturz des SED-Regimes beteiligten Oppositionsgruppen erleiden deutliche Niederlagen, auch weil sie sich, anders als die neuen Regierungsparteien und die Mehrheit der Bevölkerung, gegen eine schnelle Wiedervereinigung stellen und stattdessen eine Reform der DDR fordern.

5. 5. Westdeutschland. In Bonn kommen die Außenminister beider deutscher Staaten sowie der vier Siegermächte des Zweiten Weltkriegs zu den „Zwei-plus-Vier-Gesprächen“ zusammen, um über die internationalen Aspekte der deutschen Wiedervereinigung zu sprechen. Trotz des anfangs starken Widerstands der Sowjetunion wird in dem am 12. September unterzeichneten Abschlussdokument der Verhandlungen dem zukünftigen wiedervereinigten deutschen Staat die „volle Souveränität über seine inneren und äußeren Angelegenheiten“ und die freie Bündniswahl zugestanden.

Lesen Sie dazu die Geschichte ab S. 32

10. 6. Bulgarien. Erstmals seit 1931 bestimmen freie Wahlen über die Zusammensetzung des Parlaments; stärkste Kraft wird die Bulgarische Sozialistische Partei, die Folgeorganisation der Kommunisten. Zuvor war es den Nachfolgern des gestürzten KP-Chefs Schiwkow nicht gelungen, die Lage in dem Balkanland zu beruhigen; im Februar 1990 hatte die kommunistische Partei ihr Machtmonopol aufgeben und freie Wahlen zulassen müssen.

2. 9. UdSSR. Transnistrien, ein Teilgebiet der Moldawischen Sowjetrepublik, ruft eine eigene Republik aus. Die russischsprachige Bevölkerung der Region wendet sich gegen nationalistische Tendenzen im restlichen Moldawien, die vor allem auf eine Annäherung an das ethnisch verwandte Nachbarland Rumänien zielen.

3. 10. Deutschland. Die fünf ostdeutschen Länder treten dem Geltungsgebiet des Grundgesetzes bei. Deutschland ist nun wiedervereinigt, die DDR hört im 41. Jahr ihres Bestehens auf zu existieren.

9. 12. Polen. Lech Wałęsa, Führer der Solidarność und Träger des Friedensnobelpreises, wird zum Staatspräsidenten gewählt. Er löst den kommunistischen Machthaber Wojciech Jaruzelski ab.

1991

13. 1. Litauen. Bei dem Versuch von Armee und KGB, die baltische Republik gewaltsam in den Verbund der Sowjetunion zurückzuzwingen, kommen 15 Menschen ums Leben. Nach anhaltenden Massenprotesten lassen die Soldaten schließlich von ihrem Vorhaben ab.

9. 4. UdSSR. Nach den baltischen Republiken erklärt Georgien seine Unabhängigkeit.

12. 6. UdSSR. Boris Jelzin, ein zuvor aus der KPdSU ausgetretener Gegner Gorbatschows, wird als erster Präsident der Sowjetrepublik Russland direkt vom Volk gewählt.

25. 6. Jugoslawien. Die Teilrepubliken Kroatien und Slowenien erklären ihre Unabhängigkeit vom Gesamtstaat. Als Slowenien mit der Errichtung einer Grenze zu Kroatien beginnt, widersetzen sich Soldaten der Jugoslawischen Volksarmee. Mit den nun einsetzenden Kämpfen beginnt ein Krieg zwischen Slowenien und dem von Serbien dominierten Rest-Jugoslawien. Da in Slowenien jedoch kaum Serben leben (anders als in Kroatien und Bosnien-Herzegowina), ist das Interesse der serbischen Führung daran, die dortige Unabhängigkeit zu verhindern, relativ gering, und so endet der erste der Jugoslawienkriege nach wenigen Tagen mit der faktischen Durchsetzung der slowenischen Eigenständigkeit.

1. 7. Tschechoslowakei. Präsident Václav Havel verkündet am Ende eines Treffens osteuropäischer Staatschefs die Auflösung des Warschauer Pakts, des 1955 unter Führung Moskaus gegründeten Militärbündnisses des Ostblocks. In den folgenden Jahren werden Moskaus Truppen nach und nach die Territorien der ehemaligen Mitgliedsstaaten des Paktes verlassen.

18. 8. UdSSR. Ultrakonservative Kommunisten, angeführt vom KGB-Chef Wladimir Krjutschkow, isolieren Staatschef Gorbatschow an seinem Urlaubsort auf der Krim, lassen am nächsten Morgen in Moskau Panzer auffahren und rufen den sowjetischen Vizepräsidenten Gennadij Janajew zum neuen Machthaber aus. Doch der Putsch scheitert: Boris Jelzin mobilisiert Zehntausende zum Widerstand. Zwei Tage später geben die Putschisten auf.

Lesen Sie dazu die Geschichte ab S. 42

24. 8. UdSSR. In Reaktion auf den gescheiterten kommunistischen Putsch zerbricht das Sowjetreich: Zunächst erklärt sich die Ukraine zur unabhängigen Republik, wenige Tage später vollziehen Weißrussland, Moldawien, Kirgisistan, Usbekistan und Aserbaidschan die Trennung. Bis Dezember folgen Tadschikistan, Armenien, Turkmenistan und Kasachstan – und lassen Russland als letztes Mitglied der Union zurück.

8. 9. Jugoslawien. Mazedonien erklärt als weitere Teilrepublik seine Unabhängigkeit.

14. 9. Kroatien. Mit dem Zugriff der kroatischen Regierung auf Kasernen der Jugoslawischen Volksarmee und einer darauffolgenden Großoffensive der JVA eskaliert der zweite militärische Konflikt im auseinanderfallenden Jugoslawien, der kroatisch-jugoslawische Krieg: Die gewaltsame Reaktion der serbisch dominierten Staatsführung auf die kroatische Unabhängigkeit ist vor allem von dem Ziel geprägt, alle Angehörigen des serbischen Volkes – und damit auch die rund 600 000 ethnischen Serben in Kroatien – in einem Staat zu vereinen.

Lesen Sie dazu die Geschichte ab S. 52

6. 12. Kroatien. Mit dem gezielten Beschuss Dubrovniks durch jugoslawische Truppen erreicht der Krieg in Kroatien einen Tiefpunkt. Mittlerweile haben die Streitkräfte der JVA gemeinsam mit Milizen in Kroatien lebender Serben knapp ein Drittel Kroatiens besetzen können, darunter den Großteil der mehrheitlich von Serben bewohnten Gebiete. Die dort lebenden Kroaten werden gewaltsam vertrieben.

8. 12. UdSSR. Im weißrussischen Wiskuli beschließen die Führer Russlands, Weißrusslands und der Ukraine ohne die Zustimmung Gorbatschows das Ende der Sowjetunion. An ihre Stelle wollen die Politiker eine „Gemeinschaft unabhängiger Staaten" setzen. Am 21. Dezember bestätigen Vertreter von elf der ehemals 15 Sowjetrepubliken (nicht jedoch Georgien und die drei baltischen Staaten) im kasachischen Alma-Ata den Beschluss von Wiskuli.

Lesen Sie dazu die Geschichte ab S. 80

22. 12. Georgien. Oppositionelle und Teile des Militärs putschen gegen Swiad Gamsachurdia, seit Mai frei gewählter Präsident des Landes. Im Januar flüchtet der Politiker, dessen autoritäre Amtsführung zunehmend auf Widerstand gestoßen ist, mit Anhängern ins Exil. Die Macht in Georgien übernimmt kurz darauf Eduard Schewardnadse, zuvor langjähriger Außenminister der UdSSR und Gefolgsmann Gorbatschows.

23. 12. Deutschland. In einem diplomatischen Alleingang erkennt die Bundesregierung Slowenien und Kroatien als unabhängige Staaten an. Die übrigen Mitgliedstaaten der Europäischen Gemeinschaft wollen den Zerfall Jugoslawiens nicht durch einen solchen Schritt beschleunigen, ziehen aber am 15. Januar 1992 nach, um die Einheit innerhalb der EG zu erhalten.

25. 12. UdSSR. In einer Fernsehansprache verkündet Gorbatschow seinen Rücktritt als Präsident; tags darauf beschließt der Oberste Sowjet die Auflösung der Sowjetunion. Zum Rechtsnachfolger der UdSSR wird die Russische Föderation unter Boris Jelzin.

Mit dem Untergang der Sowjetunion und der übrigen kommunistischen Regime in Osteuropa, dem Übergang zu demokratischen Strukturen in diesen Ländern und dem Ende der militärischen Konfrontation zwischen den einstigen Machtblöcken geht der Kalte Krieg zu Ende. Die Welt scheint einer Epoche des Friedens entgegenzustreben.

1992

2. 1. Russland. Ein Dekret Präsident Jelzins verfügt für die meisten Konsum- und Produktionsgüter die Freigabe der zuvor staatlich regulierten Preise. Das soll Anreize für eine bessere Versorgung mit Gütern setzen. Doch die nun sprunghaft steigende Inflationsrate entwertet die Sparguthaben der Bevölkerung und treibt Millionen Russen in die Armut.

9. 1. Jugoslawien. Im Vorgriff auf die bevorstehende Unabhängigkeitserklärung Bosnien-Herzegowinas rufen die bosnischen Serben einen eigenen Staat aus, die „Serbische Republik Bosnien-Herzegowina" (später „Republika Srpska"). Das nicht zusammenhängende Gebiet des Gebildes umfasst knapp die Hälfte der Fläche der Teilrepublik.

26. 2. Aserbaidschan. In einem Dorf töten eingedrungene armenische Truppen mehr als 200 Zivilisten. Das Massaker ist Tiefpunkt des 1990 entbrannten Konfliktes um die Region Bergkarabach, der sich nach dem Ende der Sowjetunion zu einem offenen Krieg zwischen Armenien und Aserbaidschan entwickelt hat.

3. 3. Jugoslawien. Die Teilrepublik Bosnien-Herzegowina erklärt ihre Unabhängigkeit. Zuvor haben sich in einem – von der serbischen Minderheit boykottierten – Referendum 99 Prozent der Abstimmenden dafür entschieden. Kurz darauf erklären sich auch die bosnischen Serben für unabhängig.

6. 4. Bosnien-Herzegowina. Truppen bosnischer Serben beginnen mit der Belagerung der Hauptstadt Sarajewo. Im Bosnienkonflikt, dem längsten und blutigsten der Jugoslawienkriege, kämpfen zumeist die Muslime und Kroaten des Landes gegen die serbische Minderheit, die massive Unterstützung von der jugoslawischen Armee erhält.

VYTAUTAS LANDSBERGIS
geb. 1932
Als Litauen sich 1990 von der Sowjetunion lossagt, wird der Musikwissenschaftler erstes Oberhaupt des unabhängigen Staates. Doch den folgenden Zusammenbruch der Wirtschaft kann er nicht verhindern. 1996 wird er Parlamentspräsident

27. 4. Jugoslawien. Die beiden verbliebenen Teilrepubliken Serbien und Montenegro schließen sich zur „Bundesrepublik Jugoslawien“ zusammen. Der stark von Serbien dominierte neue Staat bemüht sich in den folgenden Jahren international vergebens darum, die Rechtsnachfolge des alten Bundesstaates anzutreten.

23. 5. Portugal. Ein in Lissabon unterzeichnetes Abkommen legt fest, dass die Ukraine, Weißrussland und Kasachstan die auf ihren Territorien verbliebenen Atomwaffen der UdSSR bis 1996 an Russland übergeben sollen.

24. 5. Jugoslawien. Im Kosovo wählt die überwiegend albanische Bevölkerung an den serbischen Behörden vorbei und quasi im Untergrund Ibrahim Rugova zu ihrem Präsidenten. 1991 hatten die Kosovo-Albaner in einem selbst organisierten Referendum für einen eigenen Staat votiert.

11. 6. Russland. Mit einem weiteren radikalen Gesetz beschleunigt Präsident Jelzin die Transformation der russischen Planwirtschaft hin zur Marktwirtschaft. Tausende Unternehmen in Staatsbesitz werden privatisiert: Jeder der fast 150 Millionen Russen bekommt einen Privatisierungsgutschein („Voucher“) im Wert von 10 000 Rubel (umgerechnet 80 Dollar), den er gegen Aktien privatisierter Betriebe tauschen kann. Doch da die meisten mittellosen Russen ihren Gutschein verkaufen oder in Investitionsfonds einbringen, führt die „Voucher-Privatisierung“ letztlich zu einer Konzentration des einstigen Staatsbesitzes in den Händen einiger weniger Superreicher.

SLOBODAN MILOŠEVIĆ
1941–2006
Der serbische KP-Chef schürt den Nationalismus seiner Landsleute – und verantwortet als Präsident der jugoslawischen Teilrepublik Serbien maßgeblich jene Kriege, die ab 1991 zum Zerfall des Vielvölkerstaates führen

21. 7. Moldawien. Mit einem Waffenstillstand enden die Kämpfe um Transnistrien. Dank des Eingreifens der russischen Armee können die transnistrischen Rebellen ihre De-facto-Unabhängigkeit von Moldawien durchsetzen. Die internationale Anerkennung bleibt ihrer Republik jedoch bis heute versagt.

25. 11. Tschechoslowakei. Ein Parlamentsbeschluss besiegelt die Aufteilung des Landes in die unabhängigen Staaten Tschechien und Slowakei zum 1. Januar 1993. Vor allem Politiker aus der Slowakei haben die Trennung betrieben, auch weil sie die harten marktwirtschaftlichen Reformen der Tschechen ablehnen. Die Bürger wurden nicht gefragt – sehr wahrscheinlich wäre ein entsprechendes Referendum gescheitert. Erster Präsident der neu gegründeten Tschechischen Republik wird Václav Havel, obwohl der einstige Bürgerrechtler sich gegen die Trennung ausgesprochen hat.

1993

16. 4. USA. Der UN-Sicherheitsrat erklärt die in Bosnien-Herzegowina gelegene Stadt Srebrenica zu einer von UN-Friedenstruppen zu sichernden Schutzzone für Flüchtlinge. Denn im Kampf um die Macht in der Region vertreiben serbische Einheiten muslimische Bosniaken sowie Kroaten systematisch aus ihren Dörfern und haben bereits mehrere Tausend Menschen ermordet.

25. 5. USA. Eine Resolution des UN-Sicherheitsrates etabliert den „Internationalen Strafgerichtshof für das ehemalige Jugoslawien“. Das Tribunal mit Sitz in Den Haag soll besonders schwere Kriegsverbrechen verfolgen, die in den Jugoslawienkriegen begangen worden sind. Bis zu seiner Auflösung 2017 wird das Gericht 161 Personen anklagen – und 84 verurteilen.

21. 9. Russland. Präsident Jelzin löst verfassungswidrig das noch zu Sowjetzeiten gewählte russische Parlament auf, da die Abgeordneten weitere Wirtschaftsreformen blockieren. Die Volksvertreter setzen nun ihrerseits Jelzin ab und wählen dessen Stellvertreter Alexander Ruzkoj zum neuen Präsidenten. Zudem verbarrikadieren sich etliche Abgeordnete im Moskauer Gebäude des russischen Parlaments. Nach massivem Beschuss durch die Armee müssen die Aufständischen sich am 5. Oktober geschlagen geben. Im Dezember lässt Jelzin die Bürger über eine neue Verfassung abstimmen, die ihm wieder demokratische Legitimation verschaffen soll: 57 Prozent der Wähler stimmen dem Grundgesetz zu. An die Stelle des Obersten Sowjet tritt 1994 ein Zweikammernparlament, dessen Unterhaus den traditionellen Namen „Duma“ trägt.

31. 12. Georgien. Der Anfang 1992 vertriebene Präsident Swiad Gamsachurdia – der im September in seine Heimat zurückgekehrt war und seither versucht hatte, die Macht in Georgien gewaltsam zurückzuerobern – kommt ums Leben; ob durch Suizid oder einen Mordanschlag, ist bis heute ungeklärt.

VÁCLAV KLAUS

geb. 1941

Der tschechische Premier vollzieht gemeinsam mit seinem slowakischen Amtskollegen Vladimír Mečiar die friedliche Teilung der Tschechoslowakei in zwei souveräne Staaten. Sie tritt am 1. Januar 1993 in Kraft

1994

6. 3. Moldawien. Bei einem Referendum sprechen sich 97,9 Prozent der Abstimmenden für einen unabhängigen moldawischen Staat in den bestehenden Grenzen aus – und damit gegen die vielfach geforderte Vereinigung des Landes mit dem kulturell und sprachlich eng verwandten Nachbarn Rumänien.

5. 5. Kirgisistan. Auf Vermittlung Russlands schließen Armenien und Aserbaidschan in Kirgisistans Hauptstadt Bischkek einen Waffenstillstand. Die umstrittene Region Bergkarabach tritt fortan als eigenständiger Staat auf, ist de facto aber ein Protektorat Armeniens. Der internationalen Staatengemeinschaft gilt das Gebiet weiterhin als Teil Aserbaidschans. Einen Friedensvertrag schließen die Kontrahenten nicht miteinander.

10. 7. Weißrussland. Aus den Präsidentschaftswahlen in der einstigen Sowjetrepublik geht Alexander Lukaschenko als klarer Sieger hervor. Der frühere Kommunist regiert sein Land fortan mit autoritären Methoden und strebt die Vereinigung Weißrusslands, der Ukraine sowie Russlands unter Moskaus Führung an.

11. 12. Russland. Auf Befehl Präsident Jelzins ziehen russische Truppen in Tschetschenien ein, einer vorwiegend von Muslimen bewohnten autonomen Republik im Nordkaukasus, die 1991 ihre Unabhängigkeit von Russland erklärt hat. Trotz zahlenmäßiger und waffentechnischer Überlegenheit gelingt es den unmotivierten und schlecht organisierten russischen Streitkräften nicht, die Kontrolle über Tschetschenien zu erringen. In einem Waffenstillstandsabkommen müssen die Vertreter Jelzins im August 1996 schließlich zusagen, ihre Truppen aus Tschetschenien abzuziehen, im Mai 1997 folgt ein formeller Friedensvertrag. Zwar bleibt der zukünftige Status der Republik unbestimmt, doch erkennt Moskau damit de facto die Unabhängigkeit Tschetscheniens an.

1995

13. 7. Bosnien-Herzegowina. In der Umgebung der Stadt Srebrenica ermorden Soldaten und Paramilitärs der bosnischen Serben systematisch Tausende Muslime, die sich in der Schutzzone aufhalten, obwohl dort niederländische UN-Truppen stationiert sind. Mehr als 8000 muslimische Männer und Jugendliche fallen dem Kriegsverbrechen – dem schlimmsten in Europa seit dem Ende des Zweiten Weltkriegs – zum Opfer.

Lesen Sie dazu die Geschichte ab S. 102

4. 8. Kroatien. Die kroatische Armee beginnt mit fast 200 000 Soldaten eine Großoffensive gegen die „Republik Serbische Krajina". Den auf kroatischem Territorium gelegenen Staat haben in der Region lebende Serben bald nach der kroatischen Unabhängigkeit 1991 proklamiert; Zehntausende Kroaten sind seither von dort geflohen. Nun überrennen Zagrebs Soldaten das Gebiet binnen weniger Tage. Zugleich vertreiben sie die serbischen Truppen aus Kroatien – und mit ihnen insgesamt rund 200 000 serbische Zivilisten.

19. 11. Polen. Staatspräsident Lech Wałęsa unterliegt in einer Stichwahl dem früheren Kommunisten Aleksander Kwaśniewski. Fortan spielt Wałęsa keine wichtige Rolle mehr in der polnischen Politik.

14. 12. Frankreich. In Paris unterzeichnen die Staatschefs Serbiens, Kroatiens sowie Bosnien-Herzegowinas ein Abkommen, das den Konflikt um Bosnien-Herzegowina und damit die seit 1991 andauernde Reihe der Jugoslawienkriege beendet. Die auf Druck der USA zustande gekommene Vereinbarung sieht vor, dass Bosnien-Herzegowina künftig aus zwei etwa gleichgroßen Teilen besteht: der Republika Srpska und der bereits 1994 gegründeten „Bosniakisch-Kroatischen Föderation", in der sich Muslime und Kroaten in einem komplizierten politischen System die Macht teilen.

1996

21. 5. Jugoslawien. Im Kosovo eskaliert die Gewalt zwischen der albanischen Bevölkerungsmehrheit und der serbischen Minderheit: Als ein Albaner von einem Serben erschossen wird, beginnt eine bis dahin unbekannte „Befreiungsarmee Kosovo" (UÇK) eine Anschlagserie auf Serben. Denn die Behörden und den Polizeiapparat leiten nach wie vor Serben, die die Autorität des gewählten albanischen Präsidenten Ibrahim Rugova nicht anerkennen.

3. 7. Russland. Boris Jelzin kann sich in einer Stichwahl gegen den kommunistischen Politiker Gennadij Sjuganow durchsetzen und so eine zweite Amtszeit als Präsident Russ-

Lesen Sie dazu die Geschichte ab S. 82

lands bestreiten. Der überraschende Sieg des in der Bevölkerung mittlerweile extrem unbeliebten Jelzin ist durch die massive finanzielle und mediale Unterstützung möglich geworden, die ihm eine Gruppe schwerreicher Geschäftsleute hat zukommen lassen. Diese „Oligarchen" unter Führung des Milliardärs Boris Beresowskij setzen darauf, dass der ihnen verpflichtete Jelzin ihre Geschäfte befördern wird, insbesondere durch die Übergabe von Staatsbesitz in private Hände.

1997

2. 4. Russland. In Moskau unterzeichnen Boris Jelzin und der weißrussische Präsident Alexander Lukaschenko ein Abkommen über die Schaffung eines Staatenbundes zwischen Russland und Weißrussland. Trotz wiederkehrender Bemühungen vor allem Lukaschenkos, das Abkommen mit Leben zu füllen, wirkt es sich nur auf wenige Bereiche aus, etwa die Zollpolitik. Dennoch ist Weißrussland bis heute weitaus stärker als seine Nachbarländer Polen, Litauen und die Ukraine an Russland gebunden.

1998

28. 2. Jugoslawien. UÇK-Rebellen ermorden vier serbische Soldaten. Daraufhin verlegt die serbische Regierung 40 000 Mann ins Kosovo, die die Macht in der abtrünnigen Provinz wiederherstellen sollen. Die Soldaten ermorden UÇK-Anhänger, zerstören Städte, stecken Dörfer in Brand. Bald sind Zehntausende auf der Flucht, verbergen sich in Wäldern. Aber auch UÇK-Kämpfer misshandeln und ermorden Serben, Roma sowie angebliche Kollaborateure.

17. 8. Russland. Die Regierung gibt den Wechselkurs des Rubels praktisch frei, denn die Währung war angesichts der geringen Wirtschaftsleistung und der immensen Schulden des Landes zu hoch festgelegt. Nun verliert der Rubel binnen weniger Stunden mehr als 60 Prozent an Wert – eine Katastrophe für die Bürger, die Importgüter kaum mehr bezahlen können. Eine Katastrophe auch für den Staat: Da Moskau Kredite in Dollar aufgenommen hat, erhöht der Absturz des Rubels den realen Schuldendienst – sodass der Staat bald zahlungsunfähig ist. Daher wird den Banken für 90 Tage untersagt, Auslandsschulden zu begleichen. Russlands Volkswirtschaft kann sich jedoch relativ schnell von den Verwerfungen erholen, da die Nachfrage nach (nun billigeren) russischen Exportgütern steigt. Im Jahr 2000 wird das Bruttoinlandsprodukt sogar um zehn Prozent zunehmen.

1999

12. 3. Polen, Tschechien und Ungarn treten dem westlichen Verteidigungsbündnis NATO bei. 2004 werden Bulgarien, Rumänien, die Slowakei, Slowenien sowie die ehemaligen Sowjetrepubliken Estland, Lettland und Litauen folgen (2009 auch Albanien und Kroatien). Dies führt zu einer Entfremdung zwischen dem Westen und Russland. Die einstige Supermacht, noch traumatisiert durch die Niederlage im Kalten Krieg und nun zusätzlich gedemütigt, setzt fortan bei der Durchsetzung ihrer strategischen Interessen zunehmend auf militärische und wirtschaftliche Macht – und weniger auf Kooperation mit dem Westen.

24. 3. Jugoslawien. NATO-Luftstreitkräfte attackieren militärische Ziele in Serbien und greifen so in den Kosovo-Konflikt ein. Der ohne ein UN-Mandat geführte Angriffskrieg, an dem sich auch Deutschland beteiligt, gilt vielen Beobachtern als Verstoß gegen das Völkerrecht, führt aber letztlich zum Ziel: Anfang Juni 1999 muss sich Serbiens Präsident Slobodan Milošević der Übermacht der NATO-Truppen beugen und einen Friedensplan akzeptieren.

25. 8. Russland. Russische Piloten greifen Ziele in Tschetschenien an. Fünf Wochen später entsendet Moskau auch Bodentruppen in die abtrünnige Kaukasusrepublik, deren Führung die Russen terroristische Attacken vorwerfen.

Anders als während des Ersten Tschetschenienkrieges von 1994 bis 1996 sind die russischen Streitkräfte diesmal gut ausgerüstet und organisiert, sodass sie die Teilrepublik wieder unter die Kontrolle der Russischen Föderation bringen. Zahlreiche tschetschenische Kämpfer, viele islamistisch motiviert, leisten jedoch noch jahrelang Widerstand, vor allem durch Terroranschläge.

27. 10. Armenien. In der Hauptstadt Eriwan stürmen Bewaffnete das Parlament und erschießen acht Menschen, darunter Wasgen Sarkisjan, den Ministerpräsidenten des Landes. Die Hintergründe des Attentats sind bis heute nicht aufgeklärt.

31. 12. Russland. Boris Jelzin tritt vom Posten des Präsidenten zurück. Zu seinem Nachfolger ernennt der schwer kranke Mann den früheren Geheimdienstchef und aktuellen Ministerpräsidenten Wladimir Putin, der am 26. März 2000 von den russischen Wählern in dem Amt bestätigt wird. Unter Putin wird Moskaus Politik bald zunehmend von der Konfrontation mit dem Westen gekennzeichnet.

Lesen Sie dazu die Geschichte ab S. 114

2000

5. 10. Jugoslawien. Nach Massenprotesten in Belgrad und anderen serbischen Städten muss Präsident Milošević den Wahlsieg seines Konkurrenten Vojislav Koštunica anerkennen. Am 1. April 2001 wird Slobodan Milošević, gegen den ein Haftbefehl des UN-Kriegsverbrechertribunals in Den Haag vorliegt, festgenommen.

2002

23. 10. Russland. Etwa 40 tschetschenische Geiselnehmer bringen mehr als 800 Besucher einer Musical-Aufführung in Moskau in ihre Hand. Als Spezialeinheiten das Gebäude am 26. Oktober unter Einsatz von Giftgas stürmen, kommen alle Terroristen ums Leben, aber auch 125 Geiseln.

2003

25. 10. Russland. In Nowosibirsk verhaften Spezialeinheiten den schwerreichen Geschäftsmann Michail Chodorkowskij. Dem Vorstandsvorsitzenden des Ölkonzerns Jukos werden Steuerhinterziehung und Betrug vorgeworfen. Der von Menschenrechtlern kritisierte schonungslose Umgang der russischen Regierung mit Chodorkowskij bezeugt den

Willen von Präsident Putin, mit aller Macht gegen einige der Oligarchen vorzugehen, die in der Ära Jelzin durch ihren Reichtum massiven Einfluss auf die Staatsgeschäfte gewonnen hatten.

22. 11. Georgien. Mit Rosen in der Hand stürmen Oppositionelle das georgische Parlament, als Präsident Eduard Schewardnadse die erste Sitzung der neu gewählten Volksvertretung eröffnen will. Der langjährige Staatschef, dem seine Gegner unter anderem Wahlbetrug und Korruption vorwerfen, muss fliehen und tritt am folgenden Tag zurück.

Zu seinem Nachfolger wird einer der Anführer der „Rosenrevolution", der westlich orientierte Micheil Saakaschwili.

2004

1. 5. Polen, Litauen, Lettland, Estland, Tschechien, die Slowakei, Slowenien und Ungarn treten der Europäischen Union bei; Bulgarien und Rumänien werden 2007 folgen, Kroatien im Jahr 2013.

22. 11. Ukraine. Hunderttausende gehen in Kiew auf die Straßen, um gegen den offensichtlich manipulierten Ausgang der Präsidentschaftswahlen am Tag zuvor zu protestieren. Anders als in den meisten Prognosen vorhergesagt, ist der prorussische Kandidat Wiktor Janukowitsch nach der Stichwahl zum Sieger über seinen prowestlichen Rivalen Wiktor Juschtschenko erklärt worden.

Lesen Sie dazu die Geschichte ab S. 136

Die Kundgebungen führen schließlich zu einem Beschluss des Obersten Gerichts der Ukraine, gemäß dem die Stichwahlen am 26. Dezember wiederholt werden müssen. Aus diesem zweiten Durchgang geht Juschtschenko mit knapp 52 Prozent der Stimmen als Sieger hervor.

2006

19. 3. Weißrussland. Präsident Alexander Lukaschenko wird mit 83 Prozent der Stimmen in seinem Amt bestätigt. Proteste oppositioneller Kräfte versiegen schon bald, weil der Rückhalt für den seit 1994 autoritär regierenden Lukaschenko groß ist, auch dank des hohen Wirtschaftswachstums.

3. 6. Serbien und Montenegro. Auch die letzten Teilstaaten des ehemaligen Jugoslawien lösen ihre Verbindung auf.

7. 10. Russland. Die regierungskritische Journalistin und Menschenrechtsaktivistin Anna Politkowskaja wird im Aufzug ihres Moskauer Wohnblocks erschossen. Mehrmals kommt es in Russland zu Anschlägen auf Putin-Kritiker. Im Fall des Attentats auf Politkowskaja beschuldigt der frühere Geheimdienstoffizier Alexander Litwinenko den Präsidenten persönlich, den Mordbefehl gegeben zu haben (Litwinenko stirbt im November 2006 an den Folgen einer Polonium-Vergiftung, die mutmaßlich von Moskau in Auftrag gegeben wurde). Ende 2012 verurteilt ein russisches Gericht einen ehemaligen Polizisten wegen der Organisation des Mordes an Politkowskaja zu elf Jahren Lagerhaft; die Namen seiner Auftraggeber verschweigt er. Später werden auch einige seiner Mittäter verurteilt.

2007

10. 2. Deutschland. Auf einer Konferenz wendet sich Wladimir Putin mit scharfen Worten gegen die Politik des Westens und die Osterweiterung der NATO. Nach Ansicht des russischen Präsidenten streben die USA eine monopolare Weltordnung an. Die von Putins Sprecher als „Alarmruf" bezeichnete Wutrede erzeugt bei vielen Beobachtern den Eindruck, dass eine Neuauflage des Kalten Krieges bevorsteht.

26. 4. Estland. In der Hauptstadt Tallinn protestieren zahlreiche russischsprachige Einwohner gegen die Versetzung einer Bronzefigur, die den Einsatz der Roten Armee im Zweiten Weltkrieg ehrt. Für viele Esten dagegen symbolisiert das Denkmal vor allem die Unterdrückung durch die Sowjettruppen. Bei den Krawallen kommt ein Mensch ums Leben.

2008

17. 2. Serbien. Das Kosovo erklärt seine Unabhängigkeit von Serbien. Der völkerrechtliche Status des knapp zwei Millionen Einwohner umfassenden neuen Gebildes ist jedoch umstritten, und so wird der siebte Nachfolgestaat des einstigen Jugoslawien bis 2018 nur von 114 der 193 Mitgliedstaaten der Vereinten Nationen anerkannt.

7. 8. Georgien. Truppen des Landes marschieren in Südossetien ein, um die Staatsmacht in der abtrünnigen Region durchzusetzen, die nach militärischen Auseinandersetzungen bereits seit 1992 de facto selbstständig regiert wird. Tags darauf greift Moskau, das sich als Schutzmacht der südossetischen Bevölkerung sieht, massiv in den Konflikt ein und lässt seine Soldaten auf georgisches Kerngebiet vordringen. Angesichts der russischen Übermacht endet der Krieg nach wenigen Tagen mit einer georgischen Niederlage – und der offiziellen Anerkennung Südossetiens (sowie des im Westen Georgiens gelegenen Gebietes Abchasien) durch Russland als unabhängige Staaten.

2010

25. 2. Ukraine. Der im Jahr 2004 bei der Wahl unterlegene Wiktor Janukowitsch wird nun nach einem gewonnenen Urnengang zum neuen Staatsoberhaupt vereidigt. Im ersten Wahlgang hatte er in den Regionen der Ostukraine die Mehrheit der Stimmen erlangen können, in der Stichwahl besiegte er seine Rivalin Julija Timoschenko, die vor allem von den Bürgern im Westteil des Landes unterstützt wurde.

10. 4. Russland. Lech Kaczyński, seit 2005 polnischer Staatspräsident, kommt bei einem Flugzeugabsturz nahe der Stadt Smolensk ums Leben. Der konservative Politiker war gemeinsam mit zahlreichen Vertretern der polnischen Gesellschaft auf dem Weg zu einer Feier zum Gedenken an die Ermordung polnischer Soldaten und Intellektueller durch sowjetische Geheimpolizisten im russischen Katyn 70 Jahre zuvor. Für die in Polen vielfach geäußerte Vermutung, dass es sich bei dem Unglück um ein von Russland begangenes Attentat handele, finden sich in umfangreichen Untersuchungen keine Hinweise.

Lesen Sie dazu die Geschichte ab S. 156

11. 4. Ungarn. Aus der Parlamentswahl geht die rechtspopulistische Partei „Fidesz – Ungarischer Bürgerbund" als klarer Sieger hervor. Am 29. Mai wählen die Abgeordneten den nationalkonservativon Fidesz-Chef Viktor Orbán zum Ministerpräsidenten. Seit 2002 hatte der ehemalige Regierungschef (1998–2002) die Opposition angeführt. Orbáns Erfolg, mit Nationalismus, Fremdenfeindlichkeit und Antisemitismus die Wähler zu überzeugen, ist Ausdruck eines Rechtsrucks, der Teile Osteuropas rund 20 Jahre nach dem Wendejahr 1989 erfasst hat.

2012

21. 2. Russland. In Moskau äußern Musikerinnen des feministischen Punkrock-Kollektivs Pussy Riot während einer illegalen Performance in der russisch-orthodoxen Christ-Erlöser-Kirche radikale Kritik an Staatsführung und Kirchenobrigkeit. Wenig später werden die Aktivistinnen festgenommen. Am 17. August verurteilt ein Gericht sie zu je zwei Jahren Haft – ein Urteil, das in der westlichen Öffentlichkeit als weit überzogen kritisiert wird und vielen als Beleg für die zunehmende Einschränkung der Meinungsfreiheit unter Präsident Putin gilt.

11. 6. Russland. Ohne Gegenstimme beschließt das russische Parlament ein Gesetz, das „Propaganda für nichttraditionelle sexuelle Beziehungen gegenüber Minderjährigen" unter Strafe stellt. Der neuen Regelung zufolge dürfen weder Privatpersonen noch Organisationen schwules oder lesbisches Leben als normal darstellen, wenn Minderjährige anwesend sind, und insbesondere nicht über Massenmedien und das Internet. Diese vom Großteil der russischen Bevölkerung begrüßte Einschränkung der Bürgerrechte Homosexueller gilt Kritikern Präsident Putins als Beleg für den repressiven Charakter seines Regimes.

21. 11. Ukraine. Mehr als 2000 Menschen demonstrieren auf dem Unabhängigkeitsplatz der Hauptstadt Kiew gegen Präsident Wiktor Janukowitsch. Der Staatschef hat zuvor die Unterzeichnung eines Assoziierungsabkommens der Ukraine mit der Europäischen Union abgesagt und so in den Augen der Demonstranten ein deutliches Zeichen gegen die Westorientierung des Landes und für eine Anlehnung an Russland gesetzt.

30. 11. Ukraine. Spezialeinheiten der Polizei stürmen den Unabhängigkeitsplatz, wo noch immer Tausende gegen die Politik von Wiktor Janukowitsch demonstrieren. Das brutale Vorgehen der Sicherheitskräfte führt zu einer Ausweitung und Radikalisierung der Proteste, die sich nun über Monate fortsetzen. Auf dem von den Aufständischen in „Euromajdan" umbenannten Unabhängigkeitsplatz entsteht ein dauerhaftes Lager. Zahlreiche Oppositionspolitiker sprechen dort zu den Protestierern, unter die sich nun auch zunehmend Rechtsradikale mischen.

2014

22. 2. Ukraine. Nach einigen Tagen besonders gewalttätiger Zusammenstöße zwischen Aufständischen und Polizei, bei denen etwa 100 Menschen ums Leben kommen, können die Oppositionellen die Kontrolle über das Regierungsviertel von Kiew erringen. Das Parlament der Ukraine erklärt Präsident Janukowitsch für abgesetzt, der daraufhin nach Russland flieht. Zum neuen

ALEXANDER LUKASCHENKO
geb. 1954
Der anfangs noch moskautreue Ex-Kommunist wird 1994 zum Staatspräsidenten des seit 1991 souveränen Weißrussland gewählt – und regiert die ehemalige Sowjetrepublik seither wie ein Diktator

MICHEIL SAAKASCHWILI
geb. 1967
Von 2004 bis 2013 Georgiens Präsident. Als Saakaschwili 2008 eine Offensive gegen die abtrünnige Region Südossetien befiehlt, schickt Russland Truppen – wie auch nach Abchasien und später in die Ostukraine

Präsidenten der Ukraine wird am 25. Mai der schwerreiche Industrielle Petro Poroschenko gewählt. Der siegreiche Euromajdan-Aufstand gilt fortan vielen als Sieg einer demokratischen Volksbewegung über eine korrupte Regierung, anderen jedoch als ein verfassungswidriger, vom westlichen Ausland und Rechtsradikalen getragener Staatsstreich.

18. 3. Ukraine. Russland annektiert offiziell die seit 1954 zur Ukraine gehörende Halbinsel Krim. Zuvor hat deren überwiegend russischsprachige Bevölkerung sich in einem verfassungswidrigen, von russischen Soldaten kontrollierten Referendum mit übergroßer Mehrheit für diesen Schritt entschieden. Massive internationale Proteste gegen diesen Bruch des Völkerrechts bleiben ebenso wirkungslos wie eine Vielzahl von Sanktionen gegen Russland, wie sie etwa die EU erlässt. Nach Wladimir Putins Ansicht ist sein Gefolgsmann Janukowitsch illegal und mit Zuspruch des Westens gestürzt worden. Putin nutzt nun gezielt die militärische Schwäche der Ukraine aus, um sich vor den Russen als starker Mann zu beweisen, dem selbst die Drohgebärden der NATO nichts anhaben können.

7. 4. Ukraine. Als Protest gegen den Machtwechsel in Kiew rufen prorussische Separatisten im Donbass, der überwiegend russischsprachigen Industrieregion im Südosten der Ukraine, die unabhängige „Republik Donezk“ aus. Drei Wochen später spaltet sich mit der „Volksrepublik Luhansk“ ein weiterer Landesteil von der Ukraine ab. Mit dem Versuch der ukrainischen Regierung, die militärische Kontrolle über die abtrünnigen Gebiete zurückzuerringen, beginnt noch im April ein erbittert geführter Krieg in der Ostukraine. In dem trotz mehrerer Waffenstillstandsabkommen bis heute andauernden Konflikt stehen im Wesentlichen reguläre Regierungstruppen der Ukraine gegen Milizen der Separatisten, die von Moskau personell wie logistisch massiv unterstützt werden.

29. 5. Kasachstan. In der Hauptstadt Astana unterzeichnen die Präsidenten von Russland, Weißrussland und Kasachstan einen Vertrag über die Gründung einer Eurasischen Wirtschaftsunion. Noch vor Inkrafttreten am 1. Januar 2015 vereinbaren auch Armenien und Kirgisistan ihren Beitritt. Die Organisation soll analog zur Europäischen Union eine bessere Koordination der Wirtschaftspolitik sowie den freien Austausch von Waren, Dienstleistungen und Kapital ermöglichen.

DALIA GRYBAUSKAITĖ
geb. 1956
Die frühere EU-Kommissarin ist seit 2009 Litauens Präsidentin. Ihr Ziel: ein sicheres Litauen, das entschlossen auftritt – vor allem gegenüber dem als Bedrohung empfundenen Russland

2015

19. 11. Polen. Das Parlament verabschiedet die erste einer Reihe von Novellen des Verfassungsgerichtsgesetzes. Durch die umstrittene Rechtsgebung will die Regierungspartei „Recht und Gerechtigkeit“ die Unabhängigkeit des obersten Gerichtes einschränken und damit möglichen Widerstand gegen die rechtskonservative Neuausrichtung der polnischen Politik verhindern.

2016

24. 3. Niederlande. Das UN-Kriegsverbrechertribunal in Den Haag verurteilt Radovan Karadžić zu 40 Jahren Haft. Das Gericht sieht in dem früheren Führer der bosnischen Serben einen der Verantwortlichen für das Massaker von Srebrenica. 2017 wird Ratko Mladić, einst Befehlshaber der bosnisch-serbischen Truppen, in Den Haag wegen ähnlicher Straftaten zu einer lebenslangen Haftstrafe verurteilt. Der frühere serbische Präsident Slobodan Milošević, der 2001 ausgeliefert wurde, ist 2006 in der Haft gestorben.

2018

7. 5. Russland. Wladimir Putin wird zum vierten Mal als Präsident vereidigt. Da die Opposition daran gehindert wurde, erfolgversprechende Kandidaten aufzustellen, konnte er sicher von der Wiederwahl ausgehen.

25. 11. Russland/Ukraine. In einer Meerenge zwischen der Küste der Krim und einem russischen Küstenabschnitt beschießen und entern russische Grenzsoldaten drei kleinere Schiffe der ukrainischen Marine. Der einem gemeinsamen Abkommen widersprechende Eingriff gilt vielen Beobachtern als Hinweis darauf, dass Russlands Präsident Putin seine aggressive Außenpolitik künftig eher forcieren als abschwächen wird.

Angesichts der an den Kalten Krieg erinnernden Spannungen zwischen Russland und dem Westen sowie des erstarkten Nationalismus in großen Teilen Osteuropas erscheint die Hoffnung des Jahres 1989 auf ein freies und friedliches Europa 2019 weit entfernt. ◊

AUS DER REDAKTION

GESTALTUNG

Preise für das Layout-Team

Es gab 395 Einreichungen aus 18 Ländern beim International Creative Media Award – und GEO*EPOCHE* hat gleich mehrfach gewonnen. In drei Kategorien wurde die Gestaltung der Ausgaben „Die Inquisition“ und „Irland“ prämiert: Die Jury fand etliche Illustrationen und Layouts sowie das Konzept der Zeittafel preiswürdig. Ausgezeichnet wurde das Layout-Team um Eva Mitschke und Art Direktorin Tatjana Lorenz (v. l.) sowie der Illustrator Samson J. Goetze.

GEOEPOCHE
Das Magazin für Geschichte

IMPRESSUM

CHEFREDAKTEUR: Michael Schaper
STELLVERTRETENDER CHEFREDAKTEUR: Dr. Frank Otto
ART DIRECTION: Tatjana Lorenz
TEXTREDAKTION: Johannes Teschner (Konzept dieser Ausgabe), Jens-Rainer Berg, Insa Bethke, Dr. Anja Fries, Samuel Rieth
AUTOREN: Jörg-Uwe Albig, Dr. Mathias Mesenhöller
BILDREDAKTION: Christian Gargerle (Leitung), Roman Rahmacher
VERIFIKATION: Lenka Brandt, Olaf Mischer, Alice Passfeld, Andreas Sedlmair
LAYOUT: Dennis Gusko, Eva Mitschke
WISSENSCHAFTLICHE BERATUNG: Max Trecker
KARTOGRAPHIE: Stefanie Peters
CHEF VOM DIENST / SCHLUSSREDAKTION: Dirk Krömer
REDAKTIONSASSISTENZ: Ümmük Arslan; Anastasia Mattern, Thomas Rost (Buchrecherche)

CHEF VOM DIENST TECHNIK: Rainer Droste
HONORARE: Andreas Koseck
GESCHÄFTSFÜHRENDE REDAKTEURIN: Maike Köhler
Verantwortlich für den redaktionellen Inhalt: Michael Schaper

PUBLISHER: Dr. Gerd Brüne, Frank Thomsen
SALES DIRECTOR: Franziska Bauske / DPV Deutscher Pressevertrieb
EXECUTIVE DIRECTOR DIRECT SALES: Heiko Hager, G+J Media Sales
Verantwortlich für den Inhalt der Beilagen: Daniela Porrmann – Director Brand Solutions G+J e|MS, Am Baumwall 11, 20459 Hamburg
Es gilt die jeweils gültige Anzeigen-Preisliste unter www.gujmedia.de
MARKETING: Pascale Victoir
HERSTELLUNG: G+J Herstellung, Heiko Belitz (Ltg.), Oliver Fehling

Gruner + Jahr GmbH
Sitz von Verlag und Redaktion: Am Baumwall 11, 20459 Hamburg. Postanschrift der Redaktion: Brieffach 24, 20444 Hamburg.
Telefon: 040 / 37 03-0, Telefax: 040 / 37 03 56 48,
Internet: www.geo-epoche.de

Heftpreis: 12,00 Euro (mit DVD: 18,50 Euro)
ISBN: 978-3-652-00849-5;
978-3-652-00843-3 (Heft mit DVD)
ISSN-Nr. 1861-6097

Bankverbindung: Deutsche Bank AG Hamburg,
IBAN: DE 30 2007 0000 0032 2800 00,
BIC: DEUTDEHH
Litho: 4mat Media, Hamburg
Druck: appl druck GmbH, Senefelderstraße 3-11, 86650 Wemding
Printed in Germany

GEO-LESERSERVICE

FRAGEN AN DIE REDAKTION
Telefon: 040 / 37 03 20 84, **Telefax:** 040 / 37 03 56 48
E-Mail: briefe@geo-epoche.de
Die Redaktion behält sich die Kürzung und Veröffentlichung von Leserbriefen auf www.geo-epoche.de vor.

BESTELLADRESSE FÜR GEO-BÜCHER, GEO-KALENDER, SCHUBER ETC.
Anschrift: GEO-Versand-Service, 74569 Blaufelden
Telefon: +49 / 40 / 42 23 64 27, **Telefax:** +49 / 40 / 42 23 66 63
E-Mail: guj@sigloch.de

ABONNEMENT- UND EINZELHEFTBESTELLUNG
Online-Kundenservice: www.geo.de/kundenservice
Telefon: 0049 / 40 / 55 55 89 90
Service-Zeiten: Mo–Fr 7.30 bis 20.00 Uhr, Sa 9.00 bis 14.00 Uhr
Postanschrift: GEO*EPOCHE* Kundenservice, 20080 Hamburg

Preis Jahresabo: 72,00 € (D), 81,00 € (A), 114.00 sfr (CH)
Abo mit DVD: 105,00 € (D), 120,00 € (A), 174.60 sfr (CH)
Studentenabo: 43,20 € (D), 48,60 € (A), 68.40 sfr (CH)
mit DVD: 66,60 € (D), 77,40 € (A), 118.80 sfr (CH)
Preise für weitere Länder auf Anfrage erhältlich

DER HASS AUF DIE ANDEREN

Mit Nationalstolz überwindet der Georgier Swiad Gamsachurdia den Kommunismus. Aber der Heimatwahn vergiftet sein Land

TEXT: *Tobias Scharnagl*

Tiflis, 22. Dezember 1991. Swiad Gamsachurdia, der erste frei gewählte Präsident Georgiens, hat sich mit einigen Anhängern im Parlament verschanzt. Er ist umzingelt; putschende Soldaten der Nationalgarde und Paramilitärs lauern in den umliegenden Gebäuden. Ständig schlagen Geschosse ein, das Zentrum der Stadt ist zerstört.

Die Aufständischen wissen weite Teile der Bevölkerung hinter sich. Auf den Straßen sprechen die Leute vom „paranoiden Diktator", wenn sie Gamsachurdia meinen. Dabei ist es nur acht Monate her, dass sie ihn zum Präsidenten gewählt haben – mit 87 Prozent der Stimmen.

Damals schien Gamsachurdia ihnen der beste Kandidat zu sein, um ihr Land aus der sowjetischen Fremdherrschaft zu führen. Schließlich hatte sich der Schriftsteller seit Jahrzehnten gegen das kommunistische Regime gestemmt und für die georgische Unabhängigkeit gekämpft. War wegen „antisowjetischer Tätigkeit" mehrfach eingesperrt und misshandelt worden.

Jetzt vergleichen ihn seine Gegner mit Josef Stalin. Auch der Sowjetdiktator stammte ja aus Georgien – was ihn nicht daran hinderte, seine Heimat unter die Herrschaft des Kreml zu pressen und 1922 mit Armenien und Aserbaidschan zwangsweise zu vereinigen.

Den Wunsch nach Eigenständigkeit unterdrückte Moskau in den folgenden Jahrzehnten mit harter Hand. Doch im Geheimen gor es, entwickelte sich ein giftiger Nationalismus, der sich auf die uralte Geschichte Georgiens berief – und die eigene Schwäche kompensierte durch die Betonung der vermeintlichen kulturellen Überlegenheit gegenüber den Besatzern.

Einen extremen Hass auf die Sowjetherrschaft entwickelt der 1939 geborene Swiad Gamsachurdia. Ende der 1980er Jahre sieht er aufgrund der Schwäche Moskaus den Moment für die Auflehnung gekommen: Er gründet eine nationalistische Vereinigung, fordert die sofortige Unabhängigkeit Georgiens. Immer radikaler wird nun die Haltung des glühenden Nationalisten gegenüber den Minderheiten in Georgien: Osseten, Abchasiern, Armeniern. Gamsachurdia will die „Reinheit und Einheit des Landes" herstellen; ethnische Minderheiten seien kulturelle Fremdkörper, die entweder mit der georgischen Nation verschmelzen oder sie verlassen müssten.

1990 gewinnt ein von Gamsachurdia angeführtes Parteienbündnis die Wahlen gegen die Kommunisten; einige Monate später verkündet Georgien seine Unabhängigkeit. Doch Moskau erkennt die Selbstständigkeit nicht an, verhängt einen Handelsboykott, der die georgische Wirtschaft hart trifft.

Und Gamsachurdia, mittlerweile mit großer Mehrheit zum Präsidenten gewählt, enttäuscht seine Landsleute. Der einstige Kämpfer gegen das Unrechtsregime erweist sich, einmal an der Macht, als Tyrann. Er lässt kritische Zeitungen schließen und politische Rivalen verhaften.

Zudem provoziert er einen verheerenden Konflikt in Südossetien: Die Bevölkerung dieser Region, die formal zu Georgien gehört, sieht sich durch die Politik der „Reinheit und Einheit" bedroht und erklärt sich für unabhängig. Tiflis schickt daraufhin Truppen, ein Partisanenkrieg entbrennt, den die georgischen Milizen nicht für sich entscheiden können.

Es ist nicht der einzige Nationalitätenkonflikt im Kaukasus, der zum blutigen Bürgerkrieg eskaliert: Überall in der Region hat die Sowjetmacht vor Jahrzehnten Grenzen gezogen und die Völker in Republiken zusammengeschmiedet. Als Moskaus Stärke schwindet, fordern die kleinen Nationen Eigenständigkeit. Etliche Kriege brechen aus, die wie etwa in Tschetschenien Zehntausende Opfer fordern.

In Tiflis regiert Gamsachurdia dermaßen selbstherrlich, dass bereits nach acht Monaten Amtszeit die Opposition und Teile der Armee gegen ihn putschen. Der Präsident verbarrikadiert sich im Parlament, wo ihn seine Gegner im Dezember 1991 umzingeln. Aber er kann fliehen. 1993 kehrt er zurück und zieht mit rund 2000 Bewaffneten noch einmal nach Tiflis. Am Silvestertag 1993 stirbt er durch einen Kopfschuss – ob es Suizid ist oder ein Attentat, bleibt bis heute unklar.

Doch zur Ruhe kommt Georgien in den folgenden Jahren nicht: Immer wieder gibt es Konflikte mit ethnischen Minderheiten sowie politische Umstürze. Und 2008 eskaliert die Lage erneut in Südossetien.

Es ist das blutige Erbe eines Nationalismus, den Männer wie Swiad Gamsachurdia groß gemacht haben; er hat aber auch sie groß gemacht – und am Ende wieder vernichtet. ◊

DIE GROSSE MEHRHEIT der Georgier sieht in dem Freiheitskämpfer Swiad Gamsachurdia den idealen Mann, um ihr Land in die Unabhängigkeit zu führen. Das ändert sich allerdings nach nur acht Monaten

EIN LAND ALS

Nach dem Ende der UdSSR verordnet Russlands Präsident Boris Jelzin seinem Land eine marktwirtschaftliche Schocktherapie. Doch die marode Industrie bricht unter dem radikalen Kurswechsel ein, Millionen Bürger versinken in Armut und Elend. Von der Privatisierung profitieren vor allem die Oligarchen, eine winzige Elite skrupelloser Unternehmer. Sie kontrollieren den schwächelnden Staat immer mehr – und ab 1996 sogar dessen Oberhaupt

TEXT: *Jörg-Uwe Albig* **FOTOS:** *Hans-Jürgen Burkard*

BEUTE

BORIS BERESOWSKIJ gehört zu den sieben Neureichen, die Boris Jelzin 1996 mit ihrem Geld und ihrer Medienmacht zur Wiederwahl verhelfen. Hier ist er am Roten Platz in Moskau zu sehen – in einer gepanzerten, mit Blaulicht versehenen Limousine

D

Der Präsident sieht müde aus. Im Saal des Staatlichen Kremlpalastes, unter der riesigen Nationalflagge und dem goldenen Doppeladler aus der Zarenzeit, zwischen den Großbildschirmen, auf denen die Kremltürme in den Himmel ragen, wirkt er verloren. Und sein Gesicht so blass, dass die Regisseure der TV-Sender auf Nahaufnahmen diskret verzichten.

Dabei ist dieser 9. August 1996 der Tag seines Triumphs. Mit 53,82 Prozent der Stimmen hat Boris Jelzin gegen alle Prognosen die Stichwahl zum Präsidenten der Russischen Republik gewonnen.

3000 Gäste sind zu seiner Amtseinführung gekommen, darunter Botschafter aus 160 Staaten, orthodoxe und muslimische Geistliche. An den TV-Geräten sind Millionen dabei, als der Chef des Föderationsrates dem erschöpften Jelzin den Orden „Nutzen, Ehre und Ruhm" verleiht, komplett mit der 17-gliedrigen Kette aus Gold, Emaille und Silber.

Den Amtseid, nur 33 Worte lang, liest der Präsident mit schleppender Stimme vom Teleprompter ab. Gleich darauf verlässt er den Saal: Der Festakt ist beendet.

Der herzkranke Jelzin, der schon die vergangenen sechs Wochen im Sanatorium verbracht hat, wird von Neuem ins Krankenhaus eingeliefert. Dort wird er sich mehreren Bypass-Operationen unterziehen und einen großen Teil seiner verbleibenden Amtszeit verbringen. In seiner grau-weiß gemusterten Rentner-Strickjacke ist er nur noch das Gespenst eines Staatschefs.

Auch der Staat, den er offiziell noch regiert, ist nur noch eine Hülle.

Und er liegt jetzt in den Händen derer, die Jelzins Wahl bezahlt haben. Es sind die Bosse des jungen russischen Kapitalismus, die man hier Oligarchen nennt (von griechisch *oligoi*, die wenigen, und *archon*, der Herrscher).

DIE EINFÜHRUNG der Marktwirtschaft führt zu Massenarbeitslosigkeit. Zehntausende werden obdachlos – und betteln, um zu überleben

Ihre Speerspitze sind sieben Männer, die sich eigens für Jelzins Sieg verbündet haben. Sie brüsten sich, 50 Prozent der russischen Wirtschaft zu kontrollieren – und lassen auch keinen Zweifel daran, wem der Präsident seinen unerwarteten Erfolg zu verdanken hat: diesen sieben, den wahren Herren des Landes.

Jetzt stehen ein paar von ihnen am Rand der Feier. Sie heben die Sektgläser, schlagen einander auf die Schultern.

Ein kleiner Mann namens Boris Beresowskij wirft mit hämmernder Gestik einen Witz in die Runde. Seine Kollegen brechen in Lachen aus. Dann klingelt sein Telefon, und Beresowskij hält es beflissen ans Ohr, Geschäft ist Geschäft.

Auch der Staat ist jetzt nur noch ein Teil dieses Geschäfts. Stück für Stück haben die Oligarchen seine Funktionen übernommen: Sie haben seine Wirtschaft geplündert und seine Massenmedien unter ihre Kontrolle gebracht. Sie befehligen Privatarmeen und eigene Geheimdienste. Und mit der wohl über eine Milliarde Dollar teuren Jelzin-Kampagne sowie der geballten Macht ihrer Zeitungen und TV-Stationen haben sie sich jetzt auch noch die Regierung gekauft.

Der Staat ist zur Attrappe geworden. Die einzige Regierung, die ein Oligarch anerkennt, hat einer von ihnen, der Öl-König Michail Chodorkowskij, schon 1991 benannt: „Unser Idol ist Seine Finanzielle Majestät, das Kapital" – und zugleich die letzte Ethik formuliert, die unter dessen Herrschaft noch übrig bleibt: „Wir für uns!"

°

DER FELDZUG gegen Väterchen Staat, kombiniert mit Amoral: Das ist eine alte russische Tradition. Im 19. Jahrhundert irrlichterten die „Nihilisten" durch die intellektuellen Zirkel von Petersburg und Moskau, säten den Zweifel an allem – an Autoritäten, Sitten, Religionen, Institutionen. Der Anarchist Michail Bakunin rief zum Feldzug gegen „jede Idee eines Staates" auf und predigte dessen „vollständige, unerbittliche Zerstörung".

Jetzt ist es, als hätten die Oligarchen auf perverse Weise das Erbe der Revolutionäre angetreten. Sie werfen keine Bomben auf Institutionen: Sie saugen sie leer. Sie bekämpfen den Staatsapparat nicht mit Waffen: Sie nehmen ihn als Geisel. Ihre Revolution ist keine Umwälzung, sondern eine Abwicklung. Eine feindliche Übernahme.

„Verteidiger der Oligarchen vergleichen sie mit den Gründerfiguren des amerikanischen Industriekapitalismus", schreibt der Wirtschafts-Nobelpreisträger Joseph Stiglitz über Russlands Unternehmer: Aber „die schufen Wohlstand, auch wenn sie riesige Vermögen anhäuften. Die neuen russischen Herrscher klauten Staatsbetriebe, zerschlugen sie und hinterließen ein ausgeplündertes Land".

Die Oligarchen sind, so wie einst die Nihilisten des 19. Jahrhunderts, fast durchweg gebildete Leute. Da ist Boris Beresowskij, der brillante Mathematiker, früher Forscher am Institut für Steuerungstechnik, jetzt Herr über Russlands Autohandel, die Fluggesellschaft Aeroflot und den größten TV-Sender. Da ist Michail Chodorkowskij, promovierter Chemiker, der ein Dutzend Banken besitzt, ein Stahlwerk, riesige Minen für Titan und Magnesium und ein Schloss

ZU DEN GEWINNERN der Privatisierung zählen Fabrikdirektoren und ehemalige KP-Funktionäre, die den Verkauf von Staatsunternehmen mitorganisieren und dabei Schmiergeld kassieren. Ihre Feiern sind dekadent – mitunter mit lebendem Tanzbär

BORIS BERESOWSKIJ

DER MATHEMATIKER wird durch Autohandel reich, kauft TV-Sender und eine Fluggesellschaft

SCHON IN DER SPÄTEN UDSSR konnte der marode russische Staat kaum noch für Recht und Ordnung sorgen (hier ein Abtransport zur Strafarbeit). Nach dem Kollaps der Sowjetunion steigt die Verbrechensrate abermals rapide an, und in den zunehmend überfüllten Gefängnissen warten Häftlinge oft Jahre auf ihre Verhandlung

mitten in Moskau, geschützt von einem schmiedeeisernen Zaun mit scharf geschliffenen Dornen und einem Trupp hochmotivierter Securityleute.

Auch die neuen Anarchisten haben oft als wütende Außenseiter begonnen – etwa Alexander Smolenskij, der Zwei-Meter-Mann mit der Glatze und dem blonden Schnurrbart. In der Armee hat er sich mit Offizieren angelegt und später illegal Bibeln verkauft: 1981, mit 27 Jahren, bekam er dafür wegen „individueller kommerzieller Tätigkeit" zwei Jahre Strafarbeit aufgebrummt. Später tummelte er sich auf dem Schwarzmarkt, gründete eine Baufirma, die (mit teils aus Staatsbetrieben abgezweigtem Material) Villen für hohe Beamte und Funktionäre errichtete – und gleich auch eine eigene Bank, um das Geld ohne staatliche Aufsicht arbeiten lassen zu können. Jetzt ist seine Stolitschnij-Bank eines der stärksten Finanzkraftwerke der russischen Wirtschaft.

Oder der frühere Schwarztaxi-Fahrer Wladimir Gussinskij, der straff gescheitelte Bonvivant mit den Weinkennerlippen, der sich ein „Produkt der Straße" nennt. Als Avantgarde-Theaterregisseur forderte er einst die staatliche Zensur heraus; jetzt hat er dem Staat das Medienmonopol entwunden und gebietet über eine Holding namens Media-Most: zwei Zeitschriften, eine Tageszeitung, zwei TV-Sender, eine Rundfunkstation. Zum fünfjährigen Jubiläum gab es Kaviar in Eimern und für jeden Gast eine silberne Uhr.

Zwar kommen einige der Abriss-Unternehmer direkt aus dem Allerheiligsten des Staates, den sie jetzt demolieren – etwa der Funktionärssohn Wladimir Potanin, einst Beamter im Ministerium für Außenhandel, nun der reichste Mann Russlands: Mit einigen Kollegen und der Hilfe wichtiger Apparatschiks hat er auf den Trümmern der sowjetischen Außenhandels-Banken seine Onexim-Bank gegründet, die seither Konten und Kredite für zahlreiche Öl- und Industrie-Imperien verwaltet, für eine staatliche Waffenfabrik, für wichtige Ministerien sowie ein Viertel der russischen Regionen.

Doch der Großteil der Geld-Guerilla operiert aus mittlerer Distanz. Diese Männer sind weit genug entfernt von der Staatsmacht, um frei agieren zu können – und ihr zugleich nah genug, um die richtigen Kontakte zu nutzen.

Sie wissen, welchen Bürokraten sie in die firmeneigenen Lust-Villen einladen müssen oder wie man die Freundschaft des zeitweise vereinsamten, verwitweten Moskauer Bürgermeisters Jurij Luschkow gewinnt und zu Kapital macht. Denn nicht Geld allein entscheidet über den Sieg, „sondern die Patronage", wie Michail Chodorkowskij erklärt – die „Verbindungen zu hochrangigen Leuten".

Sieben dieser Netzwerk-Akrobaten, von denen es vielleicht ein Dutzend gibt, zählt ihr schillerndster Exponent Beresowskij zum engeren Kern. Und weil jeder von ihnen mindestens eine Bank befehligt (auch Pjotr Awen und Michail Fridman, die Herren der mächtigen Alfa-Bank, gehören dazu), nennen die Russen deren Regiment *semibankirschtschina* – die Herrschaft der sieben Bankiers.

TROTZ DER KRISE will Moskau weiter Stärke zeigen, lässt Soldaten vor Fotografen für einen Atomangriff proben – dabei ist die Armee marode

°

ALS DIE NEUEN NIHILISTEN sich anschickten, den Staat auszuhöhlen, hatte dessen Niedergang längst begonnen. Von 1985 auf 1986 war der Ölpreis um 69 Prozent gefallen, und die von Rohstoffexporten abhängige sowjetische Wirtschaft stürzte mit. Der zermürbende Krieg in Afghanistan und die Reaktorkatastrophe von Tschernobyl versetzten dem Sowjetsystem weitere Schläge. Das Wachstum wurde schwächer und kam allmählich ganz zum Stillstand.

Michail Gorbatschow, der Generalsekretär der KPdSU, versuchte zu retten, was noch zu retten war. Um den Staat zu bewahren, beschnitt er dessen Macht – und war wehrlos, als die zunehmend in die Hände jener fiel, deren einziges Ziel es war, sich zu bereichern: KP-Chefs aus der Provinz, Direktoren von Staatsunternehmen, KGB-Funktionäre, die Parteivermögen ins Ausland verschoben – und Glücksritter mit guten Beziehungen.

Zuerst fiel das Monopol staatlicher Planwirtschaft. Ab 1986 durften sich Sowjetbürger mit „individuellen Arbeitsaktivitäten" selbstständig machen, etwa Handwerkerjobs. Zwei Jahre später erlaubte der Staat private Kleinbetriebe – und eilig gründeten die Untertanen Bäckereien, Schusterläden, Restaurants.

Sie stellten öffentliche Toiletten auf, die Geld kosteten, aber dafür sauber waren, oder zogen mit gefälschten Markenjacken auf den neuen Markt am Rigaer Bahnhof. Bis 1990 wuchsen auf dem

IM NEUEN RUSSLAND ist auf einmal vieles möglich, was unter dem Regime der KP undenkbar war: In Moskau etwa eröffnet eine Striptease-Schule

WEIL SEINE POLITIK nicht greift, wird der als Hoffnungsträger gestartete Jelzin immer unbeliebter. Als er das russische Parlament im Streit um eine Verfassungsreform im Oktober 1993 auflöst, entbrennen Straßenkämpfe, die erst enden, als Panzer aufrollen

kargen Boden der Perestroika so rund 200 000 unabhängige Unternehmen heran. Selbst Finanzdienstleistungen, zuvor als kapitalistische Ursünde verpönt, waren jetzt erlaubt: Ende 1988 boten 41 neue Banken ihre Dienste an, 1989 waren es bereits 225 – auch wenn die meisten sich weniger mit Krediten befassten als vielmehr mit Geldwechsel, Geldwäsche oder Inkasso.

MICHAIL CHODORKOWSKIJ

DER CHEMIKER besitzt eine Ölfirma, zwölf Banken, ein Stahlwerk und ein Schloss. Auch er stützt 1996 Boris Jelzin

MICHAIL FRIDMAN

DER BANKIER putzt zu Sowjetzeiten Fenster, um Geld zu verdienen. Jetzt leitet er die mächtige Alfa-Bank

Auch Michail Chodorkowskij gründete eine Bank. Der Grundstock seines Vermögens stammte aus seiner Arbeit für die KP-Jugendorganisation Komsomol: Viele ihrer Unternehmen, blumig „Zentren des wissenschaftlich-technischen Schöpfertums der Jugend“ genannt, waren so etwas wie die Avantgarde von Gorbatschows Wirtschaftsreform.

Vor allem aber hatten sie die Sondergenehmigung, das staatsinterne Verrechnungsgeld – auf dem Markt nur den Bruchteil eines Rubels wert – in harte Währung umzumünzen. Chodorkowskij organisierte für die rote Jugend Rockkonzerte und Schönheitswettbewerbe. Und jonglierte bald so geschickt mit den verschiedenen Geldsorten, dass er sogar Devisen einnahm – für die er im Westen Computer kaufen und zu überhöhten Preisen im Inland losschlagen konnte.

Boris Beresowskij nutzte ebenfalls die Schlupflöcher, die sich in dem zerfallenden Staat auftaten: 1989 schlug der Informatik-Experte den Managern von Russlands größter Autofabrik Awtowas (Marke „Schiguli“), die er als Forscher beim „Institut für Kontrollwissenschaften“ kennengelernt hatte, die Gründung eines Joint Venture vor.

Gemeinsam mit Awtowas und einem italienischen Software-Hersteller gründete er eine Firma namens Logowas, die der maroden Anlage moderne Computersysteme einpflanzen sollte.

Doch als die Firma stand, war von solcher Art Update nicht mehr die Rede: Stattdessen nutzte der frischgebackene Generaldirektor Beresowskij seine Nähe zur Quelle, um Schigulis zum staatlich subventionierten Preis von 3500 Dollar zu erwerben, der 30 Prozent unter den Produktionskosten lag – und sie dank der Italien-Connection sowie falscher Deklarierungen als „Exportware“ für das Doppelte zu verkaufen.

Binnen drei Jahren schlug Logowas so 45 000 Autos bei einem Umsatz von fast 300 Millionen Dollar los – und verdiente noch zusätzlich an der Inflation: „Natürlich haben wir das Geld so spät wie möglich zurückgezahlt, weil der Wert des Geldes fiel", gab Beresowskij später zu. „Das haben die Ökonomen bei Awtowas nur nicht verstanden."

Im Juni 1991 wurde Boris Jelzin zum Präsidenten gewählt – und sofort zur begehrten Networking-Beute für die Partisanen des russischen Kapitalismus. Auch Beresowskij umgarnte den Staatschef, spendierte eine Viertelmillion Dollar, um seine Memoiren zu veröffentlichen, erschmeichelte sich die Aufnahme in Jelzins exklusiven Tennisklub und überschüttete dessen einflussreiche Tochter Tatjana mit teuren Autos und Juwelen. Bald war er geschätztes Mitglied von Jelzins Entourage aus Verwandten, treuen Beamten, Vertrauten und Bossen.

In Jelzin, der eisern an den freien Markt glaubte, fanden die Freischärler des Kapitals einen willigen Helfer. Um einen Rückfall in den Kommunismus unmöglich zu machen, setzte er auf kapitalistische Reformen im Eiltempo – eine „Schocktherapie", auf die unter anderem auch internationale Partner wie das US-Finanzministerium und der Internationale Währungsfonds drängten.

Im Dezember 1991 löste sich die UdSSR auf – und am zweiten Tag des neuen Jahres zerstörte Jelzin das System staatlich gelenkter Preise: 80 Prozent der Produktionsgüter und 90 Prozent der Konsumgüter konnten nun so teuer wie möglich verkauft werden. Noch vor Jahresende 1992 kostete Seife 3100 Prozent mehr, Brot 4300, Milch 4800 Prozent.

Unter der Inflation brach die Wirtschaft zusammen. Die Sparkonten der meisten Russen waren so gut wie vernichtet. Mehr als 100 Millionen Menschen, die in der Sowjetunion ein geregeltes Einkommen hatten – Lehrer, Ärzte, Ingenieure, Handwerker, Stahlarbeiter –, landeten jäh in Armut.

In Jelzins Russland verkaufen frühere Dolmetscherinnen und Kindergärtnerinnen jetzt ihre Körper in Striplokalen. Ex-Journalisten offerieren in Metrostationen kopierte Nacktfotos in körnigem Schwarz-Weiß. Intellektuelle verscherbeln ihre Bücher zu Spottpreisen und stehen an vor den Suppenküchen der Hare-Krischna-Jünger.

Kriegsveteranen bieten ihre Orden an oder spielen an Straßenecken auf dem Akkordeon Soldatenlieder. Obdachlose Kinder hausen in der Kanalisation, und klamme Mieter, aus ihren Wohnungen vertrieben, richten sich auf Moskaus Müllkippen in Papphütten ein.

Spaliere von Rentnern stehen bei Minusgraden auf den Straßen und halten den Passanten mit scheuem Blick alte Teekessel entgegen, drei Weingläser oder ein Paar gestrickte Strümpfe, breiten auf Pappen und alten Bettlaken leere Coladosen oder gebrauchte Zahnbürsten aus. Viele der Enteigneten stürzen sich aus dem Fenster, Eltern töten ihre Kinder, und die Leichenhallen sind überfüllt.

Innerhalb von zwei Monaten nimmt der Drogenhandel um 300 Prozent zu.

PJOTR AWEN

DER EX-MINISTER für Außenhandel heuert später als Michail Fridmans Co-Chef bei der Alfa-Bank an

WLADIMIR GUSSINSKIJ

DER MEDIENMOGUL, ein ehemaliger Taxifahrer, besitzt jetzt Zeitungen, TV- und Radiostationen

Längst überwunden geglaubte Krankheiten wie Tuberkulose kehren zurück. Binnen vier Jahren sinkt die Lebenserwartung der Männer von 64 auf 58 Jahre.

Nirgendwo außerhalb des tropischen Afrikas sterben die Leute früher als im neuen Russland. Noch zu Gorbatschows Zeiten war die UdSSR drittgrößte Volkswirtschaft der Welt, nun sinkt das Pro-Kopf-Bruttoinlandsprodukt im Nachfolgestaat Russland im Lauf der 1990er Jahre um die Hälfte – weit unter den Weltdurchschnitt.

Bankiers, Händler und Kriminelle aber profitieren von dem Niedergang. Sie präsentieren ihre Cartier-Uhren und bepelzten Begleiterinnen im Licht der Kristalllüster der zahllosen neuen Casinos, dem „Cherry", dem „Leningradskaja".

Sie legen für den Eintritt in die Nachtklubs das Monatsgehalt einer Lehrerin hin, bellen in den Dollar-Restaurants Kommandos in Walkie-Talkies und die Ohren der Kellner und schlemmen anschließend, um der Gesellschaft etwas zurückzugeben, auf Charity-Bällen Austern und Champagner zugunsten der „religiösen Erziehung" russischer Kinder.

Als Jelzin darangeht, auch das Außenhandelsmonopol des Staates aufzugeben, schwinden die letzten Trümpfe des Landes: die reichen Bodenschätze.

Anstelle der halbwegs verlässlichen Behörde aus Sowjetzeiten, die immerhin fast den kompletten Gewinn in den Staatshaushalt pumpte, bemächtigen sich jetzt Insider aus Politik, Wirtschaft und Organisiertem Verbrechen der Rohstoffe, verkaufen sie weit unter Wert an ihre eigenen Scheinfirmen im Ausland und entziehen das Geld so dem Fiskus.

So verkauft beispielsweise der Direktor einer Ölfirma seine Ware gegen einen Schuldschein an eine eigens gegründete Handelsgesellschaft, die den Stoff gegen hartes Geld auf den Markt pumpt – doch der Erlös fließt nicht zurück zur Ölfirma, sondern auf ein Konto des Direktors in der Schweiz. Der bittet dann das Finanzministerium oder die Zentralbank um Hilfe, die mit einem zinslosen Kredit dem plötzlich in Zahlungsschwierigkeiten geratenen Unternehmen unter die Arme greift.

°

SEINE AUFGABEN KANN der schwindende Staat längst nicht mehr erfüllen – schon gar nicht die der inneren Sicherheit. Allein bei der Moskauer Polizei sind 6700 Planstellen frei, in der Petersburger

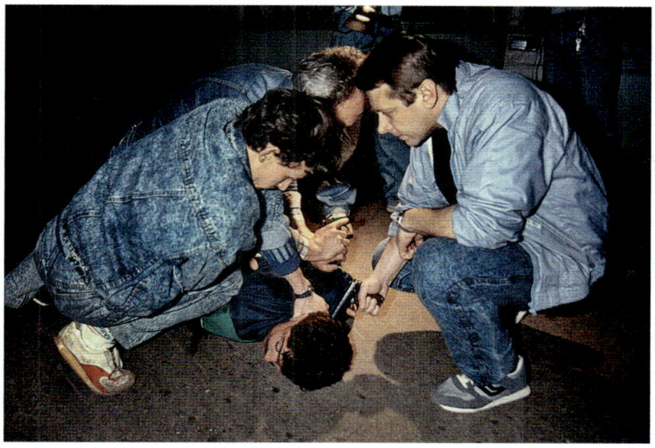

AUF RUSSLANDS STRASSEN gilt zunehmend das Recht des Stärkeren. Polizisten erzwingen hier das Geständnis eines mutmaßlichen Verbrechers

Staatsanwaltschaft ist jeder zweite Posten unbesetzt. Beamte können es sich nicht mehr leisten, den Gesetzen zu dienen; Pässe und Zulassungen gehen jetzt an den Meistbietenden, und Milizionäre arbeiten für jeden, der zahlt.

Deren Dienste überlässt Jelzin per Gesetz zu großen Teilen privaten Security-Firmen, die geschätzte 800 000 Mann beschäftigen. Oft sind es jetzt sie, die die Einhaltung von Verträgen gewährleisten, Schulden eintreiben, Abgaben fordern und Strafen verhängen. So gibt der Staat weitere Kerndomänen auf: die Monopole auf Gewalt, auf Rechtsprechung und die Erhebung von Steuern.

Die neue Exekutive aber läuft unermüdlich. Buchstäblich jeden Tag berichten die Zeitungen über Schießereien. Bisweilen hängt ein Geschäftsmann an einer Straßenlaterne, und Dutzende von Bankmanagern fallen privaten Henkern zum Opfer. Leichtere Strafen sind aus Mafiafilmen abgeschaut: das Bügeleisen an der Haut des Opfers, die Handschellen, mit denen man es an die Heizung kettet, die Entführung in den Wald, wo es sein eigenes Grab schaufeln muss.

Stiernackig patrouillieren die Vollstrecker über Straßen und Märkte: ehemalige Athleten, Boxer, Ringer, Karatekämpfer und Gewichtheber, aber auch Rückkehrer aus dem Afghanistan-Krieg, enttäuschte Kämpfer mit Heimweh nach Pulverdampf.

Ihre Anführer posieren mit Ministern und Bürgermeistern für die Presse, paradieren im Mercedes, BMW oder Buick durch die Straßen, bald auch, der neuen Wildnis entsprechend, in Jeeps und Landrovers. Und kein Polizist schreitet ein, wenn sie rote Ampeln überfahren, ohne Nummernschild oder auf der Gegenspur unterwegs sind.

Viele Mitarbeiter der neuen Ordnungsmacht stammen aus den Reihen der alten: Seit der Abwicklung des KGB im Jahr 1991 strömen arbeitslos gewordene Angehörige der Geheimdienste massenhaft in die neuen privaten Strukturen. Zwischen 1989 und 1992 steigt die Zahl der Verbrechen um bis zu 25 Prozent im Jahr, die Mordrate binnen sechs Jahren um 700 Prozent: 1993 sind es schon doppelt so viele Fälle wie in den USA.

Der Übergang zwischen Verbrechen und Business ist fließend. Längst haben die Gangster große Teile der Wirtschaft gekapert. Nach Angaben des Innenministeriums gibt es 1993 bei rund 40 Prozent der Privatfirmen, 60 Prozent der Staatsunternehmen und 84 Prozent der Banken Verbindungen zum Organisierten Verbrechen. Gangbosse reüssieren als Bankiers, mächtige Banden entwickeln sich zu Holding-Gesellschaften, Erpresser-Organisationen steigen als Aktionäre in jene Firmen ein, in deren Dienst sie stehen.

Ganoven infiltrieren Smolenskijs Stolitschnij-Bank. Die „Tambowskaja"-Bande investiert in Holz, Computer und die Unterhaltungsbranche. Und die „Uralmaschewskaja"-Gang gründet mehr als 200 Firmen und zwölf Banken und hält Aktien in weiteren 90 Unternehmen.

NACH DEM ENDE der UdSSR sind viele Statuen der KP-Führer verstaut worden. Doch wegen der Armut wächst die Sehnsucht nach einem starken Führer bald wieder

Auch Chodorkowskij & Co sind nicht zimperlich, wenn es gilt, diese Parallel-Polizei für ihre Zwecke zu nutzen. Boris Beresowskij etwa hat zur Absicherung seiner Geschäfte eine Armee aus den besonders gefürchteten tschetschenischen Schattenkriegern rekrutiert. Zudem macht er sich, unter anderem mit Awtowas-Wagen zum halben Preis, den mächtigen SBP geneigt, den Sicherheitsdienst des Präsidenten.

Wladimir Gussinskij gebietet über eine Privatarmee aus 1000 Mann, verstärkt mit ausgemusterten Geheimdienstlern und Spezialisten für Überwachung und Desinformation – darunter den einstigen Vizechef des KGB.

Und immer wieder begleiten Gewaltverbrechen auf mysteriöse Art den Aufstieg der Oligarchen. Da ist der TV-Moderator Wlad Listjew, Direktor des TV-Kanals ORT, der Beresowskijs Werbe-Monopol bei dem Sender brechen will – und eines Tages in seinem Haus erschossen wird. Kurz zuvor hatte Beresowskij einem Gangsterboss 100 000 Dollar in bar zugesteckt.

Da ist der Chef einer Raffinerie in Omsk, der sich gegen die Übernahme seines Betriebs durch Beresowskijs Imperium wehrt und kurz darauf tot in einem Fluss schwimmt. Oder der Bürgermeister der westsibirischen Stadt Neftejugansk, der gegen Lohnkürzungen für die örtlichen Angestellten von Chodorkowskijs Ölfirma protestiert. Eines Tages wird er auf dem Weg ins Rathaus erschossen. Und der Chef eines Wirtschaftsmagazins, der Beresowskij in einem Buch als „Paten des Kreml“ gebrandmarkt hat, stirbt vor seinem Büro durch neun Schüsse aus einer halbautomatischen Pistole.

Mit Jelzins Gesetz, das den Sicherheits-Freelancern nie gesehene Vollmachten verleiht, ist die Justiz zur Privatsache geworden. Etwa gleichzeitig betraut Jelzin einen forschen, 36-jährigen Ökonomen namens Anatolij Tschubajs, eine weitere Bastion des Staates zu schlei-

SELBST WENN DER STAAT Renten und Gehälter mal pünktlich auszahlt, reichen sie wegen der dramatisch steigenden Preise kaum für Miete und Lebensmittel. An den Eingängen der Moskauer Metro versuchen Notleidende, alltägliche und sehr persönliche Gegenstände zu verkaufen

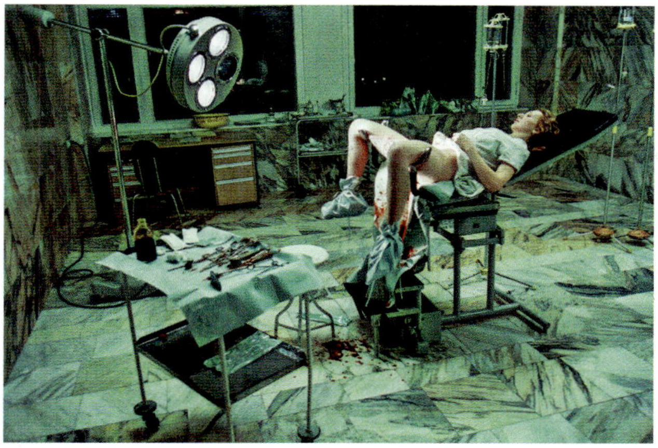

DER NEUE KAPITALISMUS kennt keine Grenzen: Das Gewebe abgetriebener Föten wird als Medizin verkauft. Es verlangsame das Altern, heißt es

so nach und nach 90 Prozent der auf den Markt geworfenen Anteile sichern, machen ein beispielloses Geschäft.

Zwar sind viele der Firmen nur noch Ruinen. Andere aber, vor allem Rohstofflieferanten und Produzenten von Mangel- und Monopolprodukten wie Autos und Telekommunikation, geraten bei dem Ausverkauf weit unter Wert in die Hände von Bankiers und Bürokraten: Der Börsenwert von Unternehmen wie dem Energieriesen Gasprom oder dem Telefonanbieter Rostelekom steigt binnen weniger Jahre auf mindestens das 20-Fache des Kaufpreises, bisweilen sogar auf das 160-Fache – und gibt so deren wahre Marktkraft zu erkennen.

°

fen: das kollektive Eigentum an den Produktionsmitteln. Tschubajs rüttelt nun voller Leidenschaft an den „schrecklichen Ketten dieses gigantischen, alles durchdringenden, bürokratischen, ruinösen und ineffizienten Staats".

In der Privatisierung der Staatsbetriebe sieht er den Königsweg, die Ökonomie von diesem Ballast zu befreien. Die Russen sollen ein Volk von Aktionären werden: „Wir brauchen Millionen Eigentümer", erklärt Präsident Jelzin, „und nicht Hunderte Millionäre." Tschubajs selbst macht sich weniger Illusionen. Er nimmt Ungerechtigkeiten bewusst in Kauf: „Wenn das einzige Problem ist, dass die Reichen das Eigentum aufkaufen", sagt er, „dann muss das eben so sein."

Im Herbst 1992 können 148 Millionen Russen einen Gutschein im Nennwert von 10 000 Rubeln, etwa 80 Dollar, bei ihrer Bank abholen: Er berechtigt zum Erwerb von Unternehmensanteilen bei einer der Auktionen, in denen 29 Prozent jedes der vorerst rund 5600 zum Verkauf stehenden Staatsbetriebe in private Hände gelangen sollen (der Rest soll dem Management, den Arbeitnehmern und der Regierung zufallen).

Die meisten der Empfänger, von Sorge um das tägliche Brot ausgelastet, können mit dem Geschenk nichts anfangen. Auf der Straße und in Metrostationen verkaufen sie die Zettel für schnelles Geld. Die Zeit drängt: Unerbittlich mindert die Inflation den Wert der Papiere. Bald pendelt sich der Preis bei umgerechnet sieben Dollar ein – das entspricht zwei Flaschen billigem Wodka.

So kommt es, dass nur acht Prozent der Russen ihre Gutscheine tatsächlich in Firmenanteile ummünzen. Die Männer mit Kapital und guten Kontakten aber, die diese Papiere aufkaufen und sich

DABEI IST ES GAR NICHT nötig, eine Firma zu erwerben, um an ihr zu verdienen. Beresowskij etwa verschafft sich die Kontrolle über die Kapitalströme der halbstaatlichen Fluggesellschaft Aeroflot, eines der profitabelsten, zukunftsträchtigsten Unternehmen des Landes, ohne viel Geld auszugeben.

Er nutzt seine Kontakte zum Transportminister, um die Chefs der Luftlinie gegen eigene Leute auszutauschen. Die leiten die Auslandsumsätze von Aeroflot

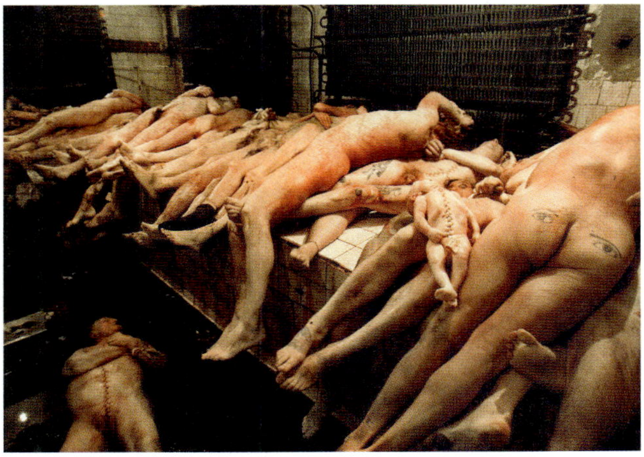

IN DEN KELLERN einer Moskauer Leichenhalle stapeln sich 1992 die Körper der Toten. Viele Angehörige können sich eine Beerdigung nicht leisten

und Potanin zu Nutznießern des Kuhhandels bestimmt werden, auch der Ölhändler Roman Abramowitsch, ein Geschäftsfreund von Tatjanas Ehemann – Gussinskij und Awen aber nicht.

Die Minister haben angesichts der desolaten Lage der Staatsfinanzen keine Wahl; notgedrungen stimmen sie dem Plan zu. Sie sind sogar so entgegenkommend, mit der Versteigerung der Leckerbissen die interessierten Banken selbst zu betrauen: So können die Oligarchen Konkurrenten nach Belieben aus „formalen Gründen“ von den Auktionen ausschließen und die Juwelen zu lächerlichen Preisen für das eigene Portfolio sichern.

Auf diese Weise schlägt etwa Chodorkowskijs Menatep Bank die Ölfirma Yukos der eigenen Firmengruppe zu, geht die Nickelmine von Norilsk, wohl die reichste der Welt, an eine Tochterfirma von Wladimir Potanins Onexim Bank.

Und Beresowskij erwirbt für 100 Millionen Dollar die Ölfirma Sibneft. Der einzige Konkurrent zieht sein deutlich höheres Angebot aus mysteriösen Gründen am Tag der Auktion zurück – nicht ganz freiwillig, wird Alfred Koch, Vorsitzender der Privatisierungsbehörde, später vermuten: „Wahrscheinlich war ihm sein Leben wichtiger.“

Insgesamt verschafft sich ein halbes Dutzend Oligarchen auf diese Art für rund 680 Millionen Dollar Anteile an den sieben wertvollsten Unternehmen des Landes – die, wie zwei Jahre später die Börsennotierungen zeigen, eigentlich das 20-Fache wert sind. An der Sanierung ihrer Beute scheinen sie dabei nicht sonderlich interessiert: Das Geld, das etwa Beresowskij in die Ölfirma Sibneft investiert, reicht nicht einmal, um die bestehenden Bohrtürme instand zu halten.

Um ihre Geschäfte zu tarnen, verteilen die Oligarchen das privatisierte Staatskapital auf Hunderte Offshore-Konten, verwaltet von zahllosen Strohmännern, die selbst die Besitzer kaum noch überblicken können.

Und ob sie Öl auf dem Weltmarkt verkaufen oder eine Telefongesellschaft in ihr Imperium eingliedern: Immer lassen sie das Geld, um Steuern zu sparen, durch ein Labyrinth aus Schein-, Tochter- und Zwischenfirmen auf Zypern oder den Virgin Islands laufen, bevor es sein Ziel erreicht. Geschätzte 15 Milliarden Dollar gelangen so jährlich an Fiskus und Aktionären vorbei ins Ausland.

Der große Verlierer der Auktionen ist der russische Staat. Mit einem Schlag hat er den Großteil seiner Geldquellen eingebüßt. Seine Schwäche ist jetzt offenbar – und damit das so bleibt, schieben die Oligarchen zu den Präsidentschaftswahlen im Jahr 1996 alle Rivalitäten untereinander beiseite, um den kranken, aber gefügigen Boris Jelzin zur Wiederwahl zu peitschen.

°

DENN DIE LAGE IST ERNST. Gerade erholt sich Jelzin wieder von einer Herzattacke, und immer häufiger fällt er mit alkoholbedingten Absencen aus. Bei Umfragen rangiert er mit fünf bis acht Prozent nur noch an fünfter Stelle. Favorit ist der Kommunist Gennadij Sjuganow, Verfechter des alten Zentralstaats.

Mehrfach versammelt Beresowskij die mächtigsten Bosse des Landes zum Kriegsrat. Dann beginnt der Generalangriff: Beresowskijs „Unabhängige Zeitung“ streut schon mal angebliche Putschpläne der Kommunisten.

Und während der kommunistische Kandidat nicht einmal für viel Geld Sendezeit bekommt, bombardieren die Fernsehsender der Oligarchen das Volk von morgens bis abends mit Jelzin-Clips, Jelzin-Heldenmärchen, Jelzin-Nachrichten: Jelzin zu Besuch bei Kolchosbauern oder bei Rentnern am Polarkreis, Jelzin, der Händeschüttler, Jelzin, wandelnd auf eigens für seinen Auftritt asphaltierten Straßen. Jelzin, der Wohltäter, der Subventionen für entlegene Gemeinden verspricht, Frieden für Tschetschenien, Geld für Kirche wie Rüstung und sogar die seit Langem ausstehenden Löhne.

Und als der kranke Mann wenige Tage vor der Stichwahl nach einem neuen Herzanfall nur noch stammeln kann, päppeln die Techniker seine Rede mit elektronischen Tricks so auf, dass kaum jemand das Handicap bemerkt.

Jelzins Wahlkampfkasse, dem Gesetz nach auf drei Millionen Dollar begrenzt, schwillt unter den Spenden der Oligarchen auf über eine Milliarde, womöglich zwei. Doch zahlen die Tycoons nicht alles aus eigener Tasche. Stattdessen greifen sie auch auf die Reserven ebenjenes Staates zurück, den sie sich kaufen

WLADIMIR POTANIN

DER EX-BEAMTE aus dem Außenhandelsministerium gilt um 1995 als der reichste Mann Russlands

ALEXANDER SMOLENSKIJ

DER STUDIERTE ÖKONOM errichtet Villen für Funktionäre. Und gründet eine Bank, die die Gewinne weiter wachsen lässt

IN MOSKAUER Bombenschutzkellern verkochen Abhängige Schlafmohn mit Medikamenten – die Zahl der Drogentoten nimmt nach 1990 rasant zu

wollen: In ihren Offshore-Firmen waschen sie Regierungsgelder und leiten sie direkt in die Kampagne um.

Selbst ein bitter benötigter Kredit in Höhe von 10,2 Milliarden Dollar, mit dem der Internationale Währungsfonds das Land stützen will, fließt zum Teil in den Lobpreis des Präsidenten: in Rockkonzerte für Jelzin, Autogeschenke an Jelzin-Wähler, schmeichelhafte „Dokumentarfilme" über Jelzin auf privaten TV-Kanälen, Schmiergelder an Journalisten sowie eine Million Plakate mit dem Konterfei des KP-Kandidaten Sjuganow und der Aufschrift: „Dies könnte deine letzte Gelegenheit sein, Essen zu kaufen!"

Für Jelzin wird es ein Triumph – doch die Macht fällt jetzt an seine Unterstützer. Umgehend beraten sie, wer von ihnen in die Regierung eintreten soll; die Wahl fällt auf Potanin und Beresowskij. Und jetzt setzen sie durch, was Chodorkowskij schon 1991 in seinem Manifest verlangt hat: „Wer zahlt, der bestellt auch die Musik."

Wer nicht im Takt singt, muss verstummen. Finanzminister Alexander Liwschiz erzählt später, dass einige Oligarchen ihn in eine ihrer Banken bestellt, eine Liste mit Forderungen vorgelegt und ihm eröffnet hätten: „Wir haben Jelzin die Macht gekauft. Dieses Land gehört uns. Sie werden tun, was wir Ihnen sagen."

„Und wenn ich mich weigere?", habe Liwschiz gefragt. „Dann sind Sie die längste Zeit Minister gewesen." Im März 1997 wird Liwschiz zusammen mit dem Rest der Regierung entlassen.

Und als Anatolij Tschubajs, der kühne Architekt der Privatisierungen und aktuelle Vize-Premier, plötzlich fordert, die Geschäftswelt solle endlich „nach den Regeln spielen, die der Staat aufstellt", reagieren die Oligarchen alarmiert. Nun sollen für sie Regeln gelten?

Kurz darauf wird ein Vertrauter von Tschubajs auf offener Straße erschossen. Der Vize-Premier selbst bekommt, so wird er berichten, von Beresowskij eine eindeutige Warnung: „Genosse, Sie sind ein kluger Mann und wissen, dass wir Sie vernichten können." Jeden Abend wird Tschubajs nun in den TV-Sendern Gussinskijs und Beresowskijs mit neuen kompromittierenden Storys über sich selbst konfrontiert – offenbar aus Abhörprotokollen, die gekaufte Mitarbeiter des Innenministeriums liefern. Am 23. März 1998 verkündet Präsident Jelzin die Entlassung des Vize-Premiers.

Während Beresowskij sich noch im Glanz dieses „Informationskrieges" sonnt, den er „gewonnen" habe, kommt die Industrieproduktion des Landes vollends zum Stillstand. Am 17. August 1998 muss Russland den Wechselkurs des Rubels freigeben. Die Konsequenz ist eine Abwertung um mehr als 50 Prozent – und die Rückkehr der Inflation.

Wieder sind es die Armen und die Mittelklasse, die ihre Ersparnisse verlieren und auf selbst gezogene Kartoffeln und Kohl zurückgreifen müssen, auf eingemachtes Kraut und Salzgurken. Der Staat kann keine Gehälter mehr an Pfleger und Lehrerinnen zahlen und im beißenden Winter Schulen und Krankenhäuser nicht mehr beheizen und mit Essen versorgen.

Zwar sind diesmal auch einige Bankiers betroffen – vor allem jene, die mit kurzfristigen Staatsanleihen spekuliert haben, die nun fast nichts mehr wert sind. Diejenigen Männer aber, die gegen Devisen Rohstoffe exportieren, profitieren in großem Stil: Ölprinz Michail Chodorkowskij etwa steigt zum reichsten Mann Russlands auf: Bis 2004 wächst sein Vermögen auf 15 Milliarden Dollar.

BORIS JELZIN

RUSSLANDS PRÄSIDENT glaubt fest an die Kraft des freien Marktes – und ermöglicht so den Aufstieg der Oligarchen

Immer selbstbewusster feiern die Oligarchen ihren Sieg über das Recht. Längst sind die Nachtklubs der Hauptstadt ihnen zu fad geworden – und zu öffentlich. Wie ihre Gewinne verschieben sie jetzt ihr Vergnügen ins Ausland: an die Côte d'Azur, auf Skipisten in Gstaad oder auf karibische Yachten, die sie bisweilen mit Helikoptern, Flugabwehrraketen und Mini-U-Booten ausrüsten. Sie schicken ihre Frauen zum Shopping nach Paris und ihre Kinder auf Schweizer Internate. Ihre Hauptstadt wird London: Dort warten 100-Zimmer-Häuser auf sie oder zu Wohnbunkern umgebaute frühere U-Bahn-Stationen.

Als aber Jelzin im September 1998 den Konservativen Jewgenij Primakow zum Premierminister ernennt, wird es ernst für die Wirtschaftsverbrecher: Erstmals seit dem Ende der UdSSR legt sich eine russische Regierung mit dem Konglomerat aus Oligarchie und Organisiertem Verbrechen an. Vor allem Beresowskij nimmt die Staatsanwaltschaft ins Visier – und erlässt gegen ihn im April 1999 einen Haftbefehl wegen „illegaler Geschäfte" und „Geldwäsche".

Doch als Jelzins Innenminister Sergej Stepaschin zu Beresowskijs Verteidigung eilt, wird der Haftbefehl kassiert. Dafür entlässt der Präsident am 12. Mai seinen übereifrigen Premier Primakow.

„Mein persönlicher Sieg", brüstet sich Beresowskij – und verschafft sich, um in Zukunft vor solchen Belästigungen sicher zu sein, bei den nächsten Wahlen einen Sitz im russischen Parlament, der ihm Immunität garantiert.

Sein immer stärker angeschlagener Gönner Jelzin aber wird nicht mehr lange zu halten sein. Daher sieht sich Beresowskij nach einem Nachfolger um – und stößt auf einen 46-jährigen Ex-KGB-Funktionär namens Wladimir Putin, jetzt Chef von Jelzins Geheimdienst FSB.

Dieses Amt verdankt der strebsame Technokrat Beresowskij: Der hat 1998 die Entlassung von Putins Vorgänger Nikolaj Kowaljow erwirkt, von dem der Oligarch sich verfolgt fühlte. Wunschgemäß säuberte der Neue die Führungsetage des FSB – und leitete vor allem eine Untersuchung gegen den Generalstaatsanwalt Jurij Skuratow ein, der nicht nur die Anklage gegen Beresowskij erhoben, sondern auch andere Mitglieder von Jelzins Entourage mit seinen Recherchen in die Bredouille gebracht hatte.

Putin gehört ebenfalls zu Jelzins Zirkel. Und so gilt er Beresowskij und dem übrigen Clan als Garant dafür, dass sich an ihren Privilegien auch nach dem Abgang des Patriarchen nichts ändern würde.

Mit seiner Medienmacht trommelt Beresowskij nun für seinen Favoriten. Und am Silvesterabend 1999 hält der Präsident mit schwerer Zunge eine Ansprache, in der er seinen Rücktritt erklärt – und Putin als Wunschkandidaten für seine Nachfolge präsentiert.

Doch die Magnaten haben sich verzockt. Der farblose Apparatschik ist nicht der willfährige Handlanger, auf den sie gehofft haben. Er ist ein Populist, der die Emotionen seiner Wähler virtuos bedienen kann – vor allem deren Sehnsucht, nach all den Jahren der Demütigung, Unsicherheit und Anarchie, nach einem starken Russland.

Umgehend kündigt er an, die Republik von der Herrschaft des Business zu befreien. Öffentlich beschuldigt er die Oligarchen, den Staat geplündert zu haben – ein Vorwurf, der ihm die Sympathien vieler verarmter Russen beschert.

Gleich nach Amtsantritt fordert er von den Tycoons die Rückzahlung aller Schulden. Er entzieht Beresowskij und Gussinskij die Kontrolle über ihre Fernsehsender (beide setzen sich ins Ausland ab). 2003 lässt er Michail Chodorkowskij wegen Steuerhinterziehung anklagen und zehn Jahre lang einsperren.

Boris Beresowskij wird 2013 in einem Badezimmer seines Landhauses nahe London aufgefunden, erhängt an einem Kaschmirschal. Andererseits darf etwa Wladimir Potanin, der gelernte Staatsdiener, sein Oligarchenleben in der Heimat fortsetzen: Er besitzt heute 16 Milliarden Dollar.

Denn die maßlose Bereicherung weniger Großverdiener hört nicht auf: Unter Putins Herrschaft verfügen die reichsten zehn Prozent der Menschen über 87 Prozent des Vermögens. Doch nun sind es *seine* Leute, die sich bereichern, Männer, die Putin gehorchen – vorzugsweise aus den Reihen seiner alten Kollegen aus den Geheimdiensten.

Eine neue Generation von Ultrareichen betritt die Bühne – Männer wie Gasprom-Chef Alexej Miller, Anfang der 1990er Jahre Putins Mitarbeiter in der Stadtverwaltung von Sankt Petersburg.

Oder Igor Setschin, Kopf der Ölfirma Rosneft, Geheimdienstler wie Putin und seinem Herrn seit Jahren ergeben. Auch die Matadore von Zukunftsbranchen wie der Telekommunikation hängen von der Gnade des Präsidenten ab – und denken nicht daran, der Regierung ihren Willen zu oktroyieren.

Nicht gegen den Staat soll die Gier jetzt arbeiten. Sondern für ihn. ◊

LITERATURTIPPS

PAUL KLEBNIKOV
»Godfather of the Kremlin«
Porträt Boris Beresowskijs. Der Autor fiel 2004 einem bislang ungeklärten Mord zum Opfer (Harcourt).

VADIM VOLKOV
»Violent Entrepreneurs«
Der Soziologe beschreibt, wie Kriminelle zu Unternehmern wurden (Cornell University Press).

IN KÜRZE

Die radikale Umstellung von Plan- auf Marktwirtschaft teilt Russland ab 1992 in wenige Reiche und viele Arme. Auch der Staat selbst nimmt durch den Wandel Schaden: Unterfinanziert und zerfressen von Korruption, überlässt er immer mehr Aufgaben wenigen Unternehmern, die zu den größten Gewinnern der Privatisierung werden – und um 1996 zu den wahren Herrschern Russlands. Bis sie den Fehler begehen, einen Funktionär namens Wladimir Putin zu Jelzins Nachfolger zu machen.

DER FLUCH DER FREIHEIT

Auch im Baltikum triumphiert eine friedliche Revolution. Deren Antreiber sind Dissidenten wie die Estin Lagle Parek. Doch aus der Heldin wird rasch eine Randfigur

TEXT: *Jens-Rainer Berg*

Die Innenministerin, die einst in einem Straflager eingesperrt war, tritt ihr Amt am 21. Oktober 1992 an. Fast fünfzig Jahre ihres bis dahin 51-jährigen Lebens hat sie unter der Sowjetmacht gelitten, ein Jahrzehnt hat sie gegen sie angekämpft, mehr als drei Jahre war sie deshalb sogar in Lagerhaft. Aber jetzt, da Moskaus Soldaten endlich fort sind und sie als Ministerin ihr Land selber gestalten kann, wird Lagle Parek nur ein gutes Jahr durchhalten.

Ihre Heimat, Estland, ist lange Zeit gar kein eigenständiger Staat. Als sie 1941 geboren wird, hat die UdSSR gerade das Baltikum besetzt und schickt sich an, Lettland, Litauen und Estland zu sozialistischen Republiken unter Moskaus Kontrolle umzuformen. Ihr Vater, ein estnischer Offizier, wird im Geburtsjahr der Tochter von den Besatzern hingerichtet. Acht Jahre später (nach zwischenzeitlicher deutscher Okkupation) deportiert das sowjetische Regime die restliche Familie nach Sibirien – so wie Tausende anderer Esten, die der Sowjetisierung angeblich im Wege stehen.

Lagle Parek kann erst 1955 in ihre Heimat zurückkehren, studiert Architektur, arbeitet in einem Amt für Denkmalschutz. Und entscheidet Ende der 1970er Jahre für sich, dass es genug ist mit der sowjetischen Herrschaft in Estland. Sie wird Dissidentin.

In dieser Zeit riskieren fast überall östlich des Eisernen Vorhangs Schriftsteller, Wissenschaftler, Ingenieure, Künstler und Studenten ihre Karriere, Freiheit, Gesundheit, um gegen das herrschende System zu protestieren. Manche wollen einen besseren Sozialismus, andere streben nach liberaler Demokratie, wieder andere denken vor allem religiös. Alle Dissidenten aber prangern die Menschenrechtsverletzungen im Ostblock an. Und in den Republiken an den Rändern der UdSSR geht es den Widerständlern häufig um nationale Selbstbestimmung.

So auch bei Lagle Parek. Sie veröffentlicht Hinweise über Grausamkeiten der sowjetischen Behörden, verbreitet verbotene Schriften, unterzeichnet Solidaritätsbekundungen für andere Aktivisten, hilft Familien politischer Gefangener.

1983 wird sie wegen „antisowjetischer Agitation“ zu sechs Jahren Arbeitslager verurteilt. Die Entbehrungen dort sind groß, mehrmals tritt sie mit anderen politischen Häftlingen in Hungerstreik. Als Michail Gorbatschow an der Spitze der UdSSR eine Phase der Offenheit ausruft, kommt sie schließlich 1987 wieder frei.

Und nun wird dank des etwas größeren Spielraums aus dem Kampf der wenigen Dissidenten eine Massenbewegung. Noch im gleichen Jahr organisiert Lagle Parek mit anderen eine Kundgebung in Estlands größter Stadt Tallinn, auf der Sprecher die Unabhängigkeit des Landes fordern; fast 3000 Menschen kommen. Bald darauf treffen sich Hunderttausende Esten auf mehreren Protest- und Liederfesten. Und im Sommer 1989 verabreden sich zwei Millionen Menschen im gesamten Baltikum zu einer 670 Kilometer langen Menschenkette von Litauens Großstadt Vilnius über Riga in Lettland nach Tallinn.

Die Wucht der Bewegung ist nicht mehr zu stoppen. Mit Gleichgesinnten hat Lagle Parek inzwischen die „Partei der nationalen Unabhängigkeit Estlands“ gegründet und ist deren Vorsitzende. Bei den ersten demokratischen Wahlen 1990 zieht sie als Abgeordnete in ein Übergangsparlament ein.

Zwei Jahre später – die lang ersehnte Unabhängigkeit ist endlich erreicht – kandidiert sie für das Amt des Staatspräsidenten. Sie scheitert zwar, wird aber Innenministerin.

Doch nach nur 13 Monaten muss sie ihr Amt angesichts der immer brutaler werdenden Kriminalität in der Umbruchszeit aufgeben. Schon 1994 zieht sie sich aus der großen Politik zurück. Es ist ein Schicksal, das sie mit vielen ehemaligen Dissidenten teilt: Im Sozialismus waren sie die Helden im Verborgenen, während des Umsturzes vielfach Idole. Aber in den Niederungen politischer Alltagsarbeit danach, in Parteien und Ministerien, werden sie aufgerieben. Lagle Parek sagt, nach der Unabhängigkeit sei ihr und ihren Mitkämpfern irgendwann das gemeinsame Ziel abhandengekommen.

Heute lebt sie in einem Kloster am Rande von Estlands Hauptstadt Tallinn und betreibt karitative Arbeit; sie sitzt im Vorstand einer großen Hilfsorganisation, die sich weltweit um benachteiligte Kinder kümmert.

Und ein wenig scheint es, als habe sie sich wieder auf ihr einstiges Tun besonnen: das beharrliche private Engagement dafür, die Verhältnisse besser zu machen.

Wie damals als Dissidentin. ◊

DIE ESTNISCHE DISSIDENTIN Lagle Parek zahlt einen hohen Preis für ihren Kampf gegen das Sowjetregime: Für Jahre muss sie ins Arbeitslager. Und als der ersehnte Umsturz endlich kommt, ist sie als Politikerin glücklos

DAS GRAUEN VON SREBRENICA

Als der Krieg im zerfallenden Jugoslawien 1992 die Teilrepublik Bosnien erreicht, nehmen die Kämpfe abermals an Brutalität zu, leidet vor allem die Zivilbevölkerung immer mehr. Seinen fürchterlichen Tiefpunkt findet der entfesselte Konflikt in der Umgebung der Kleinstadt Srebrenica. Betroffene erinnern sich

Im April 1992 wechselt der Hauptschauplatz des Jugoslawienkrieges nach Bosnien-Herzegowina. In der Vielvölkerregion haben Kroaten und muslimische Bosniaken (die die größte Bevölkerungsgruppe stellen) die Unabhängigkeit der Teilrepublik ausgerufen – gegen den Willen der Serben. Daraufhin rücken Streitkräfte des bosnisch-serbischen Generals Ratko Mladić vor und kontrollieren bald zwei Drittel Bosniens.

Bei den Kämpfen kommt es immer wieder zu Exekutionen von Gefangenen sowie massenhaften Vergewaltigungen, vor allem durch Serben. Als die Bosniaken die in einem Tal gelegene Kleinstadt Srebrenica im Mai 1992 von den Serben zurückerobern, strömen aus dem serbisch beherrschten Umland 60 000 muslimische Flüchtlinge in den vermeintlich sicheren Ort und dessen Umgebung.

Im April 1993 erklärt die UNO Srebrenica samt angrenzenden Regionen zur Schutzzone und entsendet Blauhelm-Soldaten, darunter das niederländische UN-Bataillon „Dutchbat". Die Serben (von den Muslimen in Anlehnung an frühere nationalistische Milizen „Tschetniks" genannt) aber schließen Srebrenica ein. Im Juli 1995 marschieren sie in die Schutzzone ein und beginnen, die Stadt zu beschießen.

„Enklave". Kalt und präzise, bezeichnet dieses Wort alle Unterschiede zwischen uns drinnen und denen draußen. Wir nannten Srebrenica niemals so, weil das absolut nichts mit unserer Wirklichkeit zu tun hatte. Wir nannten es „Kessel", „Ende der Welt", „Blinddarm".

Emir Suljagić, geb. 1975, Dolmetscher

Radikale gab es auf beiden Seiten. Nicht alle Bosniaken in der Enklave waren nur nett. Sie spritzten sich Morphium, bevor sie spätnachts in die Berge gingen, um Serben zu töten. Man konnte das als Selbstverteidigung bezeichnen, aber nur bis zu einem gewissen Grad. Die Serben wiederum benutzten das als Ausrede, um auf Zivilisten zu schießen.

Graziella Godain, Koordinatorin, Médecins Sans Frontières

Am 6. Juli habe ich meinen jüngsten Sohn beerdigt. Er wurde von einer bosnisch-serbischen Handgranate getötet. Als ich ihn beerdigte, konnte ich mir nicht vorstellen, dass es noch schlimmer werden könnte. Aber keine Woche später verlor ich den Rest meiner Familie; mein Mann und mein zweiter Sohn wurden auf der Flucht in die freie Zone von Tuzla gefangen genommen und getötet. Ich wartete mit Tausenden anderen Frauen in einem Flüchtlingslager auf ihre Ankunft, aber sie kamen nie.

Saliha Osmanović

Ich betrat das Krankenhaus am 6. Juli und habe es die nächsten fünf Tage nicht mehr verlassen. Es gab so viele Verletzte, dass ich ständig operierte. Nachts schlief ich höchstens zwei, drei Stunden. Das Stadtzentrum wurde stündlich bombardiert, und in den Randbezirken wurde gekämpft. Mir war vollkommen klar, was vor sich ging. Doch trotz aller Klarheit konnte ich mich nicht damit abfinden, dass dies das Ende war. Ich hatte immer

DAS MASSAKER von Srebrenica ist das größte Kriegsverbrechen in Europa nach 1945. Mehr als 8000 Muslime werden von bosnisch-serbischen Einheiten ermordet, fast alles Jungen und Männer im Alter von 13 bis 88 Jahren. Die Suche nach ihren Leichen dauert Jahre. Im Juli 2005 werden 610 identifizierte Opfer beigesetzt. Zuvor schauen Hinterbliebene, ob unter ihnen vermisste Angehörige sind

das Gefühl, da käme noch etwas, jemand würde uns retten, die internationale Gemeinschaft würde uns nicht fallen lassen.

Dr. Ilijaz Pilav, geb. 1964, Chirurg

Unsere Beobachtungsposten wurden von Kräften der bosnisch-serbischen Armee angegriffen. Sie wurden eingekreist, und den Soldaten blieb nichts anderes übrig, als ihre Ausrüstung abzugeben.

Oberst Thomas Karremans, UN-Officer, Dutchbat, Bataillonskommandeur

Vom Hügel aus konnten wir sehen, was vor sich ging. Panzer feuerten auf das Dorf. Wir sahen zu, wie ein Haus nach dem anderen zerstört wurde. Dann entdeckten wir etwa einen Kilometer von Srebrenica entfernt eine Panzerkolonne, Schützenpanzer und verschiedene Arten von Fahrzeugen. Die Fahrzeuge der Tschetniks säumten die gesamte Straße nach Srebrenica. Wir konnten sehen, wie sie alle Dörfer in der Umgebung bombardierten. Sie benutzten Geschosse, die beim Einschlag auf ihr Ziel explodieren, darum standen die Häuser sofort in Flammen. Die Tschetniks bombardierten genau die Orte, an denen sich die meisten Leute befanden.

Jasar Nadarević, Flüchtling*

Wegen des serbischen Vormarsches auf Srebrenica fordert Thomas Karremans, der Kommandeur des niederländischen UN-Bataillons in der Sicherheitszone, Luftunterstützung durch NATO-Piloten an. Als die ausbleibt, ziehen sich die UN-Soldaten in ihr Hauptquartier im sieben Kilometer entfernten, ebenfalls in der Schutzzone gelegenen Potočari zurück. Einen Teil der Flüchtlinge nehmen sie auf Lkw mit; andere muslimische Zivilisten folgen ihnen zu Fuß. Doch in Potočari ist nur Platz für 5000 Flüchtlinge – 20 000 campieren bald außerhalb des Geländes.

Es kam der verhängnisvolle 11. Juli. Die ganze Zeit hieß es, man würde uns beschützen. NATO-Jets flogen über Srebrenica, aber sie unternahmen nichts. Ich fragte meinen Mann: „Worauf wartest du noch? Siehst du nicht, dass die Leute panisch werden, dass sie versuchen, durch die Wälder zu fliehen?“ Er antwortete: „Das wird die Welt nicht zulassen.“ Welche Welt? Man kann sich nur auf sich selbst verlassen. Verlasse dich nicht dar-

* Name von der Redaktion geändert

auf, dass die Welt dich beschützen wird. Meine Tochter und ich mussten unser Haus verlassen. Mein Mann und mein Sohn blieben, sie wollten am nächsten Tag versuchen, durch die Wälder zu entkommen. Ich habe sie nie wieder gesehen.
Fadila Efendić

Als die Bombardierung am 11. Juli einsetzte, flohen alle Flüchtlinge nach Potočari, zum Gelände des UN-Bataillons.
Thomas Karremans

Am 11. Juli ordnete ich um 1.00 Uhr nachts die Evakuierung des Krankenhauses an. Ich ging zu einem der holländischen Stützpunkte in der Nähe und wollte sie überreden, die verwundeten Patienten aufzunehmen. Zu diesem Zeitpunkt befanden sich die Tschetniks 500 Meter weiter unten an der Straße; die Stadt war menschenleer. Ich konnte kein Krankenhaus voll verletzter Männer zurücklassen, weil ich wusste, dann würde es ein Schlachthaus werden. Ich stand vor einem verschlossenen Tor und Stacheldraht. Ein UN-Offizier kam und erklärte mir, sie wollten nicht in etwas verwickelt werden, das seinen Worten zufolge ein „Konflikt zwischen Muslimen und Serben" sei. Da reichte es mir. Ich hatte nicht mehr die Zeit oder die Manieren, geduldig mit jemandem dieser Überzeugung zu sprechen. Ich war furchtbar wütend und schrie ihn an, sagte: „Wenn Sie jetzt nicht sofort dieses Tor aufmachen, reiße ich es nieder. Ich muss meine Patienten in Sicherheit bringen." Wahrscheinlich spürte er, dass ich zu allem bereit war, gar zur Waffe greifen würde. Er ließ uns hinein.
Dr. Ilijaz Pilav

Den ganzen Tag sagten die UN-Truppen, es käme Hilfe, doch bei Einbruch der Dunkelheit war nichts passiert. Langsam sickerte durch, dass UN-Soldaten ihre Positionen verließen und sich widerstandslos zurückzogen. Wir waren schockiert. Sie hatten Srebrenica vollkommen entmilitarisiert; bosniakische Soldaten mussten ihre Waffen abgeben. Und nun machte die UN einen Rückzieher.
Hasan Hasanović, geb. 1975

Tausende Menschen strömten nach Potočari. Die einen kamen zu Fuß, die anderen trafen auf weißen UN-Lastwagen aus Srebrenica ein: In Trauben hängend hielten sie sich an den Seitenwänden des Anhängers fest oder saßen auf dem Führerhaus, sodass die Soldaten hinter dem Lenkrad große Schwierigkeiten beim Fahren hatten. Sie stiegen von den Lastwagen, die sogleich in das UN-Lager fuhren, oder versammelten sich auf einem kleinen Areal zwischen drei Fabrikgebäuden. In den verlassenen Hallen suchten sie Zuflucht vor der kommenden kalten Nacht; allerdings blieben die meisten Menschen draußen, im Freien.
Emir Suljagić

SERBISCHE PARAMILITÄRS misshandeln und töten bei Kämpfen in Bosnien Tausende muslimische Zivilisten, hier in der Stadt Bijeljina

Die Menge wurde von Minute zu Minute größer, weil Muslime aus den Bergen kamen und zu uns stießen. Die Leute waren in sehr schlechter Verfassung. Sie hatten kein Wasser, keine Lebensmittel, kaum Kleidung. Sie hatten Angst, das konnte man sehen. Es war schrecklich.
Gefreiter David Vaasen, Dutchbat

Meine betagten Eltern gingen zum UN-Stützpunkt, meine zwei Brüder und ich liefen in den Wald. Das Ganze war ein Riesendurcheinander. Man bewegte sich einfach mit der Kolonne Ständig wurde auf Leute geschossen – es kam zu einer Massenpanik, überall starben Leute. Wir hatten keine Ahnung, wo wir waren. Es war wie am Tag des Jüngsten Gerichts.
Hajrudin Mešić, geb. 1974

Wir waren inmitten von Tausenden Männern, von Jugendlichen bis zu ausgezehrten Greisen. Wir liefen in Richtung Tuzla, dem nächsten muslimischen Territorium. Zu Fuß sind es von Srebrenica gut 100 Kilometer nach Tuzla, und man muss jede Menge unebenes Gelände, Berge, Flüsse und sogar Minenfelder passieren. Es würde kein leichter Marsch werden, aber wir hatten keine andere Wahl. Wir wollten leben.
Hasan Hasanović

Wir mussten die Flüchtlinge aufteilen, weil es so viele waren. Etwa 4000 bis 5000 brachten wir in Potočari auf unserem Gelände unter, dann war es bis zum Bersten voll. Vor dem Gelände befanden sich noch weitere 15 000 bis 20 000 Personen, und wir nutzten zwei oder drei ausgebombte Fabriken in der unmittelbaren Nähe des Geländes.
Thomas Karremans

Es herrschte absolutes Chaos. Frauen liefen weinend umher und suchten ihre Kinder, Angehörigen oder Freunde. Kinder riefen nach ihren Müttern. Frauen, Männer und Kinder mit Schusswunden und anderen Verletzungen fragten nach einem Arzt. Leute fielen in Ohnmacht. Bei einigen Schwangeren setzten wegen der Anspannung vorzeitig die Wehen ein.
Leutnant Eelco Koster, Dutchbat

Alle in der Fabrik lagen auf dem Boden: Alte, Kinder, Frauen. In einer Ecke brachte eine Frau ihr Kind zur Welt, in einer anderen lag eine im Sterben. Was sollten wir mit ihr tun? Sollten wir sie hinausschaffen? Es war nicht so, dass einer gekommen war, um sie zu töten, aber sie starb einfach aus Angst. Eine Frau hatte entbunden, ihr Kind schrie, und einmal wusste ich gar nicht, ob es tot oder lebendig war. Die Frau hatte nichts zu essen, um den Säugling zu stillen. Eine andere Frau hatte ihr Kind vor zwei Tagen zur Welt gebracht und flehte inständig, jemand möge ihr einen Tropfen Milch oder Zucker für das Baby geben. Überall schrien und starben Kinder. Eine Frau erhängte sich aus Angst.

Fadila Efendić

Bei jeder Explosion hörte man einen kollektiven Schrei. Panik brach aus, die Menge setzte sich in Bewegung, begriff aber schnell, dass sie nirgends hinkonnte.

Emir Suljagić

Am 12. Juli trifft General Mladić in Potočari ein. Manche seiner Soldaten beginnen, die Flüchtlinge zu bedrohen und zu schlagen. Darunter sind auch paramilitärische Einheiten. Sie werden in den nächsten Tagen viele der schlimmsten Verbrechen begehen.

Am 12. Juli kam Mladić mit seiner Leibwache und anderen ranghohen Soldaten auf das UN-Gelände. Er ging auf muslimische Flüchtlinge zu, er hatte ein Kamerateam dabei, und die Soldaten begannen dann, Süßigkeiten in die Menge zu werfen. Als Erstes haben sie gefilmt, was Mladić zu den Leuten sagte, und die Leute, die vor ihm standen, waren ein bisschen verängstigt. Dann hat der Kameramann die Filmkamera ausgeschaltet, und danach haben die Soldaten den Leuten die Süßigkeiten wieder weggenommen und sie getreten, sogar die Kinder.

David Vaasen

Die Serben verlangten, das Lager zu inspizieren, um sicherzustellen, dass keine bosnischen Kämpfer da waren. Den Holländern wurde befohlen, die Waffen abzulegen. Das taten sie auch. Als serbische Offiziere in der Halle erschienen, wo Hunderte Flüchtlinge bis zu den Knöcheln im Schmutz standen, begannen die Frauen zu schreien, einige fielen in Ohnmacht, die Kinder fingen an zu weinen.

Emir Suljagić

Als die Tschetniks zu den Fabriken kamen, fingen die Leute an zu schreien. In der Nacht auf den 12. Juli schalteten sie das Licht aus, nur in einer Ecke brannte eine Lampe. Die ganze Nacht über waren Schreie zu hören. Man wusste nicht, woher sie kamen. Kinder, Frauen und Männer – jeder schrie. Als ich mich am Morgen umsah, stellte ich fest, dass die Hälfte der Leute verschwunden war.

Šuhra Sinanović

DIE SERBISCHEN FÜHRER Slobodan Milošević, Ratko Mladić und Radovan Karadžić (v. l.) erobern große Teile Bosniens

Drinnen war es sehr dunkel. Und hinten in der Fabrik hörten wir seltsame Geräusche, also sind wir hingegangen, und als wir dort waren, haben wir eine Frauenstimme gehört. Wir haben die Taschenlampen angemacht und zwei serbische Soldaten gesehen. Einer stand Schmiere, und der andere lag auf einem Mädchen, die Hosen runter. Sie sind weggerannt. Das Mädchen lag auf einer Art Matratze. Auf der war Blut, und auch das Opfer war blutverschmiert. Es stand komplett unter Schock, drehte völlig durch.

David Vaasen

Die ganze Nacht über brachten sie Frauen und Mädchen weg. Ein neunjähriges Mädchen wurde vor aller Augen vergewaltigt. Ich war keine zehn Meter davon entfernt und hörte es schreien.

Kada Hotić, geb. 1945, Näherin

Ein etwa drei Monate altes Baby schrie. Ein Tschetnik befahl seiner Mutter, es zu beruhigen, aber es gelang ihr nicht. Da schnitt er dem Baby den Kopf ab.

Munira Subašić, geb. 1948

Ich sah, wie Leute den Verstand verloren. Ich sah ungefähr sieben Menschen, die sich in der Fabrik erhängten – sechs Männer und eine Frau, die, so hieß es, vergewaltigt worden war.

*Hajran Halilović**

Es gab Muslime, die sich erhängt haben, weil sie entsetzliche Angst hatten. Die anderen sahen nicht hin. Manche nahmen Kleidungsstücke, um sich aufzuhängen.

David Vaasen

Die Leute auf dem Gelände begingen Selbstmord, warfen erst ihre Kinder aus dem Fenster und sprangen dann selbst hinterher. Sie wollten auf keinen Fall den Serben in die Hände fallen. Wenn du das siehst und dann ein verletztes Baby in die Hand gedrückt bekommst, und du siehst, wie die Leute runterspringen, das vergisst du nie. Niemals.

Derk Zwaan, Dutchbat

Manchmal werde ich gefragt: „Du hattest ein Gewehr, warum hast du nicht geschossen?" Aber was wäre passiert, wenn ich einen Serben erschossen hätte? Wir wussten, dass die Serben zu diesem Zeitpunkt verrückt waren. Es gab nichts mehr, was ich hätte tun können.

Boudewijn Kok, Dutchbat

Wir waren zum Schutz der Zivilbevölkerung hier. Hätten wir das Feuer auf die Serben eröffnet, hätten wir unseren UN-Status verloren, und man hätte uns als Feind betrachtet. Wäre das geschehen, wäre jeder Schutz für die Bevölkerung und die UN-Mitarbeiter unmöglich gewesen.

Hauptmann Jelte Groen, Dutchbat

Die Serben näherten sich und sagten, wir sollten keine Angst haben, sie würden uns nach Tuzla bringen. General Mladić trat vor die Fabrik. Er sagte, wir sollten uns bereithalten, um nach Tuzla zu gehen. Es würden Busse kommen. Er sagte, alle Frauen und Kinder könnten problemlos gehen, nur Männer über 16 Jahre nicht. Er wurde von holländischen Soldaten eskortiert.

*Hamra**

Ich erinnere mich, dass General Mladić zu den Flüchtlingen sprach und ihnen noch mal sagte: „Keine Panik. Ihr seid alle in Sicherheit. Ihr werdet alle in die Gebiete evakuiert, die unter der Kontrolle der Armee von Bosnien-Herzegowina stehen. Zuerst die Alten und Gebrechlichen, dann die Mütter mit den Kindern und dann auch die anderen."

Nesib Mandžić, geb. 1962, Lehrer

Eine der Forderungen von Mladić an uns war, die Männer zwischen 16 und 60 Jahren auszusondern, um zu überprüfen, ob es sich um Kriegsverbrecher oder um Soldaten handele. Es war offensichtlich, dass sie die Männer von den Frauen trennen wollten. Unter den gegebenen Umständen war nichts falsch an diesem Verfahren, denn bei einer großen Anzahl von Gefangenen ist es normal, sie zu trennen. Aber ich hatte eine Ahnung – nein, ich hatte meine Befürchtungen –, was den Männern danach widerfahren würde.

Major Robert Franken, Dutchbat, stellvertretender Bataillonskommandeur

GEFANGENE GEGNER pferchen die serbischen Kämpfer oft wie Vieh ein, lassen sie hungern, misshandeln sie (hier Kroaten und Muslime in einem früheren Stall). Hunderte Frauen werden entführt und vergewaltigt

Jeder hatte Angst. Die Holländer hatten Angst. Wir hatten Angst, aber ich weiß nicht, wer mehr Angst hatte. Ich glaube, wir hatten viel mehr Grund, Angst zu haben, als die Holländer. Soweit ich weiß, sind die alle sicher heimgekommen.

Hasan Nuhanović

Ratko Mladić und Thomas Karremans vereinbaren, dass die muslimischen Flüchtlinge mit Bussen aus Potočari in von bosniakischen Truppen kontrollierte Gebiete um Tuzla gebracht werden sollen. Jeeps der Holländer sollen sie eskortieren.

Die Familien fingen an, auf die Lkw zu steigen. Alle schrien. Kinder weinten. Alle bewegten sich gleichzeitig auf den Eingang zu, wo auch Busse standen.

Ćamila Omanović, geb. 1953

Wir passierten die Linie der holländischen Soldaten, und ich sah sofort, dass die Tschetniks in einer Reihe entlang der Straße standen. 100 Meter weiter standen die Busse und Lastwagen bereit für die Deportation. Mein Sohn und ich gingen langsam, Arm in Arm; 50 Meter hinter uns waren andere Leute und vor uns ebenfalls, immer in Zweierreihen. Als wir zu den Tschetniks kamen, sagten sie sofort, mein Sohn müsse nach rechts und ich geradeaus gehen. Wir hörten nicht auf sie und gingen einfach zusammen geradeaus weiter. Aber das war nicht gut; sie folgten uns sofort und sagten, er müsse nach rechts und ich weiter geradeaus.

Ich wollte das nicht, aber sie packten ihn. Ich zog ihn an mich, und sie zerrten ihn weg. Ich flehte sie an, ihn loszulassen: „Bitte, tun Sie das nicht, er ist mein einziges Kind, er hat keinem etwas getan; wenn jemand schuldig ist, dann ich – nehmen Sie mich." Sie schimpften, schubsten und schlugen mich, ich konnte nichts tun. Sie waren stärker und bewaffnet, und sie nahmen mir mein Kind.

Sabaheta Fejić

Es ging sehr, sehr hart zu. Manche wurden getreten oder sogar geschlagen. Sie haben ihre Waffen benutzt, Gewehrkolben, und sie überall getroffen. Als sie die Männer wegholten, war es noch schlimmer, weil die Kinder versuchten, sich an den Vätern festzuklammern.

David Vaasen

Mein Vater war direkt vor mir. Vor dem Panzer bog er mit den anderen Männern zusammen nach links ab. Ohne darüber nachzudenken, lief ich mit den Frauen und Kindern geradeaus weiter. Nach ein paar Metern streckte sich eine Hand nach mir aus und ergriff meine rechte Schulter. Ich drehte mich um. Es war ein serbischer Soldat, ein Nachbar von mir aus Srebrenica. Er steckte mir eine Decke zu und machte mir ein Zeichen, sie mir um den Kopf zu legen. Er rettete mir das Leben.

*Ahmed**

Die Männer wurden von den Frauen getrennt und in einem weißen Haus etwa 400 Meter außerhalb unseres Haupttors verhört. Mir wurde immer häufiger gemeldet, dass die Verhöre mit körperlicher Gewalt durchgeführt wurden, deshalb schickte ich Männer zu dem Haus, um zu überprüfen, ob die Anzahl der Männer, die hineinging, der entsprach, die herauskam. Wenn sie herauskamen, wurden sie in einen blauen Bus gebracht, und dieser Bus verließ mit den anderen Bussen die Enklave. Wir wollten den blauen Bus eskortieren, wurden aber von serbischen Kräften aufgehalten, und wenn dieser Bus zu einer Kolonne von 20 Bussen gehört, die durch ein Dorf fährt, und man nur ein oder zwei Jeeps als Begleitfahrzeuge hat, sieht man erst außerhalb der Stadt, dass ein paar Busse verschwunden sind. Es gelang uns also nicht, den blauen Bus zu eskortieren.

Robert Franken

Sie verwendeten normale Verkehrsbusse. Sie fuhren bei dem weißen Haus vor, brachten die Männer in die Busse und fuhren wieder weg. Etwa 15 oder 20 Minuten später kamen sie zurück.

David Vaasen

Es wurde immer ernster und brutaler. Am Abend des 12. Juli war klar, dass wir nicht mehr die Kontrolle hatten, denn unsere Patrouillen wurden von bewaffneten Serben aufgehalten, die unseren Leuten zahlenmäßig überlegen waren.

Robert Franken

In der Nacht des 12. Juli tauchten serbische Soldaten auf und verlangten, dass ich ihnen meine Waffe gebe, die Schutzweste und den Helm. Ich sagte nein.

Da lud einer der serbischen Soldaten sein AK-47 durch, richtete den Lauf auf meinen Kopf und sagte, ich sollte mein Zeug hergeben, sonst würde ich erschossen. Also habe ich meine Ausrüstung abgegeben, meine Waffe, meine Schutzweste, alles.

David Vaasen

Es war eine schlimme, entsetzliche Nacht, voller Angst und Geschrei. Man hörte jemanden schreien, und dann standen 15 000 Leute, auf und schrien alle zusammen. Können Sie sich 15 000 Menschen vorstellen, die gleichzeitig schreien?

Sabaheta Fejić

Nur am ersten Tag, am 12. Juli, schickten die Offiziere des niederländischen Bataillons tatsächlich Soldaten und Fahrzeuge mit, um ein paar von den Bussen mit Bosniaken zu eskortieren. Aber auf dem Weg stießen laut Major Franken seine Männer auf Behinderungen durch serbische Kämpfer. Sie schikanierten sie. Sie beschlagnahmten ihre Fahrzeuge. Am folgenden Tag, dem 13. Juli, ging die Deportation weitgehend ohne jede Eskorte oder Präsenz der UN-Truppen weiter.

Nesib Mandžić

Insgesamt verloren wir etwa 33 Fahrzeuge. Sie wollten niemanden in der Nähe haben, das war offensichtlich. Ich beschwerte mich mehrmals bei einem Colonel Janković, der auf serbischer Seite die zentrale Figur zu sein schien, und er meinte, er werde sich darum kümmern, fügte aber hinzu, dass er nicht alle Milizen unter Kontrolle habe. Sie würden sich darum kümmern, wenn ich ihnen genaue Zahlen gebe, aber das taten sie nie.

Robert Franken

Ich suchte den stellvertretenden Kommandeur des holländischen Bataillons auf und bat ihn, dieser Art von Evakuierung, die streng genommen keine war, Einhalt zu gebieten; es war eine sehr grausame Deportation. Ich weiß noch, dass Major Franken sagte: „Unmöglich." Und: „Ich tue mein Bestes."

Nesib Mandžić

Er bat mich, die Evakuierung zu stoppen, weil er befürchtete, dass die Serben alle töten würden. Ich erwiderte, dass auch ich um die Männer fürchtete, er aber im Grunde von mir verlangte, mich zwischen Tausenden Frauen und Kindern und den Männern zu entscheiden.

Robert Franken

1993 ENTSENDET die UNO mehrere Tausend Blauhelmsoldaten nach Bosnien – zum Schutz der Zivilbevölkerung

DAS GEBIET um Srebrenica, in das Zehntausende Muslime vor den Kämpfen geflüchtet sind, erklärt die UNO zur Schutzzone

Hasan Nuhanović hatte seit April 1993 als Dolmetscher bei der UN-Mission gearbeitet. In dem Chaos, das auf den 11. Juli 1995 folgte, versuchten wir, seinen 19-jährigen Bruder Muhamed aus der Enklave zu schmuggeln, nachdem wir begriffen hatten, dass die Männer aus Potočari irgendwo zwischen Bratunac und Tuzla spurlos verschwanden.

Wir setzten seinen Namen auf die Liste der einheimischen Mitarbeiter, und ich brachte sie zu Major Franken, der sie vor der Weitergabe an die serbischen Offiziere überprüfen wollte. Muhameds Name war der letzte, der 18. auf der Liste.

Franken studierte die Liste gründlich, um dann mit einem Blick über seine Brillengläser hochmütig zu sagen: „Dieser junge Mann arbeitet nicht für die UN!" und seinen Namen zu streichen, wohl wissend, dass er ihn in den sicheren Tod schickte.

Ich habe gesehen, völlig erstarrt, wie er sich über den Tisch beugte, die eine Hand lässig in die Hüfte gestützt, und nach einem neonrosafarbenen Filzstift griff.

Unter den kurzen und energischen Strichen war noch immer der mit blauem Kuli geschriebene Name zu erkennen – so groß wie ein ganzes Leben.

Emir Suljagić

ALS DIE SERBEN im Juli 1995 Srebrenica angreifen, ziehen sich die überforderten UN-Soldaten zurück – und lassen die Zivilisten im Stich

DER UN-KOMMANDEUR Thomas Karremans (2. v. r.) lässt sich beim Drink mit dem Serbengeneral Ratko Mladić (l.) fotografieren

Mein Konvoi aus Potočari bestand aus sieben Bussen. Entlang der Straße sah ich überall Leichen und gefangene Männer aus Srebrenica. Viele Frauen in meinem Bus erkannten die Gefangenen. Zwischendurch stiegen Tschetniks in unseren Bus und durchsuchten ihn nach Geld oder Schmuck.

*Tesmija Jahić**

Wir hörten, dass einige Fahrer in Ordnung waren und nicht anhielten, um serbische Soldaten einsteigen zu lassen, aber unserer gehörte nicht dazu. Serbische Zivilisten und Soldaten stiegen ein und verlangten alles, was Wert hatte. Ich sah, wie Leute aus anderen Fahrzeugen in unserem Konvoi weggeschleppt wurden. Wir hatten entsetzliche Angst.

Selbst als wir unser Ziel erreicht hatten, riefen Gruppen von Tschetniks nach Namen und suchten Leute aus bestimmten Dörfern und Städten. Leute wurden an den Straßenrand und außer Sichtweite gezerrt.

Ein Tschetnik packte mich am Arm und befahl, ich solle ihm hinter einen Bus folgen. Ich sah, dass niemand in diese Richtung ging. Er sagte, dort sei ein Invalide, der Hilfe brauche. Ich hatte Angst, weil ich wusste, dass er log. Er meinte, ich könne gleich wieder zurück, aber als er seine Aufmerksamkeit jemand anderem zuwandte, riss ich mich los und tauchte in der Menge unter.

*Nefisa Pašalić**

Wir mussten zu Fuß bis nach Kladanj gehen. Ich sah jede Menge Tote am Straßenrand liegen. Einem Mann hatte man die Kehle durchgeschnitten, aber er war noch nicht ganz tot. Er schnappte immer noch nach Luft. Die Tschetniks wollten, dass wir uns von den Straßenrändern fernhielten und nicht in die Nähe des Baches gingen, weil es gefährlich sei. Aber das verlangten sie nur, weil dort überall Leichen lagen.

*Nevresa Nišić**

Am 12. Juli erhielt ich einen Anruf von Bernard Pécoul und Eric Goemaere, den Generaldirektoren von MSF Frankreich und MSF Belgien, die mir mitteilten, dass freiwillige MSF-Mitarbeiter vor Ort gesehen hatten, wie Leute in Busse gebracht wurden, und dass sie ein schlechtes Gefühl dabei hatten.

Es war 10.00 Uhr, und ich wusste, dass in Den Haag am Mittag ein kleines parlamentarisches Treffen über das gefallene Srebrenica anberaumt war. Ich rief in Den Haag an, um mit Parlamentsmitgliedern zu sprechen, und bat sie, den Schutz von Zivilisten auf die Tagesordnung zu setzen. Inzwischen war es 11.00 Uhr, die Abgeordneten waren bereits im Sitzungssaal. Ich nahm ein Taxi und kam 45 Minuten später in Den Haag an.

Bei meiner Ankunft hatte der Minister sein Briefing bereits beendet. Es hatte nicht einmal eine halbe Stunde

MARSCH INS VERDERBEN

Die vergebliche Flucht der Muslime

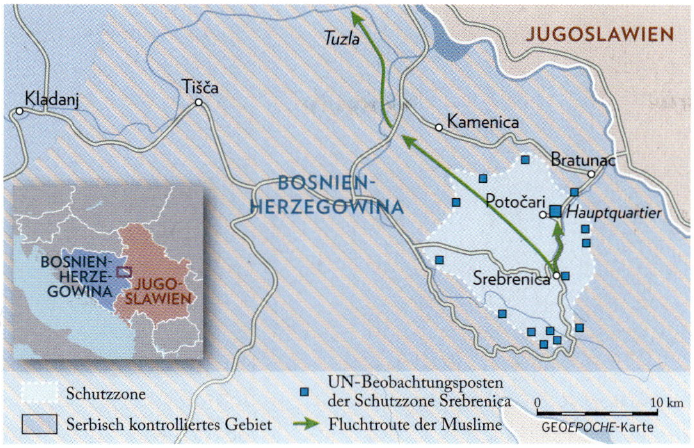

TAUSENDE MUSLIME fliehen aus Srebrenica in die UN-Basis Potočari, doch auch dort übernehmen die Serben das Kommando. Andere versuchen, direkt in das ebenfalls zur Schutzzone erklärte Tuzla zu gelangen – und fallen oft feindlichen Patrouillen in die Hände

gedauert. Auf meine Frage an die Abgeordneten, worüber sie gesprochen hätten, sagten sie: „Wir haben über die Situation der holländischen Truppen gesprochen."

Dann fragte ich: „Haben Sie über den Schutz der Zivilbevölkerung diskutiert?" Ihre Antwort: „Wir wollten dieses Problem nicht ansprechen, weil Familienangehörige von Soldaten im Raum saßen. Es hätte der Eindruck entstehen können, dass uns die holländischen Soldaten dort drüben nicht wichtig sind."

In den Niederlanden war es zu der Zeit unmöglich, über dieses Thema zu sprechen. Es herrschte ein totaler Blackout, absolute Lähmung.

Dr. Jacques de Milliano, Generaldirektor Médecins Sans Frontières, Niederlande

Für die niederländische Bevölkerung ging es darum, dass „unsere armen Jungs dort waren, und diese bösen Serben machen ihnen das Leben schwer". Alles drehte sich um die holländischen Soldaten und nicht um die bosnische Bevölkerung.

Wouter Kok, Médecins Sans Frontières, Niederlande

Bis zum 13. Juli bringen serbische Truppen Tausende männliche Bosniaken in serbisches Gebiet rund um die Stadt Bratunac, sperren sie in Lagerhallen und Schulen. Noch am gleichen Tag fahren sie die ersten Gefangenen mit Bussen an abgelegene Orte, reihen sie auf – und erschießen sie.

Mein Mann küsste die Kinder. Schluchzend nahm er den Ältesten in die Arme und sagte: „Mein Sohn, vielleicht siehst du deinen Vater nie wieder." Er weinte, dann nahm er seinen Jüngsten, Omer, in die Arme und sagte: „Mein Sohn, vielleicht siehst du deinen Vater nie wieder." Der ganze Krieg, alles, was wir durchgemacht haben, war nicht so grausam wie dieser Abschied, dieses Lebewohl. Er ging zum Jüngsten, dann nach hinten. Er stand am Zaun, weinte. Dann ging er weg.

Nermina Smajlović

Nach einem stundenlangen Fußmarsch versammelten sich alle von uns, die am 11. Juli aus Srebrenica geflohen waren, bei Kamenica, etwa 60 Kilometer von Tuzla entfernt. Ich dachte, wir würden uns ein wenig ausruhen, aber wieder einmal setzten Schüsse ein. 1000 Männer wurden auf der Stelle niedergemäht. Denen, die sich an der Spitze der Kolonne befanden, gelang die Flucht in den Wald.

Außer Sichtweite hörten wir stundenlang serbische Stimmen aus den Lautsprechern. Sie versprachen Sicherheit, Schutz und Essen. Sie sagten, sie würden uns nichts tun und wir sollten aus unseren Verstecken kommen. Da sämtliche Straßen von Panzern blockiert waren, blieben uns nur zwei Möglichkeiten: im Wald bleiben oder aufgeben und getötet werden. Wer aufgab, wurde aufgefordert, sich an seine Verwandten zu wenden, um sie ebenfalls zum Aufgeben zu bewegen.

Männer riefen die Namen ihrer Väter, Söhne, Brüder; sie versicherten ihnen, dass sie nichts zu befürchten hätten und dass die Serben ihnen nichts zuleide tun würden. Dieser Tag war der blutigste von allen für die Kolonne.

Später erfuhren wir, dass sie am 13. Juli Tausende von Männern gefangen genommen, gefoltert und anschließend getötet haben.

Hasan Hasanović

Wir hatten uns im Wald verirrt, wir wussten nicht, wohin wir gehen sollten. Serbische Soldaten riefen durch ein Megafon: „Kommt raus oder ihr werdet getötet. Ihr werdet gemäß der Genfer Konvention behandelt." Barfuß, ausgehungert, durstig, erschöpft, verängstigt und unsere Verwundeten tragend, gingen wir am 13. Juli raus auf die Straße.

Die serbischen Soldaten verhielten sich korrekt, bis wir uns ergaben. Rund 2000 Männer und Jungen wurden auf Lkw verfrachtet und in den Tod gekarrt. In den abgedeckten Lastwagen wurden wir in verschiedene Richtungen gefahren und dann zu einem Feld gebracht, wo wir erschossen werden sollten.

Nedžad Avdić, geb. 1978

Vom weißen Haus in Potočari brachten sie uns zu Bussen, die uns nach Bratunac zur alten Schule fuhren. Wir gaben sämtliche Taschen und unser gesamtes Essen

IN LAGERN sperren die Serben Tausende Zivilisten ein, drangsalieren sie – und sondern irgendwann die Männer ab

NACH UND NACH bringen die Serben die Männer weg (TV-Bild). UN-Soldaten ahnen Schreckliches – greifen aber nicht ein

DIE SERBEN REIHEN ihre Opfer in Wäldern, an Straßen auf und erschießen sie. Die Morde dauern tagelang

ab. Und wer auch immer eine Uhr, eine Tabakdose oder einen Nagel, ein Messer, eine Rasierklinge bei sich hatte, den Besitz solcher Sachen haben sie uns streng verboten. Ein Serbe, eine Art Polizist, kam und fing an, einen Mann zu schlagen, mit seinem Gewehr schlug er ihm von oben auf den Kopf. Blut strömte über sein Gesicht und sein Hemd.

Ungefähr eine Stunde lang blieb dieser blutende Mann unter uns, bei uns. Eine Stunde später erschien der Serbe wieder an der Tür und winkte ihm zu – zeigte mit dem Finger auf ihn und brüllte: „Du kommst mit raus." Der Mann zögerte, aber er musste aufstehen und hinausgehen. Wir hörten nur seine Schmerzensschreie, und Stöhnen, und wie die Stimme immer schwächer wurde, als das Leben langsam aus ihm wich.

Und das geschah dann ständig. Sie wurden weggebracht – gleichgültig, ob es Tag oder Nacht war. Man hörte nur Schmerzensschreie, Stöhnen. Ich traute mich nicht, aus dem Fenster zu schauen, weil man sonst beschossen wurde. Man musste sich hinlegen, um nicht durch das Fenster erschossen zu werden.

*Hesim Imamović**

Die Klassenzimmer waren voller Gefangener aus Srebrenica. Als ich hineinging, sah ich zwei zusammengeschlagene Männer auf dem Boden liegen. Sie waren blutverschmiert und zeigten keine Lebenszeichen. Die Fenster in dem Klassenzimmer waren geschlossen; wir saßen nebeneinander auf dem Fußboden. Tische und Stühle gab es nicht. Nur die Tafel stand noch da. Dort wurden wir verhört und misshandelt. Ich zog mich aus und legte meine Papiere auf einen Haufen. Unsere Kleider mussten wir auf einen anderen Haufen legen. Die Hosentaschen mussten nach außen gekehrt werden. Außerdem mussten wir unsere Schuhe und Socken ausziehen. Sie fesselten uns die Hände auf dem Rücken und schlugen uns wieder. Danach brachten sie uns in eine andere dunkle Ecke.

Dort hielten sie uns eine Weile, gefesselt. Später am Abend mussten wir gefesselt, nackt und barfuß auf einen Lkw klettern. Zuvor mussten wir eine Treppe nach unten rennen und kamen an einem Stockwerk vorbei, wo ich ebenfalls viele tote Männer und Blut auf dem Fußboden sah. Die Lkw standen vor der Tür zum Treppenhaus. Sie fingen an, uns auf den Rücken zu schlagen. Sie schossen auf unsere Füße, und viele wurden verwundet.

*Hussein Šehić**

Ich hörte den Oberstleutnant sagen, die Busse seien unterwegs. Dann kam Brano Gojković und erklärte uns, es würden Busse mit Zivilisten aus Srebrenica kommen. Ich und ein paar andere erhoben Einspruch, wir sagten: „Was sollen wir denn hier tun?" Und er sagte, wir würden diese Leute erschießen müssen.

Dražen Erdemović, geb. 1971, bosnisch-serbischer Soldat

Vor der Exekution wurden wir gezwungen, uns auszuziehen. Einer der Soldaten fesselte uns die Hände auf dem Rücken. In diesem Moment wurde mir klar, es war das Ende.

Auf dem Lkw versuchte ich mich hinter den Männern zu verstecken, weil ich noch ein paar Sekunden leben wollte. Die anderen machten das gleiche. Schließlich musste ich hinausspringen. Man befahl uns, uns in Fünferreihen aufzustellen. Ich dachte, ich würde schnell sterben, ohne leiden zu müssen, und dass meine Mutter nie erfahren würde, wo es mit mir zu Ende ging.

Im gleichen Moment begannen sie, uns in den Rücken zu schießen.

Nedžad Avdić

Den Männern vor uns befahl man, uns den Rücken zuzukehren. Als sie mit dem Rücken zu uns standen, haben wir auf sie geschossen. So wurden Gruppen hergeführt: Die Männer drehten uns den Rücken zu, und wir haben die Gruppe erschossen, die vor uns stand.

Dražen Erdemović

Ich wusste nicht, ob ich das Bewusstsein verlor, aber ich lag blutend und zitternd auf dem Bauch. Man hatte mich im Bauch und am rechten Arm getroffen. Das Schießen ging weiter, und ich sah, wie reihenweise Männer umfielen. Ich hörte und spürte die Kugeln um mich herum einschlagen. Wenig später wurde ich schwer am linken Fuß verwundet. Die Männer um mich herum starben, ich hörte ihr Todesröcheln. Ich dachte, ich sterbe vor Schmerz, und mir fehlte die Kraft zu rufen, dass sie mich töten sollen.

Nedžad Avdić

Man konnte hören, wie Kugeln in Körper schlugen, die Erdstücke, die herumflogen, Steine auch, auf meinem Rücken, Staub überall. Ich konnte alles fühlen, denn ich hatte nur ein Hemd an.

*Hesim Imamović**

Es waren viele Tote. Ich weiß nicht, wie viele, aber sehr viele. Und irgendwann habe ich den Kopf etwas gehoben und gesehen, dass sich ein oder zwei Reihen vor mir jemand bewegt. Der war vielleicht zwei, drei Meter von mir weg. Und ich konnte sehen, dass er sich bewegt, und ich fragte ihn: „Lebst du?" Ich habe geflüstert.

Er antwortete: „Ja, ich lebe. Komm her und binde mich los." Und ich sagte: „Ich kann nicht, ich bin verletzt." Aber er rief immer wieder nach mir. Und ich wälzte mich über die Toten. Das habe ich so lange gemacht, bis ich zu dem Mann kam, der noch am Leben war.

So habe ich es geschafft, bis vor seinen Mund zu kommen. Er war zwischen Leichen eingeklemmt. Ich wusste, dass er nicht aufstehen konnte.

Er hat die Fessel nicht aufgeschnitten, sondern sie mit seinen Zähnen durchtrennt, er war stark.

Nedžad Avdić

Ich wusste nicht, woher die Schüsse kamen. Ich fiel zwischen die Toten, andere fielen auf mich drauf. In vollem Bewusstsein, was da vor sich ging, vergrub ich mich tiefer zwischen den Toten.

*Hussein Šehić**

Ich bin gekrochen, manchmal auch an einem Stock gehüpft, auf einem Bein. Ich habe Motorengeräusche gehört, und ich sah einen Bulldozer, der die Toten auf die Schaufel nahm und auf etwas auflud. Ich weiß nicht, ob das ein Traktor war oder ein Lastwagen. Aber es war ein großer Berg Leichen. Nachdem ich tagelang gelitten hatte, durch Wälder geirrt war, mich in Flüssen versteckt und auf Friedhöfen geschlafen hatte und unter schrecklichen Schmerzen weitergekrochen war, erreichte ich schließlich das von der bosnischen Regierung kontrollierte Territorium. Mein Vater, mein Onkel und meine Verwandten, die im niederländischen UN-Stützpunkt in Potočari Schutz gesucht hatten, haben alle nicht überlebt.

Nedžad Avdić

Direkt nach dem Massaker beginnen internationale Ermittlungen. In den folgenden Jahren finden Experten Dutzende Massengräber

Die Erschießungen dauern noch bis zum 18. Juli 1995 an. Um die Morde zu verschleiern, betten Serben die Körper später teilweise um. Schon bald beginnen Ermittler des eigens für den Jugoslawienkrieg geschaffenen Internationalen Gerichtshofs in Den Haag mit der Untersuchung der Taten. In den folgenden Jahren finden sie Dutzende Massengräber; bis Anfang 2019 werden mehr als 8000 Opfer identifiziert.

Mehrere Untersuchungsberichte thematisieren auch die Rolle des Dutchbats: Die niederländischen Soldaten seien in einen nicht zu bewältigenden Einsatz geschickt worden und hätten unbeabsichtigt an „ethnischen Säuberungen" mitgewirkt.

Besonders eine Studie vom Frühjahr 2002, nach der die Blauhelme den Massenmord durch bewaffneten Widerstand möglicherweise hätten verhindern können, löst in den Niederlanden Bestürzung aus. Ministerpräsident Wim Kok bricht nach der Lektüre angeblich in Tränen aus. Wenig später tritt seine Regierung geschlossen zurück.

General Ratko Mladić und Radovan Karadžić, dem politischen Führer der bosnischen Serben, sowie dem ehemaligen serbischen Präsidenten Slobodan Milošević und weiteren für die Massaker Verantwortlichen wird, mitunter nach jahrelanger Flucht, in Den Haag der Prozess gemacht. Milošević stirbt 2006 vor Abschluss des Verfahrens, Mladić wird im November 2017 zu lebenslanger, Karadžić zu 40 Jahren Haft verurteilt.

In Srebrenica leben heute Serben und Bosniaken nebeneinander, noch immer in Feindschaft.

Eine ernsthafte Aufarbeitung des Massakers hat dort nicht stattgefunden. Der Bürgermeister, ein Serbe, behauptet, es habe nie einen Völkermord gegeben.

Die Überreste meines Vaters wurden 2002 in einem Massengrab in Srebrenica identifiziert. Später hörten wir von meinem Bruder. Er wurde nur 19 Tage vor seinem 20. Geburtstag ermordet.

Nirha Efendić

Recherche: Anastasia Mattern
Kompilation: Michael Schaper ◊

DIE TYRANNEI NACH DER TYRANNEI

In den Ländern Zentralasiens folgt auf das Sowjetregime meist eine neue Diktatur. Der selbstherrlichste Despot ist ein Turkmene

TEXT: *Samuel Rieth*

Der Diktator ist auf jedem Geldschein zu sehen, auf Senfgläsern, Armbanduhren und Wodkaflaschen. Im TV zeigen alle Kanäle seine Silhouette als Logo. Selbst Wochentage und Monate hat er umbenannt, den Januar nach sich, den April nach seiner Mutter. Er hat unzählige Statuen von sich aufstellen lassen, die größte ist haushoch und vergoldet; sie dreht sich unablässig, wendet sich so stets der Sonne zu.

Turkmenistans Präsident Saparmurat Nijasow ist der größenwahnsinnigste jener Despoten, die nach 1991 in den fünf früheren zentralasiatischen Sowjetrepubliken – Tadschikistan, Kirgisistan, Turkmenistan, Kasachstan, Usbekistan – die Macht an sich bringen. In einer Region, in der das Ende der russischen Herrschaft nicht Demokratie bedeutet, Freiheit und Wohlstand. Sondern das Gegenteil.

In Tadschikistan kommt es zum Bürgerkrieg. Zehntausende fallen bis 1997 den Kämpfen zwischen der alten Elite (die am Ende siegt) und einem breiten Bündnis aus Demokraten und Islamisten zum Opfer.

In Kirgisistan kürt das Volk den Physiker Askar Akajew zum Präsidenten – doch der vermeintliche Reformer schließt schon bald Oppositionelle von Wahlen aus und gerät unter Korruptionsverdacht.

In Kasachstan wird nach wahrscheinlich manipulierter Wahl der Chef der KP zum Staatsoberhaupt – so auch in Usbekistan: Dort existiert der Geheimdienst KGB unter neuem Namen weiter, politische Gegner werden systematisch gefoltert.

Anders als in Osteuropa gibt es in Zentralasien keine starken Demokratiebewegungen. Meist regieren die einstigen KP-Chefs als Diktatoren weiter, entledigen sich kurzerhand der kommunistischen Ideologie und inszenieren sich stattdessen als Führer ihrer Nationen.

Auch Nijasow ist ein früherer Statthalter Moskaus. Der gelernte Elektrotechniker hatte als Parteikader Karriere gemacht und war schon seit 1985 Turkmenistans KP-Chef, seit 1990 Staatsoberhaupt. Als die UdSSR zerbricht, lässt er sich im Mai 1992 mit 99,5 Prozent der Stimmen als Präsident bestätigen, kontrolliert fortan Parlament, Gerichte, Polizei, Geheimdienst und Armee.

Er duldet weder eine freie Presse noch Oppositionsparteien. Kritikern droht Haft, Folter und Tod. Um zu verhindern, dass Rivalen zu viel Einfluss gewinnen, entlässt er ständig Minister und ranghohe Beamte. Doch er hat ein Problem: Turkmenistan war nie ein Nationalstaat, seine Grenzen (wie auch die anderer Sowjetrepubliken) haben Moskaus Funktionäre einst nach ihren Wünschen gezogen. Die gut vier Millionen Turkmenen teilen sich auf in mehr als 30 Stämme. Jetzt, wo Russlands harter Griff wegfällt, könnte das Land auseinanderbrechen.

Daher sucht Nijasow nach einem Symbol, an dem sich jeder Untertan orientieren soll. Und wählt sich selbst.

Er erklärt sich zum Turkmenbaschi („Vater aller Turkmenen") und schreibt seine Botschaft in einem „Buch der Seele" nieder: Darin gibt er Verhaltensregeln, Lebensweisheiten und Legenden zum Besten, erklärt etwa die Turkmenen zu den Gründern der menschlichen Zivilisation, da sie sowohl das Rad als auch den Weizenanbau erfunden hätten (beides ist falsch).

Lehrer müssen diese Erkenntnisse unterrichten. Wer Arzt oder Beamter werden oder den Führerschein machen will, muss sein Wissen über das Buch in Prüfungen nachweisen. Es wird im TV vorgelesen, an Universitäten gelehrt. Ausländische Firmen lassen es in ihre Landessprachen übersetzen, um die Gunst des Tyrannen zu gewinnen. Denn Turkmenistans Boden birgt große Mengen Öl und die viertgrößten Erdgasvorkommen der Welt.

Mit den Profiten aus dem Geschäft lässt Nijasow Teile der Hauptstadt Aschgabat neu errichten, zweigt vor allem aber viel für sich ab: Sein Vermögen beträgt bald mehrere Milliarden Dollar. Die Bevölkerung dagegen lebt weiterhin in Armut. Um die Staatsausgaben zu senken, schließt der Diktator 2005 fast alle Krankenhäuser außerhalb der Hauptstadt; Tausende Landbewohner kommen dadurch um. Geheimdienst und Armee halten die Turkmenen vom Protest ab.

Zugleich wird der Personenkult immer grotesker. Mehr als 1000 Orte, Straßen und Gebäude werden nach Nijasow benannt sowie ein Mondkrater und ein Meteorit. Da er sich nach einer Herz-OP die Zigaretten abgewöhnen muss, verbietet er öffentliches Rauchen im Land.

Als er 2006 stirbt, regiert Vizepräsident Gurbanguly Berdymuchammedow im Geiste seines Mentors weiter: So lässt er 2015 den Import aller Autos verbieten, die nicht in seiner Lieblingsfarbe Weiß lackiert sind.

Heute zählt Turkmenistan wie auch Usbekistan und Tadschikistan zu den repressivsten Diktaturen der Welt. Und in der Region wächst der Einfluss einer neuen Großmacht. Mithilfe von Krediten entstehen Bahntrassen, Straßen und Gas-Pipelines – finanziert von China. ◊

AUCH WEIL EINE starke demokratische Bewegung fehlt, bleibt Turkmenistan nach 1991 eine Diktatur: Der frühere KP-Funktionär Saparmurat Nijasow unterdrückt Opposition und Presse und entfesselt einen absurden Kult um sich

Fügsam dient sich der Ex-KGB-Agent Wladimir Putin hoch, bis er schließlich ein enger Vertrauter von Russlands Präsident Boris Jelzin ist. Als die Oligarchen, die wirklichen Herrscher des Landes, 1999 einen Nachfolger für Jelzin suchen, fällt ihre Wahl auf den vermeintlichen Handlanger. Doch der zeigt seinen Förderern schnell die Stirn

NACH PUTINS Amtsantritt als Staatsoberhaupt entsteht in Russland eine Art Personenkult um ihn. Dieses Bild zeigt ihn in der gleichen Ästhetik wie US-Präsident Barack Obama auf dessen berühmtem Wahlkampfposter. Anders als der Amerikaner steht Putin aber nicht für einen neuen demokratischen Aufbruch – sondern für autoritäre Politik

E

TEXT: *Johannes Teschner*

Es ist Mittwoch, der 23. Oktober 2002. Im ausverkauften Dubrowka-Theater von Moskau hat gerade der zweite Akt des Musicals „Nord-Ost" begonnen. Sechs Schauspieler tanzen lächelnd auf der Bühne, als um 21.05 Uhr rund 40 schwarz vermummte Gestalten mit Gewehren in den Saal stürmen. Einer der Bewaffneten springt zu den Darstellern auf die Bühne, feuert in die Luft.

Die Musiker im Orchestergraben brechen ab, und der Angreifer ruft den mehr als 800 Zuschauern zu, sie seien Geiseln und dürften sich nicht bewegen.

In dem Musical nehmen Soldaten eine wichtige Rolle ein, und manche Besucher denken anfangs, all dies gehöre zur Aufführung. Doch dann wird auch ihnen klar, dass es ernst ist. Vereinzelt sind Schreie zu hören, einige Menschen weinen. Aber es bricht keine Panik unter den Gästen aus, alle bleiben in ihren roten Sesseln sitzen.

Das Dubrowka-Theater liegt keine vier Kilometer vom Kreml entfernt. Die Terroristen haben es wohl auch aus symbolischen Gründen als Ziel gewählt: Das Musical „Nord-Ost" verherrlicht die russische Historie – die Geschichte ihres Feindes.

Denn die Vermummten zählen zu tschetschenischen Islamisten, die im Kaukasus einen Gottesstaat errichten wollen und seit Jahren für die Unabhängigkeit ihrer Region von Russland kämpfen. Nun haben sie den Krieg in die Hauptstadt des Gegners getragen, an einen Ort, an dem allabendlich Russlands Größe gefeiert wird.

In einer zuvor aufgezeichneten Videobotschaft fordert Mowsar Barajew, der 22-jährige Anführer der Terroristen, den Abzug der russischen Truppen aus Tschetschenien. Sonst würden er und seine Leute die Geiseln töten. Sie seien bereit, für ihre Sache zu sterben.

Unter den Angreifern sind auch Frauen, deren Männer oder Brüder von den Russen getötet worden sind – die russische Presse wird sie „schwarze Witwen" nennen. Manche haben Sprengstoffgürtel um den Bauch geschnallt. Mit Klebeband befestigen die Geiselnehmer an Theatersesseln weitere selbst gebaute Bomben: Plastiktüten, gefüllt mit Sprengstoff und kleinen Eisenkugeln.

Draußen trifft Polizei ein; gemeinsam mit Soldaten aus einer Kaserne riegeln die Beamten das Theater ab – doch anfangs so lückenhaft, dass eine in der Nähe wohnende, möglicherweise betrunkene 26-jährige Frau am Morgen ins Gebäude gelangt, dort die Tschetschenen anschreit, die Menschen gehen zu lassen. Die Islamisten halten sie für eine Agentin des russischen Geheimdienstes und erschießen sie. Das erste Opfer.

Am nächsten Tag rät der frühere KP-Chef Michail Gorbatschow öffentlich, den Terroristen freien Abzug und den Beginn von Friedensverhandlungen im Kaukasus zu garantieren, falls sie die Zivilisten freiließen.

Für den russischen Präsidenten Wladimir Putin, der sich im Kreml über jede neue Entwicklung informieren lässt, müssen Gorbatschows Sätze klingen wie das Gerede eines entrückten Mannes. Der Krieg in Tschetschenien hat Putin groß gemacht. Ohne diesen blutigen Konflikt wäre er womöglich nie an Russlands Spitze gelangt. Der Feldzug war seine Botschaft an die Landsleute, dass die Zeit der Niederlagen vorbei sei.

Dass seine Truppen im Kaukasus seit Jahren (ebenso wie die Gegenseite) Menschenrechtsverletzungen begehen, kidnappen, foltern und morden, hat Putin nicht geschadet. Im Gegenteil: Nach den Demütigungen durch den Zusammenbruch der Sowjetunion 1991 teilen die meisten Russen offenbar seine Meinung, dass ihr Land keine weitere Schwächung mehr verkraften, keinen Zentimeter Land mehr abtreten könne.

Der kompromissbereite Gorbatschow verkörpert in ihren Augen das Siechtum der späten UdSSR, Putin dagegen das wiedererstarkende Russland. Der ehemalige KGB-Offizier schließt Verhandlungen mit den Geiselnehmern aus und ordnet an, Spezialeinheiten des Geheimdienstes in einem baugleichen Moskauer Kulturhaus die Stürmung des Theaters trainieren zu lassen.

Zugleich verstricken gleich mehrere Unterhändler die Terroristen in ein Nervenspiel von ständig wechselnden Forderungen und Angeboten. Ein in das Gebäude gelassener Arzt berichtet, es gehe den Geiseln den Umständen entsprechend gut, einige wirkten hysterisch, die meisten aber ruhig. Der Orchestergraben ist zur Massentoilette umfunktioniert worden.

Die Tschetschenen (die schon in der ersten Nacht Kinder und Schwangere haben gehen lassen) bieten an, alle Ausländer freizulassen – denn ihre Feinde seien die Russen. Doch Moskaus Unterhändler lehnen ab, die Gefangenen nach Nationalitäten einzuteilen. Kurzzeitig heißt es, Mowsar Barajew würde zehn Geiseln für jeden

PUTIN HOLT alte Vertraute in den Kreml, darunter auch einstige KGB-Mitarbeiter – und schafft sich so rasch seine eigene Machtbasis

Abgeordneten des russischen Parlaments eintauschen, der ins Theater käme. Bald verkünden mehrere Volksvertreter vor Kameras ihre Bereitschaft dazu.

Die Terroristen indes fordern als Geisel Achmat Kadyrow, einen früheren Kampfgefährten, der zu den Russen übergelaufen ist, und bieten 50 Zivilisten für ihn. Kadyrow aber stellt sich nicht zur Verfügung.

So vergehen zwei Tage. Immer wieder geben die Geiselnehmer ein paar Gefangene frei. Damit wollen sie wohl einen Sturm des Gebäudes verzögern, hoffen vielleicht, der Kreml werde zumindest auf einen Teil ihrer Forderungen eingehen. Putins Entscheidung aber steht fest. Er will Spezialeinheiten angreifen lassen. Mit einem Nervengas, das zur Ohnmacht führt und nach einiger Zeit Atemstillstand verursachen kann.

Es wird sehr wahrscheinlich Tote geben, das nimmt Putin in Kauf. Doch er will Stärke demonstrieren. Sie ist sein Markenzeichen, sein Programm. „Russland wird entweder ein starker Staat sein, oder es wird nicht sein – jedenfalls nicht so, wie es bislang gewesen ist", hat er vor seiner Wahl zum Präsidenten gesagt. Denn er hat selbst erlebt, was geschieht, wenn Moskau Schwäche zeigt.

°

IM EPOCHENJAHR 1989 ist Wladimir Wladimirowitsch Putin als KGB-Mann in Dresden stationiert – und sehr ernüchtert. Sein Leben lang hat er davon geträumt, Spion zu sein. Seit er ein Junge war, wollte er beim Geheimdienst arbeiten, Heldentaten für sein Land vollbringen. Damals prügelte er sich oft in den Hinterhöfen seiner Heimatstadt Leningrad, auch in der Schule hatte er als hyperaktives Kind immer wieder Ärger, gehorchte einfach nicht. Erst durch Box- und Judotraining konnte er seine Energie kanalisieren, lernte Disziplin und verinnerlichte eine Lehre fürs Leben: „Schwache werden geschlagen."

Mit 16 meldete er sich beim KGB, um sich zu bewerben, wo man ihm riet, erst zu studieren, am besten Jura. An der Uni lief es dann nach Plan, der Geheimdienst warb ihn tatsächlich an, bildete ihn später für den Einsatz in der DDR aus. Putin erhielt Unterricht in Deutsch, Landeskunde und Etikette. 1985 ging er mit seiner Frau Ljudmila, einer früheren Stewardess, nach Dresden.

Doch jetzt, vier Jahre später, sieht er sich in einer Sackgasse. Seine Aufgabe, DDR-Bürger als Agenten anzuwerben, die dann im westlichen Ausland eingesetzt werden, erfüllt er zwar nach wie vor: Offenbar hat er ein besonderes Talent dafür, das Vertrauen anderer zu gewinnen. „Er konnte auf sie eingehen, fast mit ihnen verschmelzen", wird ein Kollege von der Staatssicherheit später sagen. „Ein Zuhörer, der das Ziel hat, den anderen dazu zu bringen, sich zu offenbaren, selbst aber möglichst wenig von sich zu zeigen." Der ideale Spion, eigentlich.

Aber die KGB-Elite sitzt in Berlin, in Dresden arbeitet die zweite und dritte Reihe. Putin ist weitab von der Macht, fällt nicht auf, hat seinen Antrieb verloren. Der 37-Jährige trinkt und feiert viel. Hat Affären und schlägt seine Frau (wie die einer vermeintlichen Freundin klagt, die für den westdeutschen Geheimdienst BND arbeitet).

Durch seine Arbeit erkennt Putin, wie weit der Westen dem Osten enteilt ist. Die Führer in Moskau aber scheinen die Lage zu verkennen. Als das DDR-Regime Ende 1989 kollabiert, duckt Moskau sich einfach weg.

Am Abend des 6. Dezember stürmen Dresdner Bürger die dortige Stasi-Zentrale, etwa 50 von ihnen laufen zu einer Villa, in der der KGB residiert. Putin steht mit einigen russischen Soldaten am Tor. Mit nur einem Satz, so erinnert sich ein Bürgerrechtler, bringt er die Menge dazu, sich zurückzuziehen: „Ich bin Soldat bis zum Tod."

Bis tief in die Nacht bleibt er auf seinem Posten – und wartet vergebens auf Befehle aus Moskau. Die Zentrale schweigt: für Putin eine Fahnenflucht des Staates, ein Erlebnis, das ihn erschüttert. Damals, so wird er später sagen, sei ihm klar geworden, dass „die Sowjetunion erkrankt ist an einer tödlichen Krankheit mit dem Namen Lähmung. Eine Lähmung der Macht".

Im Februar 1990 geht er zurück nach Leningrad. Dort bezieht er mit seiner Frau, zwei Töchtern und seinen Eltern eine heruntergekommene Wohnung am Stadtrand. Der KGB lässt ihn nun an der Universität als Assistent des Prorektors für internationale Fragen arbeiten.

Es ist eine schwierige Zeit. Russlands Wirtschaft taumelt, in den Supermärkten bleiben die Regale oft leer. Putin muss seine Familie versorgen, verdient aber nicht viel; seine Eltern, ehemalige Fabrikarbeiter, sind 80 Jahre alt, und die Mutter leidet an Krebs. Als sein früherer Jura-Professor Anatolij Sobtschak im Juni 1991 Oberbürgermeister wird, nimmt Putin das Angebot an, in dessen Stab mitzuarbeiten und kündigt beim KGB.

Kaum in der Politik, erlebt er das Ende der Sowjetunion. Es schmerzt ihn – nicht als Scheitern einer Idee, sondern als Niederlage Russlands. Später, als Präsident, wird er den Zusammenbruch der UdSSR die „größte geopolitische Katastrophe des 20. Jahrhunderts" nennen.

Putin entwickelt neuen Ehrgeiz. Mit starken Worten macht er klar, was er unter funktionierendem Staat versteht. Für jeden getöteten Polizisten, sagt er, sollen zehn Verbrecher sterben, „natürlich im Rahmen der Gesetze".

Den Mangel in der Stadt bekämpft Putin recht effizient, organisiert etwa die Verteilung Tausender Hilfspakete aus Deutschland. Sobtschak ist zufrieden, macht ihn zum Stellvertreter.

Aber Putin zeigt auch Schwächen. Die öffentliche Rede ist nicht seine Sache. Nach einer Sitzung des Stadtparlaments, so bemerkt Oberbürgermeister Sobtschak, ist er „ganz blau im Gesicht und wie um mehrere Kilo abgemagert". Putin ist, so scheint es, ein Mann für den Hintergrund.

1996 organisiert er die Kampagne für Sobtschaks Wiederwahl mit. Sein Mentor, verstrickt in Korruptionsvorwürfe, verliert – doch für Putin ist die Niederlage kein Karriereknick, sondern vielmehr der Beginn seines Aufstiegs bis ins Zentrum der Macht: Ein früherer Weggefährte, der als Ökonom in der Kreml-Administration arbeitet, setzt sich für ihn bei Anatolij Tschubajs ein, dem Chef der Präsidialverwaltung.

Und tatsächlich: Putin erhält einen Posten in Moskau. Der Kreml verfügt noch aus Sowjetzeiten über ein undurchsichtiges Geflecht von Hunderten Firmen sowie Tausenden Gebäuden und Grundstücken im Gesamtwert von 650 Milliarden Dollar, und Putin ist fortan mitverantwortlich für die Immobilien im Ausland, kümmert sich um deren Instandhaltung und Verkauf und entscheidet wohl auch, wer sie in welchem Umfang nutzen darf.

Er sieht schon bald, was in Moskau vor sich geht, wie weit verbreitet die Korruption ist und wie häufig Intrigen gesponnen werden, bei denen Konkurrenten mit kompromittierendem Material aus dunklen Quellen ausgeschaltet werden. Er beobachtet auch, dass nicht politische Kompetenz über den Zugang zu dem durch Krankheiten geschwächten Boris Jelzin entscheidet – sondern Geld, wie es der milliardenschwere Boris Beresowskij hat, der wichtigste Einflüsterer des Präsidenten.

Putin wird nicht entgangen sein, wie Beresowskij im Sommer 1996 Boris Jelzin mithilfe seines Medienimperiums zur Wiederwahl verholfen hat (siehe Seite 82). Nun erlebt er aus der Nähe, dass in Russland politische Macht erkauft wird. Beresowskij erklärt unverblümt, er habe sich gemeinsam mit anderen Milliardären dank der Finanzierung von Jelzins Wahlkampf das Recht erworben, Regierungsposten zu besetzen. Politik, so erklärt er, sei in Russland immer noch „das lukrativste Feld für Geschäfte".

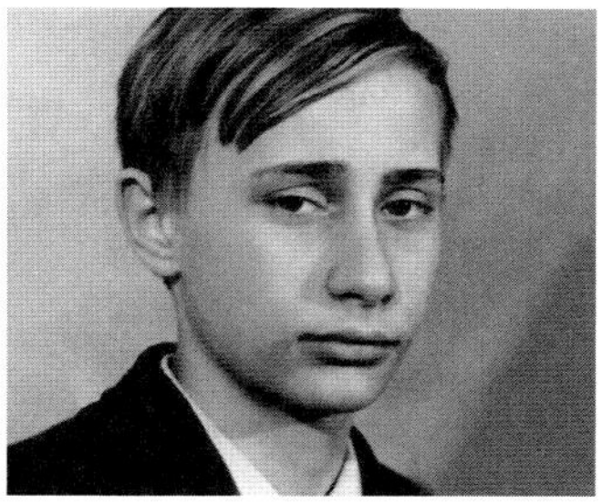

SCHON ALS JUNGE träumt Putin davon, Spion beim KGB zu werden

DER KGB SCHICKT ihn 1985 nach Dresden (hier bei der Verleihung einer DDR-Auszeichnung)

1991 GEHT er in die Politik – als Assistent des Leningrader Bürgermeisters Anatolij Sobtschak (l.)

Putin ist zuverlässig und effizient, und so wird er im März 1997 von Jelzin befördert: zu einem von mehreren stellvertretenden Leitern der Präsidialverwaltung. Er hat nun unter anderem die landesweite Umsetzung von neuen Gesetzen und Präsidentendekreten zu überprüfen – und merkt schnell, wie machtlos Moskau in der Provinz ist.

Russland ist föderal organisiert, und in den mehr als 80 Verwaltungsbezirken und teilautonomen Republiken haben oft Mafiaclans oder undurchsichtige Geschäftsleute das Sagen. Sie erkaufen sich Mehrheiten in den lokalen Parlamenten oder lassen sich gleich selbst in Schlüsselpositionen wählen. Manche Regionen erlassen auf eigene Faust Steuern oder sogar Zölle, ohne dass das Geld je beim Fiskus ankommt.

Russland wird zu dieser Zeit von einigen wenigen Männern ausgebeutet, die in den Jahren der postsowjetischen Privatisierung zu Geld und Einfluss gekommen sind. Spätestens jetzt verfestigt sich Putins Überzeugung, dass sein Vaterland eine starke, durchsetzungsfähige Regierung braucht, um überleben zu können.

Aber er mahnt nicht, prangert nicht an. Sondern dient leise weiter. In dem von starken Egos dominierten Kreml ist Putin zurückhaltend, unauffällig. Er redet nicht viel, liefert pünktlich. Ein nützlicher Apparatschik, offenbar ohne große Ambitionen. Einer, den man gut gebrauchen kann, der einem aber nicht gefährlich wird.

Im Mai 1998 rückt Putin weiter nach oben, wird erster stellvertretender Leiter der Präsidialverwaltung, kurz darauf Chef des Geheimdienstes FSB, des Nachfolgers des KGB. „Ich kehre dorthin zurück, wo ich hingehöre", sagt er bei seiner Vorstellung.

Als der russische Generalstaatsanwalt Jurij Skuratow 1998 Ermittlungen gegen Jelzins Umfeld (zu dem auch Beresowskij gehört) wegen Veruntreuung öffentlicher Gelder und Korruption aufnimmt, taucht bald ein Film auf, in dem ein Skuratow ähnelnder Mann beim Sex mit zwei Prostituierten zu sehen ist. Der Generalstaatsanwalt bestreitet, der Gefilmte zu sein. Doch die Abendnachrichten zeigen die Aufnahme – und Geheimdienstchef Putin bestätigt in einem Interview dessen Authentizität.

Skuratow ist erledigt, die Ermittlungen werden offiziell eingestellt. Und bei Jelzin und Beresowskij wächst die Überzeugung, in Putin den richtigen Mann für die ganz große Aufgabe gefunden zu haben.

Denn dass der herz- und alkoholkranke Jelzin nicht mehr lange durchhalten wird, ist klar. Und so suchen er und seine Vertrauten einen Nachfolger, der als Präsident die Geschäfte in ihrem Sinn weiterführt. Einen Strohmann, der ihre Interessen durchsetzt und sich ansonsten zurückhält.

ALS PUTIN 1999 Jelzins Nachfolger wird, ist er für viele Russen noch ein Unbekannter

Jelzin hat bereits drei Kandidaten ausprobiert, sie zu Ministerpräsidenten ernannt und dann verfolgt, wie sie sich machen. Doch sie alle erwiesen sich letztlich als loyale Staatsdiener, die sich nicht entschieden genug vor Jelzin und sein korruptes Umfeld stellten.

Nun erhält Putin seine Chance. Am 9. August 1999 wird er neuer Ministerpräsident. Den Russen ist es gleichgültig. Eine Moskauer Zeitung bescheinigt dem Neuen die „Ausstrahlung eines getrockneten Haifischs“.

Will Putin länger an der Macht bleiben, muss er Sympathien im Volk gewinnen, denn auch in Russland entscheiden letztlich Wahlen über politische Karrieren. Er braucht ein Thema, um sich zu profilieren.

°

ER TRITT als harter Mann auf (hier mit Soldaten), reformiert die Wirtschaft, wird beliebter

NOCH IM MONAT seiner Amtseinführung fallen mehrere Hundert tschetschenische Islamisten in das benachbarte Dagestan ein (das wie Tschetschenien als Teilrepublik zu Russland gehört). Sie kündigen an, den gesamten nördlichen Kaukasus erobern und ein Kalifat errichten zu wollen. Moskau schickt Einheiten, um sie zurückzuschlagen.

Im September erschüttern mehrere Bombenanschläge Moskau, über 200 Menschen sterben, darunter viele Kinder. Ohne klare Beweise zu präsentieren, macht Putin die Separatisten für den Terror verantwortlich. „Darauf kann man nur mit Gewalt antworten“, verkündet er im Fernsehen. „Wir werden sie jagen und töten, zur Not legen wir sie auf dem Klo um.“

Am 1. Oktober 1999 schickt er Russlands Armee in den Kaukasus: Der zweite Tschetschenien-Krieg beginnt (schon zwischen 1994 und 1996 haben Moskaus Truppen dort gekämpft). Präsident Jelzin, der eigentliche militärische Oberbefehlshaber, lässt seinem Kronprinzen freie Hand.

IN DEN ERSTEN Jahren seiner Amtszeit sucht der Präsident die Nähe zum Westen, etwa zu den USA

Er habe konsequent sein müssen, wird Putin später den Feldzug rechtfertigen, Russland wäre sonst „in eine unendliche Folge von Lokalkriegen gezogen worden, und wir hätten ein zweites Jugoslawien bekommen“. Können sich bei seinem Amtsantritt weniger als zwei Prozent der Russen Putin als Präsidenten vorstellen, sind es nach den markigen Fernsehauftritten und dem Kriegsbeginn bald schon 14 Prozent. (Der Zusammenhang ist so deutlich, dass manche Beobachter sogar vermuten, der FSB selbst habe die Bomben in Moskau gelegt; Beweise dafür aber fehlen.)

Jelzin und seine Vertrauten sehen den Moment gekommen, Putin als neuen Präsidenten durchzusetzen. Sie gründen eine Partei namens „Einheit“, die Putins Werkzeug im Parlament werden soll, um Gesetze durchzubringen. Unterstützt von Beresowskijs Medienimperium, holt sie bei den Wahlen im Dezember 1999 sofort 23 Prozent (2001 wird sie in der Partei „Einiges Russland“ aufgehen).

Am Silvesterabend 1999 tritt Boris Jelzin als russischer Präsident zurück und übergibt sein Amt, so wie es die Verfassung in diesem Fall vorsieht, kommissarisch an Wladimir Putin. Bis zu den nun angesetzten Präsidentschaftswahlen im März 2000 bekommt der Neue damit ein paar Monate Zeit, um als Regierungschef weitere Pluspunkte beim Volk zu sammeln.

Als erste Amtshandlung unterzeichnet Putin einen Erlass, der Jelzin Immunität vor Strafverfolgung garantiert (sowie ihn und seine Familie mit Residenzen, Renten und Personal auf Staatskosten ausstattet).

Der Ex-Geheimagent ist an der Spitze angekommen. Nun muss er nur noch die Mehrheit der 147 Millionen Russen dazu bringen, ihn zum Präsidenten zu wählen. Er lässt sich als harter Mann inszenieren, fliegt in Kampfjets mit, übernachtet auf einem Atom-U-Boot, verteilt in Tschetschenien Dolche an seine Soldaten.

Die haben die Teilrepublik mittlerweile fast vollständig eingenommen, können sie aber nicht befrieden. Der Konflikt schwelt weiter als Guerillakrieg. Kritische Journalisten sprechen von Staatsterror, aber

WEGEN DER KÄMPFE in Tschetschenien, Georgien und der Ukraine sehen viele Putin als Kriegstreiber: Dieses Porträt besteht aus Tausenden Patronenhülsen

IM OKTOBER 2002 nehmen rund 40 tschetschenische Terroristen in Moskau Hunderte Theaterbesucher als Geiseln. Putin lässt das Gebäude stürmen

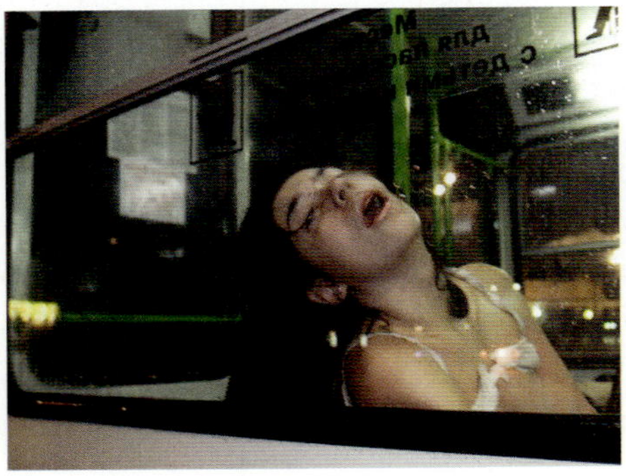

DIE AKTION wird zum Desaster: Durch eingesetztes Nervengas kommen 125 Geiseln ums Leben, viele ersticken an ihrem Erbrochenen

die Mehrheit der Russen unterstützt den Einsatz. Das liegt auch an der positiven Berichterstattung in den von den Oligarchen kontrollierten TV-Sendern.

Mögliche Konkurrenten Putins im Kampf um die Präsidentschaft – etwa Moskaus Oberbürgermeister Jurij Luschkow oder der frühere Ministerpräsident Jewgenij Primakow – werden von gekauften Journalisten mit zum Teil absurden Vorwürfen geschädigt. So verkündet ein von Beresowskij persönlich instruierter Nachrichtensprecher, Luschkow habe einen Mord in Auftrag gegeben, und Primakow sei mitverantwortlich für ein (gescheitertes) Attentat auf den georgischen Präsidenten. Entnervt treten beide erst gar nicht zur Wahl an.

Und so wird Wladimir Putin am 26. März 2000 mit 53 Prozent der Stimmen zum Präsidenten gewählt.

Seine Hintermänner wähnen sich am Ziel. In der Analyse eines russischen Finanzunternehmens heißt es: „Putin hat die letzten zehn Jahre vorrangig die Befehle anderer umgesetzt. Er hat keine Erfahrung mit politischen Entscheidungen und ist überwältigt von Jelzins Großzügigkeit. Er besitzt eine subalterne Mentalität und fühlt sich von Beresowskijs Umfeld abhängig." Eine falsche Einschätzung, wie sich bald zeigen wird.

Putin übernimmt ein heruntergewirtschaftetes Land, dessen Sozialprodukt in den acht Jahren zuvor um 50 Prozent gesunken ist, das kaum noch Renten und Beamtengehälter auszahlen kann, das dem Ausland rund 160 Milliarden Dollar schuldet und in dem jeder Vierte unter der Armutsgrenze lebt. Radikale Veränderungen sind nötig.

Putin macht sich sofort ans Werk. Und als Erstes zeigt er, dass neue Regeln gelten – auch für Milliardäre. Vier Tage nach seiner Amtseinführung stürmen 50 Polizisten mit Maschinenpistolen die Zentrale eines Medienkonzerns, der zum Imperium des Unternehmers Wladimir Gussinskij gehört. Der Magnat kommt wegen angeblichen Betrugs in Untersuchungshaft.

Im Juli lädt Putin gut zwei Dutzend Oligarchen in den Kreml und erklärt ihnen, die Zeit der Hinterzimmerdeals sei vorbei. Und: Ab sofort würden Steuern gezahlt.

Boris Beresowskij (der selbst nicht an dem Treffen teilnimmt) ist fassungslos. Er habe Putin doch überhaupt erst groß gemacht, sagt er zu einem Parlamentarier.

Der Präsident aber schafft sich eine eigene Machtbasis. Ihm hilft, dass Hunderttausende einstige Geheimdienstler, Polizisten und Offiziere, die ihren Job verloren haben, nun in der Verwaltung oder Lokalpolitik arbeiten – und über den Verfall ihres Staates ähnlich denken wie er.

Zunehmend umgibt Putin sich mit ehemaligen Spionen und Militärs. Im Kreml ersetzt er Vertreter der Jelzin-Clique durch einen kleinen Kreis engster Vertrauter, die er von früher kennt. Im Finanzministerium lässt er eine Abteilung für Großkonzerne aufbauen und schickt erstmals überhaupt Steuerprüfer in deren Zentralen.

Um Gesetze zu ändern, etwa die milden Strafen gegen Steuerhinterziehung zu verschärfen, stützt er sich im Parlament auf seine Partei sowie wechselnde Mehrheiten. Wenn nötig, werden Abgeordnete gekauft.

Er stutzt die Rechte der Regionalparlamente, verlagert Kompetenzen in den Kreml (2004 wird er sogar mit Zustimmung des Parlaments ein Gesetz erlassen, dass ihn berechtigt, die Gouverneure der Provinzen fortan persönlich zu ernennen). Er schwächt die Opposition, lässt die Staatsanwaltschaft gegen Umweltaktivisten wegen angeblichen Geheimnisverrats ermitteln. Er drängt widerspenstige Oligarchen ins Ausland und verstaatlicht Teile ihrer Konzerne wegen echter oder vermeintlicher Steuerschulden. Auch Boris Beresowskij muss Sparten seines Imperiums abtreten, setzt sich nach London ab.

Die meisten Russen sehen nun, dass ihr Staat einigermaßen funktioniert, sich die Wirtschaft endlich erholt. Die konsequente Steuereintreibung erlaubt es dem Kreml, die Einkommensteuer zu senken, um so ausländische Firmen und Investoren anzulocken. Zudem sorgen steigende Gas- und Ölpreise für enorme Einnahmen des Großexporteurs Russland. Die Reallöhne der Russen nehmen allein im Jahr 2000 um rund 23 Prozent zu.

Dass die Korruption unter Wladimir Putin keineswegs endet, wird von der zunehmend gleichgeschalteten

Presse nicht erwähnt. Und was ist mit den bald aufkommenden Gerüchten, dass der Präsident Milliarden im Ausland bunkert? Beweise fehlen – und den meisten Russen ist es wohl egal, auch wenn vermutlich die wenigsten an die offizielle Version glauben, nach der Putin sich mit dem Monatsgehalt von umgerechnet 2000 Euro begnügt. Im Dezember 2001 sind fast drei Viertel der Menschen zufrieden mit seiner Amtsführung.

Auch die regierenden Politiker in Washington, London, Paris und Berlin sehen mit Wohlwollen auf ihren neuen Kollegen. Wichtiger als Putins rigide Innenpolitik ist ihnen Russlands neue Stabilität. Moskau hat begonnen, Auslandsschulden zu tilgen, die Rohstoffexporte steigen, eine neue Gaspipeline nach Europa ist in Planung.

Zudem zeigt sich Wladimir Putin offen zur Zusammenarbeit: Nach den Anschlägen vom 11. September 2001 öffnet er den russischen Luftraum für Vergeltungsschläge der US-Air-Force in Afghanistan und stimmt dem Bau von US-Militärbasen in den früheren Sowjetrepubliken Usbekistan und Kirgisistan zu.

In Europa buhlt Putin vor allem um Deutschlands Gunst. Am 25. September 2001 steht er am Rednerpult des Bundestags. Es ist das erste Mal, dass ein russisches Staatsoberhaupt vor dem deutschen Parlament spricht. Putin beginnt auf Russisch, wechselt aber bald ins Deutsche, die „Sprache von Goethe, Schiller, Kant", wie er betont. Mit sanfter Stimme preist er die „Einheit der europäischen Kultur", zu der Deutsche und Russen so viel beigetragen hätten.

„Heute müssen wir", sagt er etwas lauter, „mit Bestimmtheit und endgültig erklären: Der Kalte Krieg ist vorbei." Russland sei bereit für eine „echte Partnerschaft" mit dem Westen, und eines könne er versichern: Ein „Hauptziel der russischen Innenpolitik ist die Gewährleistung der demokratischen Rechte und der Freiheit".

Am Ende der Rede erheben sich die Abgeordneten zu einer stehenden Ovation.

Zwar passen Putins Worte kaum zu seiner zunehmend repressiven Innenpolitik. Aber nicht wenige Parlamentarier sehen darin wohl eine Übergangsphase, nach deren Ende Russland demokratisiert sein werde.

Im Mai 2002 beschließen die 19 Staaten der NATO, sich fortan enger mit Moskau abzustimmen, besonders in Krisenzeiten. Russlands neue Haltung lässt selbst den brutalen Krieg vergessen, den es in Tschetschenien führt. Doch dann, am 23. Oktober 2002, tragen die Kämpfer aus dem Kaukasus den Konflikt nach Moskau: ins ausverkaufte Dubrowka-Theater.

LITERATURTIPPS

LEV GUDKOV, VICTOR ZASLAVSKY
»Russland«
Die Autoren beschreiben die gesellschaftlichen Gründe für Putins Erfolg (Wagenbach).

HUBERT SEIPEL
»Putin«
Mitunter zu verständnisvolles Porträt – aber nah dran (Hoffmann und Campe).

IN KÜRZE

Als neuer russischer Präsident übernimmt Wladimir Putin 1999 ein Land am Abgrund. Er entmachtet viele Oligarchen, die den Staat nach dem Zusammenbruch der UdSSR jahrelang ausgeplündert haben, und bringt die Wirtschaft wieder auf Kurs. Deshalb nehmen es die meisten Russen hin, dass Putin die Demokratie aushöhlt, die Unabhängigkeit von Medien und Justiz einschränkt – und Russland so in eine Autokratie umformt.

°

SAMSTAG, 26. OKTOBER. In der dritten Nacht der Geiselnahme verliert ein Mann im Theatersaal die Nerven, attackiert mit einer Flasche eine der Terroristinnen. Ein Vermummter schießt, tötet dabei eine unbeteiligte Geisel und verletzt eine weitere schwer.

Kurz darauf greifen Putins Spezialeinheiten an. Über das Lüftungssystem leiten sie das Nervengas in das Theater. Als das Gemisch in den Saal strömt, bricht Panik aus. Die Terroristen schießen auf die Lüftungsschächte, einige von ihnen setzen Gasmasken auf. Doch zünden sie keine ihrer Sprengladungen, noch feuern sie auf die Gefangenen.

Fast alle Menschen im Zuschauersaal verlieren in den folgenden Minuten das Bewusstsein. Plötzlich explodiert eine Blendgranate, Elitekämpfer stürmen das Theater, erschießen die wenigen noch widerstandsfähigen Tschetschenen, töten die bereits ohnmächtigen per Kopfschuss.

Dann beginnt das Drama nach dem Drama. Die Ärzte und Sanitäter vor dem Theater sind zwar auf Brand- und Schusswunden vorbereitet, nicht aber auf Vergiftungen. Niemand hat sie über den geplanten Gaseinsatz informiert. Und niemand sagt ihnen jetzt, um welches Narkotikum es sich handelt.

Die Helfer haben nicht die richtigen Medikamente zur Hand, um die Erstickenden zu retten. In den Bussen, die für den Transport ins Krankenhaus bereitstehen, sitzen Sterbende mit offenen Mündern und nach hinten gekipptem Kopf. Viele ersticken an ihrem eigenen Erbrochenen. Aus dem Theater tragen Polizisten und Soldaten Leiche um Leiche und reihen die Körper vor dem Gebäude auf. 125 Geiseln überleben ihre Befreiung nicht.

Doch es regt sich in Russland kaum Widerspruch. Zeitungen und TV-Sender erhalten direkt nach dem Sturmangriff Anrufe aus dem Presseministerium mit der Aufforderung, nicht über den Gaseinsatz zu berichten.

Und das Parlament beschließt binnen Stunden ein neues Pressegesetz, das Kritik an „Anti-Terror-Einsätzen" verbietet.

„Wir haben bewiesen, dass sich Russland nicht in die Knie zwingen lässt", sagt Wladimir Putin in einer Fernsehansprache.

Er ist jetzt so mächtig wie nie zuvor. ◊

DAS ENDE DER ALTEN ORDNUNG

Im Jahr 2002 will die EU die Welt des Kalten Krieges endgültig überwinden. Ihr Chefverhandler muss dafür sein ganzes diplomatisches Talent aufbringen – und Härte

TEXT: *Jens-Rainer Berg*

Am Ende hängt die Geburt des neuen Europa an der polnischen Milchquote. Zwei Tage lang hat Anders Fogh Rasmussen – dänischer Ministerpräsident und in der Europäischen Union der gerade amtierende Ratsvorsitzende der Staats- und Regierungschefs – beim Gipfel im winterlichen Kopenhagen schon intensiv verhandelt. Es geht um den EU-Beitritt von acht Ländern aus dem ehemals kommunistischen Osten, ein wahrhaft epochaler Schritt.

Doch nun, am Abend des 13. Dezember 2002, scheint auf einmal alles davon abzuhängen, wie viele Liter Milch aus den polnischen Kuheutern fließen dürfen. Unter vier Augen setzt sich Rasmussen noch einmal mit dem polnischen Ministerpräsidenten Leszek Miller an den Tisch. „Fass ihn ruhig etwas härter an", hat ein Berater Rasmussens seinem Chef vorher zugeraunt.

Der wird den Rat berücksichtigen.

Der zweitägige EU-Gipfel in Kopenhagen ist der Schlussakt eines langen Polit-Dramas, das 13 Jahre zuvor mit den Umstürzen in Osteuropa begonnen hat. Die damalige Europäische Gemeinschaft aus 15 Ländern sieht sich als Hort freiheitlicher Werte und will die nun auch im einstigen Ostblock verankern. Zugleich hoffen die EG-Staaten auf neue Märkte im Osten. Umgekehrt wollen die Osteuropäer am Wohlstand des Westens teilhaben – und die gerade erkämpfte Demokratie sichern, möglichst durch einen Beitritt zur EG.

Doch die zögert, schließt mit osteuropäischen Staaten nur erste Kooperationsabkommen. Viele Politiker zweifeln an der Kraft der EG, sich massiv zu vergrößern.

Erst 1993 gibt die (mittlerweile durch den Vertrag von Maastricht ins Leben getretene) EU den Ländern im Osten dann doch das ersehnte Beitrittsversprechen – unter anderem aus Furcht vor einer neuerlichen Spaltung des Kontinents. Immer wichtiger wird ein geostrategisches Argument: Durch die neuen Mitglieder soll für den alten Kern der EU eine stabile Pufferzone im Osten entstehen, als Absicherung gegen Konflikte.

Nun beginnt ein langer, bürokratischer Prozess: Jahre dauern Verhandlungen zwischen Brüssel und den Beitrittskandidaten, müssen die ihre politischen, rechtlichen, wirtschaftlichen Systeme denen der EU anpassen, etwa Justiz, Wettbewerbsregeln oder die Pressefreiheit.

Fast ein Jahrzehnt dauert dieser glanzlose, aber überraschend reibungsfreie Prozess – bis 2002 die „EU-Osterweiterung" zur Chefsache wird: Die Regierungen aller beteiligten Staaten sollen abschließend über den Beitritt verhandeln. Unter Führung von Anders Fogh Rasmussen.

Der Ministerpräsident Dänemarks erhält diese Rolle per Zufall, weil sein Land turnusgemäß den EU-Ratsvorsitz innehat. Doch die Besetzung könnte kaum besser sein. Der 49-Jährige gilt als taktisch versierter Krisenmanager. Und das Abschlussthema der Verhandlungen ist äußerst heikel: Es geht ums Geld, vor allem um milliardenschwere Agrarhilfen für die Beitrittsländer.

Mühsam haben sich Deutschland und Frankreich im Vorfeld auf eine Gesamthöhe der Subventionen geeinigt. Doch Polen akzeptiert in Kopenhagen diese Summe nicht. Warschau will mehr – und hofft darauf, die EU unter Druck setzen zu können, weil sich niemand zu diesem späten Zeitpunkt ein Scheitern der Verhandlungen leisten will.

Tatsächlich erwirkt Rasmussen bei seinen EU-Kollegen eine Milliarde Euro zusätzliche Sofortzahlungen für Polen, aber Miller geht noch weiter: Er will auch eine höhere garantierte Absatzmenge für seine Milchbauern.

Da hat der Däne genug. Er bittet Miller zum Vieraugengespräch – und setzt sich durch. Was er sagt, bleibt geheim. Doch gegenüber einem Kollegen deutet er an, er habe ein paar Leute „ein bisschen grob" behandeln müssen.

Am späten Abend des 13. Dezember 2002 kann er die Einigung über den EU-Beitritt von zehn Staaten verkünden: Estland, Lettland, Litauen, Polen, Slowakei, Slowenien, Tschechien, Ungarn, dazu Malta und Zypern. Es ist ein bedeutender Moment der europäischen Geschichte: Die Ordnung des Kalten Krieges ist überwunden.

Am 1. Mai 2004 treten die Neumitglieder bei, 2007 folgen Rumänien und Bulgarien (und 2013 Kroatien). Die EU hat nun mehr als 100 Millionen neue Bürger; die Gemeinschaft ist nach Osten gerückt, im Baltikum grenzt sie direkt an Russland.

Schon im Zuge der EU-Osterweiterung hat Anders Fogh Rasmussen auch mit Wladimir Putin verhandelt. Im Jahr 2009 nimmt der Däne einen neuen Posten an – und muss sich bald noch eingehender mit dem russischen Nachbarn befassen: als Chef der NATO. ◊

ALS VORSITZENDER des EU-Rats leitet der dänische Ministerpräsident Anders Fogh Rasmussen im Dezember 2002 eine der bedeutendsten Konferenzen des 21. Jahrhunderts. Ihr Thema: die Osterweiterung der Europäischen Union

2010

Albanien

Acht KUGELN

BLUT FORDERT neues Blut: Ein Mann aus den Bergen Albaniens zeigt das Geschoss, das seinen Sohn getötet hat – eine weitere Stufe der Eskalation in einer alten Fehde

für die Ehre

Rigoros unterdrückten Albaniens kommunistische Herrscher überkommene Sitten in ihrem Land: Islam und Christentum wurden verboten und auch die Blutrache, Teil des archaischen Gewohnheitsrechts der Bergbewohner. Doch als das Regime 1991 stürzt, kehren die alten Bräuche zurück – und mit ihnen die brutalen Fehden, die nach dem Gesetz der Sühne geführt werden

TEXT: *Constanze Kindel* **FOTOS:** *Nikos Economopoulos*

DAS BILDNIS des Erschossenen ist eine Mahnung an seine Verwandten: Nur wenn sie einen Angehörigen des feindlichen Clans töten, können sie die Ehre der Familie reinwaschen

E

Ein Freitag im Herbst, er tritt aus der Kirchentür und geht zum Parkplatz, als plötzlich ein Fremder seinen Namen ruft. Bist du Dritan Prroj? Ja, antwortet der Pastor, was kann ich für dich tun? Und der Mann, fast noch ein Junge, zieht die Pistole und schießt. Eine Kugel trifft Prroj ins Bein. Eine verwundet einen Mann, der nur zufällig auf der Straße steht in diesem Augenblick, in dem Dritan Prroj sterben soll für einen Mord, den ein anderer begangen hat.

Er flieht, der Junge folgt, sie stolpern um eine Straßenecke, vor einem Laden tötet der Fremde Dritan Prroj. Der Pastor bricht zusammen, acht Kugeln im Körper.

GEFANGEN IM eigenen Haus: Die Männer dieser Familie können ihr Heim nicht verlassen. Denn nur dort sind sie gemäß der Tradition sicher vor der Blutrache

Fünf Jahre zuvor hat sein Onkel hier in der Stadt Shkodra einen Mann erschossen. An diesem Tag nimmt die Familie des Toten ihre Rache. Blut verlangt Blut.

Denn hier im Norden Albaniens folgt die Rache uralten Regeln, dem Recht der Berge. Mord gebiert Mord. Und für die Tat eines Einzelnen muss eine ganze Familie büßen. Muss der Täter sterben oder ein anderer Mann seines Clans, ein Bruder, ein Sohn.

Im Namen dieses Rechts stirbt an jenem Tag im Oktober 2010 Dritan Prroj, 34 Jahre alt, Pastor der evangelischen Kirche *Fjala e Krishtit*, Wort Christi, als er seine Kinder aus der Schule abholen will.

Elona Prroj wartet an diesem Tag daheim auf ihren Mann. Versucht, ihn am Telefon zu erreichen, während die Zeit dahingeht und immer mehr Menschen aus der Gemeinde anrufen und fragen, wo der Pastor ist, bis das Gefühl, dass etwas nicht stimmt, zur Gewissheit wächst und sie nach draußen treibt.

Zwei Stunden läuft sie durch die Straßen. Schließlich begleitet ihr Schwager sie zum Krankenhaus, und dort sind Polizisten, die sagen, sie müsse ins Leichenschauhaus gehen. Da begreift sie, dass es zu Ende ist mit ihm. Dass es vorbei ist, das Warten, die Hoffnung, die Angst. Dass die Blutrache ihr Opfer gefordert hat, einmal mehr.

Diese archaische Tradition ist festgeschrieben im Gesetz der Berge. *Gjakmarrje*, Blutnehmen, heißt sie im *kanun*, dem Gewohnheitsrecht, das seit Menschengedenken das Leben im albanischen Hochland bestimmt. Über Jahrhunderte stand in den Bergen der Kanun über der Ordnung der Herrschenden, dem Recht der Sultane und später dem des Fürsten, des Königs. Erst dem kommunistischen Regime ab 1944 gelang es, die Autorität des Kanun zu brechen. Für viereinhalb Jahrzehnte schien die Blutrache erloschen.

Aber nach dem Sturz der Diktatur im Februar 1991, als die Demokratie jung war und der neue Staat schwach, kehrte die Rache zurück mit aller Macht. Was die Kommunisten unterdrückt hatten, wurde wieder Alltag.

Nach dem Gesetz der Berge verlangt nicht allein der Tod eines Menschen die Ermordung eines anderen. Es ist die Ehre eines Mannes, die, einmal beschmutzt, nur mit Blut reingewaschen werden kann. Die Ehre, die mehr wert ist als das Leben selbst.

Jede Tötung aber bedeutet eine neue Ehrverletzung. So werden Fehden geboren, ein Kreislauf, der Generationen überdauern kann. Mit jedem Mord wechselt die Pflicht zur Rache von einer Familie zur anderen. Und immer werden auch Väter, Brüder, Söhne, Neffen zu Gejagten.

Die Welt, die ein solches Recht hervorgebracht hat, existierte lange in sich verschlossen, abgeschieden vom Rest des Landes.

°

ALS ALBANIEN im 15. Jahrhundert an das Osmanische Reich fällt, flüchten im Norden viele Menschen in die Berge. In der kargen Gegend, wo Zusammenhalt überlebensnotwendig ist, wächst eine Stammesgesellschaft heran. Zu einer Sippe gehören alle Blutsverwandten, die ihre Abstammung auf einen gemeinsamen männlichen Vorfahren zurückführen.

Die entlegenen Bergdörfer entziehen sich der Macht der osmanischen Sultane, regieren sich selbst. Der Kodex, nach dem die Menschen hier leben, reicht zurück in eine Zeit weit vor der osmanischen Eroberung. Manche seiner Normen bestehen wahrscheinlich

DUË NIKOLI (o. r.), soll die Blutschuld seiner Familie nach dem Tod seines Verwandten Andre begleichen – indem er einen Mann aus dem Clan des Mörders erschießt

seit der Antike. Eine Richtschnur, die Jahrtausende überspannt.

Mehrere dieser althergebrachten Rechtsvorstellungen stehen im osmanisch regierten Albanien nebeneinander, ähnlich in ihren Vorschriften, jede mit Geltung in einer anderen Region. Lange nur mündlich überliefert, werden die verschiedenen Varianten des Kanun erst seit dem Ende des 19. Jahrhunderts allmählich niedergeschrieben. Die bekannteste trägt ab 1898 ein Franziskanerpater zusammen.

Ihre 1263 Abschnitte umschreiben das ganze Leben, von der Wiege bis zum Grab. Hochzeiten und Todesfälle, Jagd und Fischfang, die Arbeit von Schmieden. Die Regeln des Kanun sind den Menschen im nördlichen Hochland heiliger als die Lehren von Islam und Katholizismus.

Die wichtigsten Werte, die der Kanun kennt, sind Ehre und Gastfreundschaft. Um den Gast zu verpflegen und zu beherbergen, muss jeder Hausherr aufwenden, was er hat. *Das Haus des Albaners gehört Gott und dem Gast.*

Die Rache aber gehört nicht Gott. Sie ist den Menschen überlassen: *Der starke Mann holt sich selbst die Buße.*

Die Regeln der Blutrache sind nur ein kleiner Teil des Kanun. Aber sie sind genauer beschrieben als jede andere Pflicht. Für besonders schwere Verbrechen, etwa die Tötung eines Priesters, eines Gastes, des eigenen Vaters, eines Verwandten aus Erbschaftsgründen, kennt der Kanun die Todesstrafe, vollstreckt von der Gemeinschaft.

Seine Ehre muss ein Mann indes allein verteidigen. Sie wird ihm geraubt, wenn man ihn schlägt, bespuckt, bedroht, wenn man ihn vor anderen Männern der Lüge bezichtigt, wenn ihm ein anderer ein Darlehen nicht zurückzahlt, in sein Haus oder in seine Scheune einbricht, seine Frau verführt, vergewaltigt oder entführt oder ihn als Gastgeber beleidigt. Wer seine Ehre wiederhaben möchte, muss töten.

Neben dem Täter kann auch jeder seiner männlichen Verwandten Ziel der Rache werden, jeder erwachsene Mann, der sein Blut und seinen Namen teilt. Ein Junge gilt als erwachsen, sobald er ein Gewehr tragen kann.

Frauen nimmt der Kanun von der Rache aus. Eine Frau erbt nicht und besitzt nichts, ist nicht mehr als eine Hülle, in der Ware transportiert wird, zum Gebären bestimmt.

FRAUEN SIND von der Blutrache ausgenommen, Kinder nicht: Sobald ein Junge ein Gewehr halten kann, gilt er als erwachsen. Dann kann er morden – und ermordet werden

Den Männern, die Blut schulden, bleibt, so will es der Kanun, nur ein einziger sicherer Ort: das eigene Haus. Wer es verlässt, der kann überall auf den Tod treffen.

Nur auf zwei Wegen endet eine Blutfehde. Wenn Vermittler eine Versöhnung der beiden Familien aushandeln. Das Ritual ist festgeschrieben: Zwei Männer, deren kleine Finger verbunden und mit einer Nadel durchstochen werden. Zwei Tropfen Blut, die in Gläser fallen. Sie trinken mit überkreuzten Händen, jeder das Blut des anderen. Ein Kreuz am Haus markiert das Ende der Fehde.

Die andere Möglichkeit ist, wenn in einer Familie keine Männer mehr übrig sind.

Die Blutfehden bestehen fort, als die osmanische Herrschaft zu Ende geht, als das unabhängige Albanien Fürstentum wird, kurz Republik und schließlich Monarchie, als im April 1939 italienische Truppen das Königreich besetzen und im September 1943 die deutsche Wehrmacht, als Ende November 1944 die Kommunisten die Macht in Tirana übernehmen und in den frühen Jahren der Sozialistischen Volksrepublik Albanien.

Die 1941 gegründete kommunistische Partei kämpft während des Zweiten Weltkriegs gegen die Anhänger der nationalistischen Befreiungsbewegung. Die Kommunisten setzen sich schließlich durch in diesem inneralbanischen Krieg. Ihr Anführer Enver Hoxha wird Albaniens Diktator.

Unter Enver Hoxha orientieren sich die Kommunisten an den brutalen Regimen Stalins und Mao Zedongs. Sie verstaatlichen Industrieunternehmen, enteignen Landbesitzer, unterdrücken die Opposition, errichten eine Einparteienherrschaft. Niemand ist der Kontrolle des Staates entzogen.

Einen sozialistischen Menschen wollen Hoxhas Kommunisten erschaffen, und so verbannen sie den Kanun ins Archiv des Instituts für Volkskultur. Auf Blutrachemorde steht jetzt die Todesstrafe. Familien, die an einer Fehde beteiligt sind, werden voneinander getrennt und umgesiedelt in unterschiedliche Teile des Landes.

In den 1960er Jahren ist die Blutrache so gut wie ausgelöscht. Bald darauf verbietet Hoxha alle Religionen. Immer rigoroser wird das Regime, immer mächtiger die Geheimpolizei. Zehntausende sind in Lagern interniert.

Als Enver Hoxha 1985 stirbt, ist Albanien das drittärmste Land der Erde. Die Bevölkerung hungert, Essensrationen sind knapp, Menschen dürfen fast nichts besitzen außer ihren Häusern.

Fünf Jahre nach dem Tod des Diktators bricht sein Regime zusammen. Am 20. Februar 1991 versammeln sich mehr als 100 000 Einwohner der Hauptstadt Tirana, um eine Bronzestatue Hoxhas im Zentrum zu stürzen.

°

ELONA PRROJ, die Tochter eines Schmieds aus einer Stadt im Süden, ist damals zehn Jahre alt. Wenn sie heute zurückdenkt an diese Zeit, dann erinnert sie sich vor allem an ein Gefühl: Hoffnung. Sie erinnert sich an die vielen Missionare, die nach Albanien kommen, an Stadien voller Menschen, die sich von Gott erzählen lassen wollen.

Ihre ältere Schwester besucht eine Bibelschule in Tirana, und sie bekehrt auch Eltern und Geschwister. Da war ein Hunger, sagt Elona, ein Hunger in den Herzen.

Der Zusammenbruch des Regimes hat ein Vakuum hinterlassen. Viele besinnen sich auf das, was war, bevor die Kommunisten kamen. Alte Werte gelten wieder. Alte Konflikte brechen wieder auf.

Alle Spannungen, alle Gegensätze in der Bevölkerung haben die Kommunisten jahrzehntelang nur unterdrückt, Einheit erzwungen.

Albanien hat keine demokratische Tradition, die nun wiederaufleben könnte, keine Erinnerung an eine politische Kultur, eine Zivilgesellschaft, auf die sich nun bauen ließe. Seine Bürger kennen keine politische Beteiligung, kein Parteiensystem. Dieses Erbe lastet schwer auf dem Land.

Schon im ersten Jahr der neuen Zeit berichten die Zeitungen von Männern, die auf offener Straße umgebracht werden, um eine jahrzehntealte Blutschuld zu begleichen, eine Tötung zu rächen, die ihr Vater oder Großvater begangen hat, vor dem Weltkrieg, ein halbes Jahrhundert zuvor.

Viele der neuen Blutfehden gründen in dem Wunsch nach Rache an ehemaligen Funktionären des Regimes, an Polizisten und Mitarbeitern des Geheimdienstes, für Übergriffe und erlittenes Unrecht. Entstehen im Streit um Grundstücksgrenzen und Bewässerungskanäle, um Land, das unter kommunistischer Herrschaft enteignet und umverteilt worden ist und nun wieder privatisiert wird.

Die Blutrache folgt jetzt oft nicht mehr den alten Regeln. Häufig ist sie nur noch ein Vorwand, um Selbstjustiz zu rechtfertigen. Ein Unfall, eine fahrlässige Tötung reichen aus für einen Mord.

Blutfehden vermischen sich mit organisierter Kriminalität, mit Streitigkeiten zwischen Familienclans, die mit Drogen handeln und mit Menschen. Geschäfte, in die auch viele Politiker und Beamte verwickelt sein sollen. Auch Frauen können jetzt zu Opfern werden, und manchmal zu Täterinnen.

Der neue Staat ist schwach, arm und korrupt. Nicht in der Lage, seine Ordnung durchzusetzen, und manchmal nicht willens. Viele seiner Beamten sind käuflich, die Mehrheit seiner Bürger lehnt sein Recht, seine Regierenden ab.

DIESE MÄNNER einer Familie warten auf das nächste Attentat. Seit 1991 sollen mehr als 10 000 Menschen durch Blutrache ums Leben gekommen sein

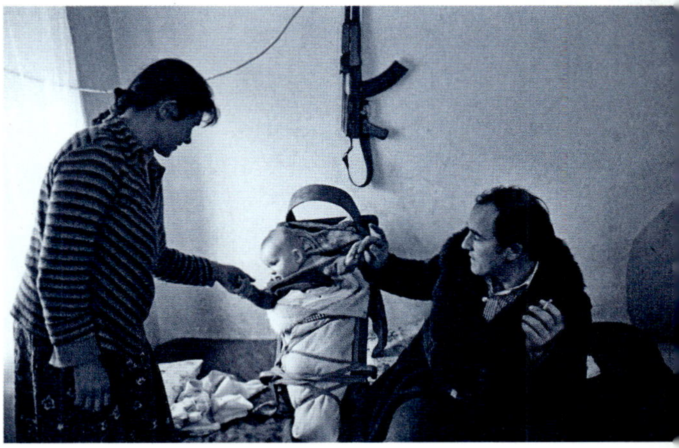

AN EINER WAND hängt die Maschinenpistole, wie ein Symbol für das Faustrecht, das nach 1991 wieder vielerorts in Albanien gilt. Denn der Staat ist schwach und korrupt

Nach einer Übergangszeit, geprägt von Unruhen, Rechtlosigkeit, Massenflucht, gewinnt 1992 die antikommunistische Opposition die Wahlen. Doch als fünf Jahre später die Wirtschaft zusammenbricht, die Regierung stürzt und die Vereinten Nationen Friedenstruppen schicken, gelingt bei Wahlen den Sozialisten der Sieg. In der Folge prägt der Kampf dieser beiden Blöcke den Staat.

Elona Prrojs Leben entwickelt sich in dieser Zeit wie unbeirrt von den Krisen im Land, so früh scheint für sie alles festzustehen. Mit 14 zieht sie zu ihrer Schwester in den Norden, nach Shkodra, wo ihr Schwager Pastor einer evangelischen Kirche ist. Sie ist 16, als sie sich verlobt, mit Dritan, fünf Jahre älter als sie, der beste Freund ihres Schwagers, in der Gemeinde die rechte Hand des Pastors. Sie heiraten, Dritan Prroj wird Pastor, und sie haben zwei Kinder.

°

OFT BETTELN Frauen in der Kirche um Essen. Elona ärgert sich darüber, wieso arbeiten die nicht hart? Sie fragt eine, und die sagt: Sie haben meinen Mann erschossen, als er kurz in den Hof gegangen ist, der Täter wartete hinter dem Gartentor.

Die Familien der Frauen, die um Essen betteln, leben in Blutrache. In ihren Häusern verstecken sich Ehemänner, Väter, Söhne hinter verschlossenen Türen und verdunkelten Fenstern vor dem Tod.

An einem Abend im September 2005 stehen zwei Männer aus der Nachbarschaft vor Elonas Tür. Geh nicht nach draußen, warnen sie Dritan: Dein Onkel hat einen Mann getötet. Was genau geschehen ist, bleibt verworren.

Nikollë Prroj, Besitzer eines Lokals, hat einen Mann erschossen. Nicht den Betrunkenen, der ihn beleidigt hat, sondern einen Polizisten in Zivil, der den Streit schlichten wollte. Notwehr, ein Unglück, ein Schuss, der den Falschen getroffen hat: Vielleicht war es so, wie seine Familie es erklärt, sich und anderen. Sicher ist, was nach dem Schuss kommt. Nikollë Prroj flieht aus seinem Lokal und taucht unter.

Von diesem Tag an verlassen 25 Männer seiner Familie das Haus nicht mehr, sperren sich selbst aus Angst ein. Zwei der 25 sind der Pastor Dritan Prroj und sein Sohn Gabriel, vier Jahre alt.

Der Kanun verbietet das Töten von Kindern. Aber als sie Gabriel nach einem Jahr im Versteck im Kindergarten anmeldet, warnt Elona die Betreiber, ihren Sohn nicht nach draußen zu lassen, wenn jemand nach ihm fragt.

Dritan kann die Rache ohnehin jederzeit treffen. Zwar nimmt der Kanun Priester ausdrücklich von der Blutrache aus – doch dies gilt nur für Katholiken, nicht für einen evangelischen Prediger.

Anfangs glaubt Elona noch, dass alles gut wird. Du weißt nicht, in was für einen Kreislauf deine Familie eingetreten ist, sagen die anderen. Wir sollten mit der anderen Familie reden, sagt Elona, sie sind doch Menschen, sie werden verstehen, dass wir gegen das Töten sind und dass es uns so leidtut, was geschehen ist. Du verstehst nicht, sagen die anderen.

Sie glaubt, dass alles gelöst werden kann. Wir werden eine Weile im Haus bleiben, dann schicken wir die Ältesten, um für uns um Vergebung zu bitten. Wir haben nichts getan, mach dir keine Sorgen, sagt sie zu ihrem Mann. Du verstehst nicht, sagt er.

Und es wird nicht wieder gut. Vier Jahre lang verlässt ihr Mann das Haus nur sehr selten, hält die Kirchentreffen daheim ab.

Das Leben: nur eine Reihe von überstandenen Tagen.

Immer wieder versuchen Elona und Dritan, Vermittler zur Familie des toten Polizisten zu schicken. Jedes Mal zahlen sie ihnen viel Geld für ihre Dienste, jedes Mal kommen die Beauftragten ohne Ergebnis zurück. Die Familie will nicht verhandeln.

Eines Tages sagt Dritan, er habe sich entschieden: Er werde fortan das Haus verlassen. Einfach brechen mit dem Tabu, das Unschuldigen wie ihm die Freiheit nimmt. Er will kein Gefangener mehr sein. Er will kämpfen. Ein Zeichen setzen gegen die Blutrache. Gott habe zu ihm gesprochen und ihm diesen Auftrag erteilt.

Für ein Jahr kehrt er zurück in die Welt vor der Tür des Hauses. Und Elona ist stets dabei. Sie hat gelesen, dass der Kanun es verbietet, einen Mann zu töten, wenn er von einer Frau begleitet wird.

Dann kommt dieser Freitag, an dem er seine Predigt für den Sonntag vorbereitet. Er will nur kurz in der Kirche vorbeischauen, die Kinder von der Schule abholen und gleich wieder nach Hause kommen. Komm nicht mit, sagt er. Sie ist nicht da an diesem Tag, und wenn Gott da ist, dann hilft er ihm nicht. Acht Kugeln.

Zweieinhalb Jahre später ändert die albanische Regierung das Strafgesetzbuch. Auf Blutrachemorde stehen jetzt mindestens 30 Jahre. Aber zu Verurteilungen kommt es nur selten. Viele Betroffene glauben nicht, dass der Staat ihnen Gerechtigkeit verschaffen kann. Hilfe erwarten sie sich nur von Geistlichen und von Gott.

Die Justiz ist noch immer korrupt und ineffizient. Allzu oft entscheiden Geld und Beziehungen darüber, ob ein Verfahren eingeleitet, ein Urteil gesprochen wird.

MEHRERE Zehntausend Männer sind durch die Blutfehden aus ihrer Heimat in den Bergen vertrieben worden (Bewohner des nordalbanischen Dorfes Perlat)

NUR SELTEN durchbrechen zwei Familien die Gewaltspirale der Blutfehde und versöhnen sich wie hier, ausgehandelt von einem Vermittler

Und es gibt andere, denen alle Strafen, die der Staat verhängt, nicht reichen: Angehörige von Opfern, die als Zeugen für den Mörder aussagen, um dessen Freilassung zu erwirken und ihn dann selbst zu richten. Die einen Täter nach langer Haft am Tag seiner Entlassung aus dem Gefängnis töten.

Mindestens 120 Familien leben 2017 in Blutrache, wahrscheinlich sind es viel mehr – obwohl die Morde seltener geworden sind, weil die Bedeutung der Familie und des Clans allmählich abnimmt.

Eine Woche vor seinem Tod trifft Dritan Prroj seinen Bruder auf einen Kaffee und nimmt ihm ein Versprechen ab: Wenn sie mich töten, dann soll unsere Familie mein Blut vergeben. Der Bruder gibt ihm das Versprechen.

Elona erfährt davon erst nach seinem Tod, und sie denkt, er wusste es. Er wusste, was kommt.

Am dritten Tag nach der Beerdigung vergibt die Familie Prroj den Angehörigen des Täters. Ihre Familie wird den Kreislauf des Tötens unterbrechen.

Es ist leicht, dem Täter zu verzeihen, findet Elona. Als sein Onkel bei dem Streit in dem Lokal getötet wurde, war er 16 Jahre alt, ein Junge, dem die nächsten fünf Jahre alle um ihn herum die Rache einredeten. Er tut ihr leid.

Der Mensch aber, dem Elona lange nicht vergeben kann, ist die Mutter des Jungen. Wie kann sie ihn ermutigen, einer anderen Frau den Mann zu nehmen, Kindern den Vater? Hätte ich das mit meinem Sohn gemacht, sagt Elona, hätte ich in ein paar Jahren einen Mörder in meinem Haus gehabt.

Dritan ist tot, der Täter sitzt im Gefängnis. Der Onkel, der mit einem Schuss die Fehde ausgelöst hat, bleibt lange verschwunden und wird in Abwesenheit verurteilt. Als er acht Jahre nach der Tat wieder auftaucht, ist seine Strafe verjährt. Er lebt wieder in Shkodra, ein freier Mann. Die Vergebung, die ihre Familie gewährt hat, ist die einzige, die Elona je erlebt hat.

Und dann erzählt sie von Bekannten, Vater, Mutter, sechs Söhne, ein Neffe. 18 Jahre dauert die Blutfehde nun, in der sie sich befinden, sechs Menschen aus zwei Familien sind tot, einer von ihnen der Vater des Neffen. Als er getötet wurde, war der Junge noch nicht geboren. An seinem ersten Geburtstag erhängte sich die Mutter.

Der Junge wächst beim Onkel auf. Als Elona die Familie besucht, klagt die Tante, er wolle nicht zur Schule gehen. Warum nicht, fragt Elona, und er fragt zurück: Warum sollte ich? Wenn ich erwachsen bin, werde ich töten oder getötet werden. Er ist zehn Jahre alt. ◊

PRÄSIDENT IM ZWIELICHT

Korruption prägt die postkommunistischen Staaten in Südosteuropa. Montenegro verkommt gar zu einem riesigen Schwarzmarkt

TEXT: *Tobias Scharnagl*

Die Ermittler in der italienischen Adriastadt Bari verhören den elegant gekleideten Ausländer an diesem Märztag 2008 schon seit sechs Stunden. Was er über Zigarettenschmuggel wisse? Ob er Banden vom Balkan gedeckt habe? Doch der Befragte bleibt bei seiner Linie: Er habe damit rein gar nichts zu tun. Der Mann im Maßanzug, dem die Staatsanwaltschaft Geschäftsbeziehungen zur Mafia und Geldwäsche vorwirft, ist kein gewöhnlicher Verdächtiger. Er ist freiwillig hier, sein Amt sichert ihm Immunität. Er heißt Milo Djukanović und ist der Ministerpräsident von Montenegro.

Djukanović ist einer der schillerndsten Politiker, die der Fall des Eisernen Vorhangs nach oben gebracht hat. Seit 1991 regiert er Montenegro fast ununterbrochen, mal als Premier, mal als Präsident – und immer wieder wird ihm vorgeworfen, er habe das Land zu einem Selbstbedienungsladen seines Clans umgebaut.

Montenegro ist nicht der einzige korrupte Staat in der Region. Nach 1989 sind viele der neuen Staaten dort instabil, von Vetternwirtschaft und Verbrechen geplagt. Ihre Herrscher entstammen oft den alten Machteliten und machen sich Wirtschaft und Justiz ihrer Länder untertan. Zudem sind die Rechtssysteme oft zu schwach, um Kriminelle zu verfolgen – oder zuständige Beamte sind korrupt. In Serbien betreibt die Geheimpolizei Schmuggel, Entführungen und Attentate. In Albanien arbeiten Agenten des aufgelösten Geheimdienstes für die organisierte Kriminalität. Kroatien und Slowenien werden von Korruption bis in die Staatsspitzen erschüttert. Und Montenegro wird zum Umschlagplatz für Schmuggelware.

Mitverantwortlich sind die Vereinten Nationen. Um den 1991 ausgebrochenen Krieg in Jugoslawien zu beenden, verhängen sie ein Wirtschaftsembargo gegen Serbien und Montenegro (die nun Restjugoslawien bilden). Es soll die Kriegstreiber in diesen Staaten zu Friedensverhandlungen zwingen. Außer Lebensmitteln und Medikamenten darf nichts mehr ein- und ausgeführt werden. Und so bildet sich ein gigantischer Schwarzmarkt, in dem Verbrecher, Polizisten, Unternehmer und Politiker eng zusammenarbeiten.

Das Embargo endet zwar 1996, nicht aber das illegale Geschäft. Nun bringen geschmuggelte Zigaretten das große Geld, die die Hersteller nach Montenegro liefern und dort günstig der italienischen Mafia verkaufen. Die bringt die Tabakware dann mit Schnellboten nach Italien und verkauft sie für den doppelten Preis in der Europäischen Union (was die EU-Staaten in den folgenden zehn Jahren geschätzte zehn Milliarden Euro an entgangenen Steuereinnahmen kostet). Möglich wird dies nur durch die Kooperation montenegrinischer Politiker. Zu ihnen soll auch Djukanović gehören – was ihm niemals nachgewiesen wird und was er bis heute bestreitet.

Der Sohn eines Richters ist das Gesicht der „Demokratischen Partei der Sozialisten", Nachfolgeorganisation der montenegrinischen KP. 1991 ist er mit 29 Jahren Europas jüngster Regierungschef (anfangs nur in einer Teilrepublik, da Montenegro ja noch zu Jugoslawien gehört).

Obwohl er in seinem Regierungsamt nur 1500 Euro im Monat verdient, nimmt Djukanović bald schon offensichtlich Millionen ein. Seinem Bruder gehört die größte Bank des Landes, die Schwester ist eine mächtige Wirtschaftsanwältin, der Sohn steigt ins Immobiliengeschäft ein, macht zudem Deals im Energiesektor, im Handel und im Dienstleistungsbereich.

Gestützt auf einen mächtigen Parteiapparat, gewinnt Djukanović fast alle Wahlen, ist mal Regierungschef, mal Präsident.

Zudem weiß er, wann es an der Zeit ist, alte Verbindungen zu kappen: Mitte der 1990er Jahre bricht er mit seinem Mentor Slobodan Milošević, dem serbischen Präsidenten, und forciert Montenegros Unabhängigkeit von Serbien, die schließlich 2006 per Volksentscheid beschlossen wird. Djukanović bekennt sich zu den Werten der EU, betont den Wunsch Montenegros, in die Union aufgenommen zu werden.

Wohl auch deshalb sieht der Westen beim Zigarettenschmuggel lange Zeit nicht so genau hin.

Das aber tut die italienische Staatsanwaltschaft. 2008 stellt sich Djukanović in Bari ihren Fragen. Und bestreitet, sich an den illegalen Geschäften persönlich bereichert zu haben. Dann geht er. Wegen Mangels an Beweisen wird nie Anklage erhoben, die Ermittlung bald eingestellt.

Da das Tabakgeschäft nun aber unter Beobachtung steht, bringen Schnellboote aus Montenegro bald neue Waren in die EU: Frauen und Mädchen, die zur Prostitution gezwungen werden. Kokain. Heroin. Die Güter wechseln, der Schmuggel bleibt.

Wie auch Milo Djukanović. Im April 2018 ist er erneut für fünf Jahre zum Präsidenten gewählt worden.

Mit absoluter Mehrheit. ◊

MIT 29 JAHREN wird Milo Djukanović 1991 Europas jüngster Staatschef. Seither regiert er Montenegro fast ununterbrochen, hat Verwandten lukrative Jobs verschafft. Den Verdacht, er habe mit der Mafia kooperiert, bestreitet er rigoros

KAMPF um

Lange Zeit ist die Ukraine ein treuer Weggefährte Russlands, doch nach dem Ende der UdSSR ist das Land hin- und hergerissen zwischen Ost und West. Es ist ein Pendeln, das die Gesellschaft in heftigen Kämpfen spaltet – und einen internationalen Konflikt eskalieren lässt. Denn das wiedererstarkte Moskau will Kiew nicht aus seinem Einflusskreis entlassen. 2014 mobilisiert Wladimir Putin seine Truppen

TEXT: *Cay Rademacher*

HINTER BRENNENDEN Barrikaden verschanzt, schleudern Demonstranten auf dem zentralen Kiewer Platz Majdan Anfang 2014 Pflastersteine in Richtung Polizei. Der Protest richtet sich gegen Wiktor Janukowitsch, Präsident der Ukraine – und Günstling Moskaus

KIEW

Es gab einmal eine Zeit, da gehörte die Ukraine zum modernen Europa, und das ist noch gar nicht so lange her: 2012 war das Land, gemeinsam mit Polen, Gastgeber der Fußball-Europameisterschaft. Zehn Kilometer nordwestlich des Zentrums der Großstadt Donezk wurde zum Sportfest das neue Terminal des Airports eingeweiht, ein Gebilde in Stahl und Glas. Für viele Ukrainer war es „der schönste Flughafen der Welt".

Heute sieht er aus wie Stalingrad 1943. Der Tower ist granatzernarbt, im Terminal sind die Fassaden weggesprengt, die Startbahnen sind von Explosionen umgepflügt. Und jeder, der sich zwischen die ausgebrannten Hangars wagt, riskiert sein Leben in Sprengfallen. Allerdings gibt es kaum noch jemanden, der zu dem Flughafen gehen würde.

Denn acht Monate lang haben hier Ukrainer gegen Ukrainer und Russen gekämpft, mindestens 700 Soldaten sind gestorben.

Donezk ist die wichtigste Stadt im Donbass, einer Region weit im Osten der Ukraine. Dieser Osten ist seit Frühjahr 2014 Schlachtfeld eines unerklärten Krieges zwischen, nennen wir sie der Einfachheit halber: „Loyalisten", die für die Regierung in Kiew und eine ungeteilte Ukraine einstehen, und „Separatisten", die die östlichen Provinzen unabhängig machen wollen. Für die Loyalisten kämpfen reguläre ukrainische Truppen und irreguläre, zumeist rechtsextreme Milizen. Bei den Separatisten sind ostukrainische „Landwehren" aktiv.

Und auch Russlands Armee.

Zeitweilig läuft die Front mitten durch den Flughafen. Am 26. Mai 2014 besetzen separatistische Kämpfer der von der Ukraine abtrünnigen „Volksrepublik Donezk" sowie russische Kämpfer in Tarnanzügen die Anlage: Männer mit Kalaschnikows, die in Lkw heranbrausen.

Am folgenden Tag landen loyalistische Fallschirmjäger der Zentralregierung auf dem Airport, ukrainische Kampfbomber und Militärhubschrauber feuern auf die Anlage. Nach 24 Stunden und 50 Toten müssen die Separatisten fliehen; später werden mehr als 30 Särge nach Russland überführt – ein Indiz dafür, dass einer der größten Flughäfen der Ukraine ohne Kriegserklärung durch russische Kämpfer gestürmt worden ist.

Die siegreichen Loyalisten massieren Panzer und Geschütze in dem Areal und schießen in die Stadt, die von den Separatisten gehalten wird. Panzer rollen über Straßen, feuern in Chemiewerke. Schwere Hubschrauber grollen über den Horizont und geben Raketensalven ab.

Wer schießt? Wer wird getroffen? Schwer zu sagen: Alle Seiten kämpfen mit Panzern, Maschinengewehren und Hubschraubern aus russischer Fertigung, alle Kämpfer stecken in den gleichen Tarnanzügen, überall werden Befehle auf Russisch oder Ukrainisch gebrüllt.

So geht es mehrere Monate lang.

Am 28. September 2014 versuchen Separatisten einen erneuten Vorstoß auf den Flughafen. Sie verfügen über russische Granatwerfer. Im Geschosshagel der folgenden Wochen stürzen Stockwerke des Terminals ein, die Angreifer robben sich durch die Ruinen von Werkstattgebäuden heran. Im Januar 2015 beginnt der finale Angriff der Separatisten.

Unabhängige Berichte darüber gibt es nicht, doch muss er schrecklich sein: Im dritten Stock des Terminals, einem trümmerübersäten Betondeck, haben sich die letzten loyalistischen Verteidiger verschanzt. Die Angreifer zwingen sich durch verminte Treppenhäuser nach oben.

„Wir haben ihnen die Hölle bereitet", sagt ein Rebellenführer stolz zu einem filmenden Kameraden. Er misshandelt gefangene ukrainische Soldaten – und lädt das Video im Internet hoch.

Es ist der 22. Januar 2015, der Airport von Donezk ist wieder in der Hand der „Volksrepublik Donezk", die von keinem Staat der Welt anerkannt wird.

Außer von Russland.

Denn in Moskau sitzen die Regisseure dieses Krieges. Die Ukraine ist für die Machthaber im Kreml eine gute Beute, weil sie sich dort Stützpunkte, Rohstoffe, Industrien und Menschen rauben. Und es ist zugleich eine Geisel, weil es ein Faustpfand ist in einem neuen globalen Konflikt: Russland gegen den Westen.

Denn nun ist Realität geworden, was wenige Jahre zuvor niemand mehr für denkbar gehalten hat: dass mitten in Europa wieder Krieg möglich ist. Dass eine Atommacht diesen Krieg nicht bloß führt, sondern ihn provoziert.

Und dass dieser Kampf irgendwo östlich des Dnjepr einen globalen Konflikt entzünden könnte. Droht ein Kalter Krieg, Version 2.0?

PRÄSIDENT JANUKOWITSCH lässt seine Elitepolizei gegen die Protestierer in Kiew aufmarschieren. Doch die Einsätze befeuern den Aufruhr nur noch mehr

UKRAINA HEISST auf Russisch „Grenzland", und das verrät eigentlich schon alles: Grenzland, das ist die Peripherie, oft eher unbedeutend, weit entfernt und keineswegs unabhängig. Aber ein Grenzland ist die Ukraine nur aus *russischer* Sicht; allein aus diesem Blickwinkel ist sie der Hinterhof, kein Nachbar und schon gar kein eigener Staat. Dabei ist sie Europas zweitgrößtes Land und erreicht mit 45 Millionen Einwohnern immerhin ein knappes Drittel von Russlands Bevölkerung.

Ein *eigener* Staat war die Ukraine jedoch lange Zeit nicht. Zum nationalen Mythos sind dort aber die Kosaken geworden – Gemeinschaften von entlaufenen Leibeigenen und Abenteurern, die sich im 16. Jahrhundert am Dnjepr bilden, wo sie gegen Tataren und polnische Adelige kämpfen. 1648 gründen diese Freischärler eine Art Freistaat, der vielen Ukrainern heute als Urform ihrer Nation gilt. Sie sprechen Ukrainisch, eine dem Russischen eng verwandte Sprache.

Schnell stehen die Kosaken im Kampf mit ihren Nachbarn aus Polen, und so wenden sie sich an den Zaren in Moskau und bitten ihn, ihr Land zum russischen Protektorat zu machen – was der auch 1654 tut.

Zwar fällt eine Hälfte des Freistaats vorübergehend doch an Polen, doch 1775 kommt das gesamte ukrainische Kosakengebiet endgültig ans Zarenreich. Ein weiteres Gebiet mit überwiegend ukrainischsprachiger Bevölkerung gelangt dagegen bald darauf von Polen an Österreich: Ostgalizien mit der Stadt Lemberg.

Zudem erobert Zarin Katharina die Große in diesen Jahrzehnten am Schwarzen Meer von den muslimischen Krimtataren (*nicht* von den Ukrainern) die Halbinsel Krim sowie die gesamte nördliche Küste des Binnenmeeres. Erst *nach* diesem Sieg werden auf der Krim und dem fruchtbaren Steppenland am Schwarzen Meer ukrainische Bauern angesiedelt, aber es sind Russen, die dort Städte wie Odessa gründen.

Das spätere Staatsgebiet der Ukraine besteht also im Wesentlichen aus drei Teilen mit unterschiedlicher Geschichte: dem Freistaat der Kosaken, Ostgalizien sowie der Steppe mit der Krim.

Nach der Oktoberrevolution ist ein Großteil dieses Territoriums ab 1922 zum ersten Mal in einem Staat vereint, der das Wort „ukrainisch" im Namen trägt: In jenem Jahr machen Lenins Kommunisten die von ihnen ausgerufene „Ukrainische Sozialistische Sowjetrepublik" zu einem Teil der UdSSR (die ja formal eine Union mehrerer Republiken ist).

IM FEBRUAR 2014 verschärfen sich die Kämpfe auf dem Majdan. Ausgelöst hat sie das (von Moskau geforderte) Nein der Kiewer Regierung zu einer EU-Annäherung

Doch die Ukraine ist nicht souverän, alle Entscheidungen werden in Moskau getroffen – und das heißt ab 1927: von dem Sowjetdiktator Josef Stalin. Der Donbass, die Region im Osten des Landes, wird von ihm rücksichtslos industrialisiert. Bereits 1933 stammen 70 Prozent der Kohle und 63 Prozent des Stahls der Sowjetunion aus dem Donbass.

Die Bauern der Ukraine werden zur gleichen Zeit in Kolchosen gezwungen. Folgen sind Tausende Revolten der Landbevölkerung und eine unfassbare Not: 3,5 Millionen Menschen sterben während der 1930er Jahre in einer Hungerkatastrophe. Mindestens 122 000 Ukrainer werden im Großen Terror Stalins hingerichtet, zahllose weitere deportiert.

Da ist es wenig verwunderlich, dass im Zweiten Weltkrieg viele Ukrainer mit den deutschen Truppen gegen die Rote Armee kämpfen, einige Tausend Männer sogar in einer SS-Division.

Nach 1945 ist die um Gebiete im Westen vergrößerte Ukraine endgültig Teil der UdSSR. Im Osten des Landes werden Rohstoffe für die Weltmacht gefördert. Der Westen bleibt landwirtschaftlich geprägt. Kiew ist eine der bedeutendsten Städte der UdSSR. Und im Süden gehört die Krim seit 1954 zur Ukrainischen Sowjetrepublik – auch wenn dies nur eine Propaganda-Aktion war: Zum 300-jährigen Jubiläum des Zaren-Protektorats über die Kosaken ist die Halbinsel feierlich von der Russischen zur Ukrainischen Sowjetrepublik übertragen worden. Praktisch aber hat das keine Bedeutung. Die Krim bleibt der wichtigste Stützpunkt der sowjetischen Kriegsflotte. Hier ankern mehr als 800 Schiffe, rund 100 000 Soldaten sind in Sewastopol stationiert.

Kurz: Der Osten der Ukraine ist die Fabrikhalle der Sowjetunion, der Westen ihre Kornkammer und der Süden ihre Marinebasis.

1989 ist mehr als jeder fünfte Einwohner der Ukraine russischstämmig, Russisch ist zur Umgangssprache geworden, außer in den westlichen Regionen. Nur zehn Prozent aller ukrainischen Zeitschriften erscheinen noch auf Ukrainisch. Hätte es 1989 eine Umfrage gegeben, wäre wohl nur ein kleiner Teil der Ukrainer auf die Idee gekommen, die Gründung eines eigenen Staates zu fordern.

Doch zwei Jahre später tritt genau das ein: Am 24. August 1991 – nach einem gescheiterten Putsch von Altkommunisten gegen Reformer Michail Gorbatschow zerbricht die UdSSR (siehe Seite 42) – erklärt das Parlament in Kiew die Unabhängigkeit der Ukraine. Erster Präsident wird Leonid Krawtschuk, ein langjähriger Funktionär der KPdSU.

In einer Abstimmung erklären sich rund 90 Prozent der Bürger für die Unabhängigkeit, selbst im Donbass sind es 85 Prozent (auf der Krim allerdings nur

DIE HARTE KONFRONTATION auf den Straßen, hier in Kiews Zentrum, spiegelt das außenpolitische Ringen um die Ukraine: Der Westen möchte das Land an EU und NATO binden, während Russlands Präsident Wladimir Putin, von Großmachtambitionen getrieben, es als Teil seiner Interessensphäre begreift

54 Prozent). Doch man kann nicht gerade behaupten, dass die Souveränität der Ukraine erstritten worden wäre. Es gab keinen Kampf um die Freiheit – so wie etwa im Baltikum. Dem Volk ist die Unabhängigkeit quasi in den Schoß gefallen.

In den folgenden Jahren löst, genau wie in Russland, ein Raubtierkapitalismus den Sozialismus ab: Wenigen Oligarchen gelingt es, sich den größten Teil der ehemals staatlichen Industrien anzueignen und riesige Konglomerate zu etablieren. Politik und Justiz sind zutiefst korrupt, doch immerhin verlaufen die meisten Wahlen korrekt, und die Medien sind unabhängig.

Für die Zukunft scheint es zwei Alternativen zu geben: Entweder baut die Ukraine auf die engen Verflechtungen mit Russland. Oder sie wird, wie der Nachbar Polen, Teil von EU und NATO.

Die Ukraine ist weiterhin von Russland abhängig: Sie bezieht von dort fast all ihr Öl und Gas, zahlt zum Teil nur ein Viertel dessen, was Kunden aus der EU abverlangt wird. Und Sewastopol ist von Moskau bis 2047 gepachtet, dort bleibt die Schwarzmeerflotte stationiert.

Andererseits lockt das Beispiel einstiger Bruderstaaten, die Mitglied in EU und NATO werden, was ihnen Sicherheit und ökonomische Vorteile einbringt.

Krawtschuk und sein 1994 gewählter Nachfolger Leonid Kutschma (ebenfalls ein Ex-KP-Funktionär) verfolgen deshalb eine Schaukelpolitik: Sie versuchen, den Westen und Russland gegeneinander auszuspielen, verhandeln mit beiden Seiten, um ein Maximum an Leistungen für ihr Land herauszuschlagen.

Im Jahr 1997 etwa unterzeichnen die Ukraine und Russland einen Freundschaftsvertrag. Doch zwei Jahre später verkündet Kutschma, dass sein Land in die EU aufgenommen werden möchte, später nennt er auch eine NATO-Mitgliedschaft als Ziel. 1998 ist die Ukraine der (nach Israel und Ägypten) drittgrößte Empfänger von US-Wirtschaftshilfe.

Gas aus Russland, Dollars aus Amerika: Das ist eine profitable, aber gefähr-

DIE DEMONSTRANTEN, viele inzwischen bewaffnet, protestieren gegen Korruption und Cliquenwirtschaft. Vor allem aber gegen die Vorherrschaft Russlands

liche Strategie – nicht nur gegenüber internationalen Partnern, sondern auch im eigenen Volk. Denn in Kiew und den westlichen, traditionell vom Habsburger-Reich geprägten Landesteilen, sehnt sich die Mehrheit der Menschen nach Aufnahme in die EU. Auf der Krim und in der Ostukraine, lange mit Russland verbunden und mit einem hohen Anteil ethnischer Russen in der Bevölkerung, ist die Stimmung hingegen prorussisch.

13 Jahre nach ihrer Gründung droht die Ukraine daher die Spaltung: 2004 will Kutschma seinen Günstling Wiktor Janukowitsch zum neuen Präsidenten machen, einen Wirtschaftsfunktionär, der aus dem Osten stammt. Die Wahlen werden manipuliert, auf den prowestlichen Kandidaten Wiktor Juschtschenko wird gar ein Giftanschlag verübt, den der nur knapp überlebt. Janukowitsch wird nach der Wahl rasch zum Sieger erklärt.

ALLEIN: DIESMAL HOLT das Volk den Freiheitskampf nach, den es 1989 verschlafen hat. In vielen Städten gehen die Menschen unter der orangefarbenen Fahne von Juschtschenkos Wahlkampagne auf die Straße. Der stammt aus dem Westen der Ukraine, gilt als modern und hat 1996 als Chef der Nationalbank die Inflation in den Griff bekommen.

Immer größer werden die Demonstrationen, und Ende 2004 verfügt das Oberste Gericht der Ukraine die Ansetzung von Neuwahlen, die diesmal fair verlaufen – und Juschtschenko den Sieg einbringen.

Revolution, Sieg, Unabhängigkeit!

Doch es gibt jemanden, der darin etwas ganz anderes sieht, nämlich Aufruhr, Niederlage, Demütigung: Russlands Präsident Putin. Zwar hat sein Land 1991 selbst die Auflösung der UdSSR vorangetrieben, aber dass dies zur Unabhängigkeit der anderen Sowjetrepubliken führte, haben weder die wechselnden Regierungen noch das Volk je wirklich akzeptiert.

In einem Freundschaftsvertrag von 1997 wurden zwar die „territoriale Integrität und die Unverletzlichkeit der Grenzen" der Ukraine garantiert. Doch schon Boris Jelzin hat die einstigen Sowjetrepubliken und damit auch den südlichen Nachbarn 1995 in einem Dekret offen „in allererster Linie Russlands Einflusszone" genannt. Im Volk wie bei vielen Intellektuellen zählt „das Grenzland" zur *Russkij Mir*, zur „Russischen Welt".

Ihnen gilt das Beharren der Ukraine auf ihrer Unabhängigkeit als Verrat an der Einheit der slawischen Brüdervölker.

Im Alltag hat das anfangs kaum Folgen, weil beide Länder in eine tiefe Krise geraten: Zwischen 1990 und 2000 halbiert sich ihre Wirtschaftsleistung. Niemand hat die Kraft für politische Abenteuer.

Das ändert sich im Jahr 2000. Für Wladimir Putin, Jelzins Nachfolger als russischer Präsident, ist der Zusammenbruch der UdSSR „die größte geopolitische Katastrophe des 20. Jahrhunderts".

Eine Katastrophe, deren Folgen er rückgängig machen will. Es gibt, nach Analysen von Politologen, fünf Themenkomplexe, die ihn vor allem beschäftigen:

- Nationalität. Putin erklärt, man müsse die „Russen" im Land schützen, also jene mehr als acht Millionen Bürger, die sich als russischstämmig bezeichnen. Es dürfe beispielsweise nicht dazu kommen, dass Ukrainisch Russisch als Amts- und Schulsprache verdrängt.
- Militär. Auf der Krim ankert Russlands Schwarzmeerflotte nun formell in den Gewässern eines fremden Staats; der Pachtvertrag könnte theoretisch nicht über 2047 hinaus verlängert werden.
- Mythos. Im Mittelalter war Kiew das Zentrum des ersten russischen Großreichs. Zudem ist im Zweiten Weltkrieg die Krim-Metropole Sewastopol zur „Heldenstadt" geworden, zu einem Symbol dafür, wie sich Russen gegen Invasoren wehren. Für das Volk gehört die Krim daher so zu Russland wie der Rote Platz.
- Religion. 1992 hat sich mit der Ukrainisch-Orthodoxen Kirche eine vom Moskauer Patriarchen unabhängige Gemeinschaft gegründet, die nun an Boden gewinnt. Da im Westen der Ukraine zudem die dem Papst unterstehende katholische Kirche dominiert, driftet das Land spirituell aus Russlands Sphäre.
- Geopolitik. Die Ukraine ist wirtschaftlich kaum allein lebensfähig. Sollte sie sich an den Westen lehnen, würde die

ES KOMMT ZU BÜRGERKRIEGSSZENEN im Herzen Kiews – hier ein Aktivist, der Feuer gefangen hat. Dutzende Menschen sterben bei den Protesten

EU bald in Kiew dominieren, wäre die NATO eines Tages auf der Krim.

Und damit stünde der „Feind" quasi vor der Haustür Russlands.

Denn der Westen ist Putins Obsession: Ihm misstraut er, vor allem den USA. Damit steht er in Russland keineswegs allein – und der Grund dafür ist die deutsche Einheit: Moskau habe ihr nur zugestimmt, so interpretiert man das im Kreml, weil der damalige US-Außenminister James Baker 1990 auf einem Treffen mit Gorbatschow versprochen habe, die NATO „nicht einen Inch weiter nach Osten auszudehnen". Auch Bundesaußenminister Hans-Dietrich Genscher äußerte sich ähnlich.

Ein Abkommen ist dazu aber nie abgeschlossen worden. Und so sieht Washington keinen Vertragsbruch, als die NATO 1999 Tschechien, Ungarn und Polen und 2004 die drei baltischen Republiken Estland, Lettland und Litauen sowie Bulgarien, Rumänen, Slowenien und die Slowakei aufnimmt. Für Moskau hingegen ist die NATO-Osterweiterung ein Verrat am Versprechen von 1990.

Ab 2004 führt Wladimir Putin seine Außenpolitik daher wie einen stillen Krieg, sucht die Konfrontation mit EU und NATO.

Versucht man seine oft bewusst unklare Außenpolitik auf eine Botschaft zu reduzieren, so müsste die wohl so lauten: Putin will sein Land wieder zur Supermacht aufbauen. Und dazu ist ihm kaum ein Staat so wichtig wie die Ukraine, Russlands größter europäischer Nachbar.

Der russlandfreundliche Wiktor Janukowitsch ist sein Günstling, er sollte Moskaus Interessen in der Ukraine vertreten. Nach der manipulierten Wahl vom November 2004 hat Wladimir Putin ihm sofort gratuliert – und fühlt sich durch die erfolgreiche Revolution der Kräfte um den prowestlichen Wiktor Juschtschenko gedemütigt.

Für Wladimir Putin ist der Umsturz ein vom Westen gesteuerter „Putsch", der die Ukraine aus Russlands Griff lösen soll. Das ist zwar ein haltloser Vorwurf – wahr ist aber, dass US-Politiker Juschtschenko mit Geld und Beratern unterstützen.

Wahr ist auch, dass sich Washington nach dem Machtwechsel in Kiew große Hoffnungen macht, „die Ukraine und andere frühere Sowjetrepubliken in den Westen zu integrieren", wie Vizepräsident Dick Cheney schreibt. Präsident George W. Bush preist die NATO-Erweiterung gar als „mächtiges Werkzeug, um die Agenda der Freiheit voranzubringen".

DIE REGIERUNGSGEGNER sind zumeist Demokraten. Aber es finden sich unter ihnen auch radikale Nationalisten wie diese Anhänger des »Rechten Sektor«

Schlimmer noch aus Moskaus Sicht: Was in der Ukraine möglich war, kann auch in Russland wahr werden. Was, wenn der revolutionäre Furor von Kiew zum Vorbild für die Russen wird? Wenn sie gegen Putin demonstrieren? Für den Kremlherrn bedeuten die Ereignisse in Kiew also eine doppelte Gefahr: Von *außen* fühlt er sich durch den Westen bedrängt, im *Inneren* droht ihm Unruhe.

Daher entschließt er sich zu einer rabiaten Politik gegenüber dem Nachbarn. Zweimal lässt Putin mitten im Winter die Gaslieferungen an die Ukraine einstellen: zum Jahresbeginn 2006 und Anfang 2009. Ein Schock in dem kriselnden Land, wo die Menschen plötzlich nicht mehr heizen und die Fabriken nicht mehr arbeiten können. In beiden „Gaskriegen" trägt Russland den Sieg davon: Zwei Lieferstopps von jeweils wenigen Tagen reichen aus, um die prowestliche Regierung in Kiew einzuschüchtern.

Auch gegenüber dem Westen macht Putin klar, was ihn treibt. Im Februar 2007 erklärt er in einer Rede einen neuen Kalten Krieg: „Fast das gesamte Rechtssystem, vor allem das der Vereinigten Staaten von Amerika, hat seine Grenzen in allen Sphären überschritten: Sowohl in der Wirtschaft, der Politik und im humanitären Bereich wird es anderen Staaten übergestülpt. Nun, wem gefällt das schon? Das ist äußerst gefährlich. Es führt dazu, dass sich bereits niemand mehr in Sicherheit fühlt. Der Prozess der NATO-Erweiterung ist ein provozierender Faktor. Gegen wen richtet sich diese Erweiterung? Russland ist ein Land mit einer mehr als tausendjährigen Geschichte, und fast immer hatte es das Privileg, eine unabhängige Außenpolitik führen zu können. Wir werden an dieser Tradition auch heute nichts ändern."

Für Putin heißt das: Sicherung und Ausweitung der russischen Interessensphäre – und Abwehr jeder Bedrohung, von innen wie von außen.

Aus seiner Sicht haben sich NATO und EU allmählich immer näher an Russland herangerobbt. Nun verkündet er: Bis hierhin und nicht weiter! Er zieht eine rote Linie um die noch nicht vom Westen vereinnahmten alten UdSSR-Gebiete, und ganz besonders um die Ukraine.

In Washington, Brüssel und Berlin schrillen die Alarmglocken.

Der Westen verfolgt nach dem Mauerfall eine Politik der „vorfabrizierten Veränderung": Er nimmt die östlichen Staaten in bestehende – „vorfabrizierte" – Strukturen auf, statt neue zu finden. Bei der deutschen Wiedervereinigung etwa wurde kein neuer Staat gegründet, sondern die DDR aufgelöst und in die alte Bundesrepublik integriert.

Die institutionelle Hülle wird bei der „vorfabrizierten Veränderung" *größer*, aber nicht *anders*. Genauso verfahren EU und NATO, beide akzeptieren einfach neue Mitglieder. Daraus folgt: Es gibt nichts zu verhandeln. Aufnahme bedeutet für die Kandidaten vor allem Anpassung, denn wer integriert werden will, muss alle Bedingungen der einladenden Organisation erfüllen.

Besonders starr ist dabei die EU. Jeder Staat, der zu ihr gehören will, muss den „Gemeinschaftlichen Besitzstand" unterzeichnen: ein vieltausendseitiges Regelwerk, in dem alle Verordnungen, Beschlüsse und Verträge der EU verzeichnet sind. Kein Beitrittskandidat kann auch nur eine einzige Regel neu verhandeln, denn jeder noch so winzigen Änderung müssten zuvor *alle* EU-Mitglieder *einstimmig* beipflichten, was internationale Verhandlungen praktisch unmöglich machen würde.

Von der Wiedervereinigung bis zu den Osterweiterungen von EU und NATO hat die „vorfabrizierte Veränderung" sich bewährt. Aber wird sie auch noch mit der Ukraine funktionieren? Sollte Kiew in die EU aufgenommen werden, wären dann in der Folge viele russische Produkte vom ukrainischen Markt ausgesperrt, da sich Moskau etlichen EU-Regeln nicht unterwirft?

Das müsste man eigentlich verhandeln, aber verhandeln will die EU nicht.

Andererseits: Will der Westen die Ukraine überhaupt aufnehmen?

Auf einem NATO-Gipfel im April 2008 in Bukarest geht es um erste Schritte zur Aufnahme der Ukraine (und Georgiens) in das Verteidigungsbündnis. Für die US-Außenministerin Condoleezza Rice wäre das ein „Gegengewicht zu Russland". Und US-Präsident George W. Bush lobt die ukrainische Initiative als „mutige Entscheidung; die USA unterstützen diese Anfrage sehr".

ENDE FEBRUAR 2014 triumphieren die Demonstranten auf dem Majdan (oben): Präsident Janukowitsch setzt sich nach Russland ab, in Kiew bildet sich eine prowestliche Übergangsregierung. Doch nur wenige Tage später besetzen Moskaus Truppen die ukrainische Halbinsel Krim

Frankreich und Deutschland äußern dagegen Bedenken; sie erklären, man dürfe Moskau nicht provozieren (woraufhin Außenminister Frank-Walter Steinmeier von seinem polnischen Amtskollegen Radek Sikorski mit den Worten angeblafft wird: „Für uns ist die Aufnahme eine Frage der nationalen Sicherheit. Und jetzt kommen sie daher und sagen uns, dass sie sich um Moskau mehr Sorgen machen als um ihre Alliierten!").

Am Ende der Sitzung steht ein lauer Kompromiss: Der Ukraine wird die NATO-Mitgliedschaft angeboten, doch ohne ein konkretes Datum zu nennen.

°

SPÄTESTENS JETZT muss Putin klar sein: Der Westen will Kiew zwar gern irgendwie integrieren – aber er wird dafür weder verhandeln noch kämpfen. Die EU ist zu erstarrt, um der Ukraine ein Angebot zu machen, das ihre wirtschaftliche Abhängigkeit von Russland berücksichtigt. Und die NATO zu zerstritten, um die Ukraine bald aufzunehmen.

Für Moskau scheint die außenpolitische Bedrohung daher gebannt zu sein. Und im Inneren glaubt Putin seine Beliebtheit verbessern zu können, wenn er sich nicht als ewig amtierender Präsident darstellt: Für die Wahl 2008 inszeniert er einen in der Geschichte Russlands beispiellosen Ämterwechsel: sein Gefolgsmann Dmitrij Medwedew, der stellvertretende Premier, wird Präsidentschaftskandidat (und auch gewählt), während Putin sich auf den Posten des Ministerpräsidenten zurückzieht. Tatsächlich behält er damit aber die Macht.

Im Jahr 2010 wird Wiktor Janukowitsch in der Ukraine zudem doch noch zum Präsidenten gewählt. Aus Moskaus Sicht heißt das: Endlich regiert ein Günstling in Kiew, der taub ist für die Verlockungen des Westens, aber empfänglich für Russlands Angebote.

Vom Mauerfall 1989 an hat sich der Westen 20 Jahre lang in Richtung Osten ausgedehnt. Jetzt aber, vor der Grenze der Ukraine, wird er gestoppt. Keine Erweiterung mehr, stattdessen konsolidiert Moskau endlich seine Macht.

Ein Jahr später kommt es in Russland zu Parlaments- und 2012 zu Präsidentenwahlen. Die Farce mit Medwedew wird beendet: Putin will sich für seine dritte Amtszeit als Präsident das Votum des Volks holen. Beide Abstimmungen werden manipuliert – in manchen Kaukasusprovinzen holt Putins Partei „Einiges Russland" verdächtige 99 Prozent, in Rostow am Don kommen alle Parteien zusammen gar auf fabelhafte 140 Prozent. Dennoch erreicht er landesweit nur 64 Prozent.

Putin wird zum dritten Mal Präsident, doch nach den Wahlen demonstrieren Menschen gegen ihn. Im Internet wird er als Reinkarnation des senilen KP-Chefs Leonid Breschnew karikiert.

In Moskau versammeln sich am 24. Dezember 2011 unerhörte 100 000 Protestler gegen ihn. Auf den Straßen zeigen sie weiße Bänder als Symbol des Widerstandes. Als Putin die Demonstranten „quietschende Affen" nennt und ihr Symbol als „Kondom" verspottet, ziehen die Geschmähten beim nächsten Umzug mit kondomgeschmückten Putin-Porträts durch die Straßen.

Ein selbstbewusster Protest im Herzen der Macht nach manipulierter Wahl – hat es so nicht auch einige Jahre zuvor in der Ukraine begonnen?

GETEILTER STAAT: die Ukraine 2019

DIE FRÜHERE SOWJETREPUBLIK wird 1991 unabhängig, ist aber politisch zerrissen: Die westlichen Landesteile tendieren nach Europa, der Osten und die Krim sind traditionell stärker mit Russland verbunden – und genau dort schlägt Moskau zu

Putin beschimpft die Demonstranten als „Minderheit, die auf Wunsch des Westens agiert, um Russland zu schwächen". Ob er das wirklich glaubt oder ob das bloß Demagogie ist, vermag niemand zu sagen – doch er lässt nun Protestler festnehmen, als seien sie tatsächlich Agenten einer fremden Macht.

Dazu passt die Propaganda im Fernsehen, etwa im regierungsnahen Sender

NTV, in dem Demonstranten als amoralisch und antirussisch diffamiert werden. Oppositionelle wie die Frauen der Punk-Gruppe Pussy Riot verschwinden durch Hausarrest oder Haft aus der Öffentlichkeit. Der Blogger Alexej Nawalnyj wird wegen „Wirtschaftsvergehen" vor Gericht gestellt. Und der Systemgegner Boris Nemzow, der den Kremlherrn ein „vollkommen amoralisches Wesen", seine Politik einen „Akt des Wahnsinns" schimpft, wird schließlich gar ermordet – nur Stunden nachdem er Putin einen „pathologischen Lügner" genannt hat.

Putin schickt Getreue zu Gegendemonstrationen durch Moskau. Sie skandieren „Keine Revolution in Orange!". Offenbar wird niemandem im Kreml klar, wie selbstentlarvend es ist, ausgerechnet Putins tiefstsitzende Furcht zum Schlachtruf zu machen.

Und genau in diesen turbulenten Zeiten wird Putin von seinem Günstling verraten. Ausgerechnet Janukowitsch, der Mann aus dem prorussischen Osten der Ukraine, macht sich daran, das umzusetzen, was seinem prowestlichen Vorgänger nicht gelungen ist: Er will in die EU. Im März 2013 sagt er Brüssel zu, ein „Assoziierungsabkommen" zu unterzeichnen. Die Mitgliedschaft in der EU bedeutet das noch lange nicht, aber es ist ein großer Schritt in diese Richtung.

Weshalb handelt Janukowitsch so? Kein glaubhafter Bericht aus dem Präsidentensitz in Kiew ist bis heute darüber durchgesickert, es bleiben nur Spekulationen. In der Ukraine haben, ganz wie in Russland, ein paar wenige Oligarchen riesige Konglomerate zusammengerafft. Diese extrem reichen und mächtigen Männer haben inzwischen Teile ihres Vermögens in westlichen Firmen und Immobilien angelegt. Drängen sie den Präsidenten deshalb hinein in die EU?

Sucht Janukowitsch vielleicht einen neuen Paten, weil sein bisheriger Schutzherr Putin in Schwierigkeiten steckt?

Oder zockt er einfach nur mit vollem Risiko – und nähert sich scheinbar der EU an, um dann von Putin maximale Konzessionen herauszudrücken?

Am 18. September 2013 jedenfalls wird es offiziell verkündet: Auf dem für den 28. November 2013 angesetzten EU-Gipfel in Vilnius wird die Ukraine das Assoziierungsabkommen unterzeichnen.

Zehn Tage vor Beginn des Gipfels erklärt Angela Merkel am 18. November 2013 vor dem Bundestag: „Ein Vetorecht Dritter kann es nicht geben." Das ist eine Warnung an Putin, sich nicht noch im letzten Moment einzumischen.

Und damit das auch wirklich deutlich ist, fügt sie hinzu, Deutschland werde „der Ukraine den Rücken stärken für den Fall, dass sie sich mit Nachteilen seitens Russland konfrontiert sieht".

Was die Kanzlerin da nicht ahnt: Putin hat bereits Fakten geschaffen, die zeigen, dass Angela Merkel keine Vorstellung davon hat, was jene „Nachteile seitens Russland" wirklich bedeuten. Und dass ihr Versprechen, der Ukraine „den Rücken zu stärken", hohles Gerede ist.

9. NOVEMBER 2013. Neun Tage vor Angela Merkels Rede trifft Putin heimlich Wiktor Janukowitsch auf einem Moskauer Flughafen.

In den Monaten zuvor hat er dem ukrainischen Präsidenten seine Folterwerkzeuge gezeigt: Seit dem Sommer haben russische Grenzer bei ukrainischen Waren die Zollregeln verschärft; nun sind die Kontrollen so streng, dass de facto bestimmte Produkte nicht mehr eingeführt werden können – etwa, welch Zufall, die Schokoladen aus der Fabrik eines Ex-Ministers in Kiew. Oder Stahlrohre aus dem Konglomerat eines der mächtigsten Wirtschaftskapitäne.

Die Magnaten müssen um ihr Russland-Geschäft fürchten. Sie bedrängen Janukowitsch, der EU abzusagen, um Moskau nicht länger zu provozieren.

Zudem hat Putin seinen Vertrauten Wladislaw Surkow zum Berater in Sachen Ukraine ernannt. Surkow hat bereits in Russland mehrere Parteien nach Putins Geschmack gegründet. Er könnte jederzeit das Gleiche im Osten der Ukraine tun – und damit Janukowitsch entscheidende Stimmen bei der für 2015 angesetzten Präsidentenwahl kosten.

Doch Putin droht nicht nur, sondern macht auch Angebote; so könnten russische Banken für 15 Milliarden Dollar ukrainische Staatsanleihen erwerben und damit Geld in Kiews Kassen spülen. Und: Der Gaspreis könnte um fast 40 Prozent gesenkt werden.

Es ist nicht klar, ob Janukowitsch bereits bei diesem Treffen einknickt oder ob er sich Bedenkzeit erbittet. Aber ist das überhaupt ein Angebot, das er noch ablehnen kann? Am 12. November werden mehrere Oligarchen bei ihm vorstellig und flehen ihn an, das Assoziierungsabkommen mit der EU auszusetzen.

21. NOVEMBER. Eine Woche vor dem Gipfel in Vilnius gibt die Ukraine bekannt, dass die Vorbereitungen für die Unterzeichnung des Abkommens mit der EU vorerst „ausgesetzt" seien.

Ein beispielloser Affront gegen Angela Merkel und ihre EU-Kollegen – für manche gar ein Schock. Polens Präsident etwa hatte verkündet: „Niemals mehr wollen wir eine gemeinsame Grenze mit Russland haben!" Das mag geographisch nicht korrekt sein, meint strategisch aber: Polen fühlt sich so von Moskau bedroht, dass es keinen russischen Vasallen zum Nachbarn haben möchte.

Wie soll die EU reagieren?

Die 28 Regierungen entscheiden, gar nichts zu tun. Der Gipfel von Vilnius findet am 28. und 29. November wie geplant statt, Janukowitsch ist sogar da und wird von der enttäuschten Kanzlerin mitten in seiner Rede angefahren: „Sie unterschreiben ja doch nicht!"

Die EU ist unfähig, der Ukraine ein neues Angebot zu machen oder überhaupt irgendeine Initiative zu starten. Ein Debakel. Und ein Triumph für Putin.

Die Ukraine ist im letzten Moment für die EU verloren gegangen – und wird wieder zu Moskaus „Grenzland".

30. NOVEMBER. Ein Tag nach dem Ende des Gipfels. Die alten und neuen Gebäude am Majdan Nesaleschnosti, dem „Platz der Unabhängigkeit" in Kiews Zentrum, sind ein Symbol dafür, wie die Ukraine zwischen den Zeiten und Kulturen schwebt. Wenige Hundert Meter entfernt glänzen golden die Kuppeln des Sankt-Michaels-Klosters, unter dem Platz liegt die Shoppingmall „Globus", die schon im Namen die weite Welt trägt und wo Besucher nach Einkäufen die Wahl haben zwischen Pasta beim Italiener oder Sushi beim Japaner.

Doch nicht weit von Gotteshaus und Konsumtempel verqualmen nun Lagerfeuer die eisige Luft, Toilettenhäuschen stehen neben provisorischen Rot-Kreuz-Zelten. Seit dem von Janukowitsch am 21. November verkündeten Beschluss demonstrieren Bürger und Studenten ununterbrochen gegen die plötzliche Wende des Regimes – und weitaus intensiver, als von irgendjemandem erwartet. Sie haben den Platz in „Euromajdan" umgetauft und harren nun Tag und Nacht bei Minusgraden aus.

Bislang war es der Protest einiger Tausend junger Ukrainer, die sich um die EU-Mitgliedschaft betrogen fühlen. Doch an diesem Samstag stürmt die „Berkut"-Elitepolizei um 4.30 Uhr den nachtdüsteren Platz, um die Menge endlich zu vertreiben. Blendgranaten explodieren in der Luft, Polizeiknüppel auf den Köpfen der Demonstranten. Panik. Flucht. Die Menschen rennen durcheinander, doch schnell formt sich wie von selbst ein Ziel: das Sankt-Michaels-Kloster!

Die Mönche lassen die Flüchtenden hinein, versorgen sie mit Tee, Decken, Schlafplätzen. Zudem schließen sie die Pforten vor den heranstürmenden Polizisten – Janukowitsch hat mit dem Gewaltstreich die einflussreiche orthodoxe Kirche verloren.

DIE SEPARATISTEN in der Ostukraine, die sich mitunter hinter Masken verstecken, werden von Russland mit Waffen, Lastwagen und Kampfgerät unterstützt

Mehr noch: Am Tag nach dem brutalen Polizeieinsatz finden sich 500 000 Menschen auf dem Majdan ein. Spätestens jetzt wird klar, dass hier nicht länger ein paar Unzufriedene für eine andere EU-Politik streiten. Hier bricht, nur neun Jahre nach der ersten, eine zweite ukrainische Revolution aus.

Binnen Stunden weitet sich der Protest aus zum allgemeinen Hass auf Janukowitsch und auf alles, was der Präsident repräsentiert: Korruption, Cliquenherrschaft, Russlands Hegemonie.

NACH MOSKAUS ANNEXION der Krim suchen ab April 2014 auch in der Ostukraine prorussische Milizionäre, wie diese Frau, den Anschluss an Moskau

Janukowitsch ist zu einem der reichsten Männer der Ukraine aufgestiegen, sein Clan plündert das Land aus. Allein die Firma seines ältesten Sohnes hat in nur zwei Jahren öffentliche Aufträge im Wert von 5,5 Milliarden Euro zugeschanzt bekommen.

Die Majdan-Bewegung ist in Feindschaft zu dem Präsidenten geeint, aber kaum organisiert. Auf Rednertribünen sprechen Politiker der „Vaterland"-Partei der inhaftierten Politikerin Julia Timoschenko, einer einstigen Mitstreiterin Juschtschenkos. Es spricht der 42-jährige ehemalige Boxweltmeister Vitalij Klitschko, der eine demokratische Partei namens „Der Schlag" gegründet hat. Es agieren ultranationalistische, teils offen faschistische Hetzer, etwa der Partei „Swoboda" („Freiheit"), die bei den letzten Wahlen jede zehnte Stimme geholt hat. Und trotz der eigentlich gar nicht vorhandenen Führung strömen über Wochen und schließlich Monate immer wieder Hunderttausende Menschen auf den Majdan.

20. FEBRUAR 2014. Die Proteste überdauern Jahreswechsel, Kälte und Gewalt. Nach jeder Polizeiaktion kommen die Demonstranten zurück.

Gemäßigte Politiker wie Klitschko reden und reden, doch je länger sich das alles hinschleppt, desto schwächer wird ihr Einfluss. Dafür organisieren die faschistischen Aktivisten der Swoboda die Menge immer straffer – und sie fangen an, sich zu bewaffnen.

In Washington, Berlin und Brüssel verfolgen Politiker genau, was sich in der Ukraine zusammenbraut: Die Außenminister Deutschlands und der USA sowie Spitzen der EU empfangen zum Beispiel Vitalij Klitschko so, als sei der schon das zukünftige Staatsoberhaupt.

Doch wieder bleibt die Haltung des Westens seltsam strategielos. Die rechtsradikalen Funktionäre der Swoboda treffen sich in Deutschland, wenig überraschend, mit NPD-Politikern, ebenso unterhalten Frankreichs Front National und Italiens Faschisten beste Kontakte. Aber auch die Konrad-Adenauer-Stiftung und die Deutsche Gesellschaft für Internationale Zusammenarbeit bieten Swoboda-Leuten Fortbildungskurse an, in denen sie den Aufbau politischer Organisationen lernen sollen.

Und während sich EU-Diplomaten in Kiew mit Demonstranten treffen, aber zugleich Verhandlungsmöglichkeiten mit Janukowitsch ausloten, besucht Victoria Nuland, die für Europa zuständige Spitzendiplomatin im US-Außenministerium, die Ukraine mit dem klaren Ziel, Janukowitsch aus dem Amt zu jagen.

In einem Telefonat mit dem US-Botschafter in Kiew (das offenbar vom russischen Geheimdienst abgehört wird) verkündet sie, wen sie zukünftig an der Spitze der Regierung sehen will (nicht den als zu weich eingeschätzten Klitschko, sondern einen Vertreter der „Vaterland"-Partei), und wischt dann mögliche Bedenken vorsichtiger europäischer Politiker beiseite: „Fuck the EU!"

Und *fuck Russia*, könnte man hinzufügen. Denn auch Wladimir Putin schickt seine Leute nach Kiew, nur mit dem gegenteiligen Ziel: Er will Janukowitsch stützen. Sein Ukraine-Berater Sergej Glasjew verkündet: „Wenn ein Staatsstreich läuft, gibt es gar keine andere Möglichkeit, als Gewalt gegen die Protestler anzuwenden." Im russischen Fernsehen wird Janukowitsch bereits als zögerlicher „Verräter" geschmäht, der Angst davor habe, Blut zu vergießen.

Tatsächlich zögert und zaudert der Präsident, trifft sich mal mit Klitschko und stellt Reformen in Aussicht, verschärft dann wieder Gesetze gegen Demonstrationen. Vielleicht hofft er, so lange lavieren zu können, bis die Proteste verebben. Stattdessen entgleitet ihm am Ende die Kontrolle.

Denn an diesem 20. Februar weht auf einmal das (wie sich herausstellt: falsche) Gerücht durch den Sitzungssaal des Kiewer Parlaments, dass Demonstranten versuchten, das Gebäude zu stürmen. Abgeordnete fliehen, Polizisten und Geheimagenten verschanzen sich. Plötzlich peitschen Schüsse: Regierungstreue Scharfschützen feuern von Hausdächern auf den Majdan – und von dort schießen Protestler zurück. Es gibt 58 Tote. Sirenen von Krankenwagen in den auf einmal gespenstisch leeren Straßen. Explosionen von irgendwoher. Die Geschäfte verrammelt. Droht jetzt der Bürgerkrieg?

Da verlieren die Männer um Janukowitsch die Nerven. Mehrere Abgeordnete treten, empört über die Gewalt, aus seiner Partei aus. Viele folgen dabei ihrem Finanzier, dem Geschäftsmann Rinat Achmetow. Der 15 Milliarden Dollar schwere Oligarch, Herr über 100 Firmen, ist der ungekrönte König im Donbass – rund 60 Volksvertreter nehmen sein Geld und hören auf sein Wort.

Dieser Magnat lässt nun in seinem einflussreichen TV-Sender „Ukraina" erstmals objektiv über die Demonstranten berichten. Das Signal ist klar: Achmetow hat die Seiten gewechselt.

Hinter den Kulissen beginnen hektische Verhandlungen zwischen Regierung und Opposition, vermittelt vom deutschen Außenminister Steinmeier und anderen westlichen Diplomaten.

Doch die „Vereinbarung über die Beilegung der Krise in der Ukraine", die die versammelten Politiker der Weltöffentlichkeit tags darauf präsentieren, kommt zu spät für Janukowitsch.

Vorgezogene Präsidentschaftswahlen, eine neue Übergangsregierung, eine Verfassungsänderung, die dem Parlament mehr Rechte einräumt, eine Untersuchung der Korruption: All das sieht das Abkommen vor, aber den Aktivisten auf dem Majdan ist das nicht genug. Sie buhen Klitschko und andere Oppositionspolitiker aus, fordern gar den Kopf des als Mörder geschmähten Janukowitsch.

Kein Polizist ist nun noch bereit, sein Leben für den Präsidenten zu riskieren. Alle Sicherheitskräfte ziehen sich aus dem Regierungsviertel zurück.

Daraufhin bricht unter den noch verbliebenen Vertretern des Regimes Panik aus. Der Innenminister, der die Leute auf dem Majdan noch Tage zuvor als „Faschisten" beschimpft hat, flieht nach Russland. Auch der Kommandeur der Berkut-Kämpfer sowie ein Richter, der Oppositionelle verurteilt hat, machen sich davon. Manche Helikopter, so geht die Legende, sind so schwer mit Koffern beladen, dass sie kaum abheben können.

Und Janukowitsch? Der ist plötzlich ebenfalls verschwunden – und meldet sich am 27. Februar 2014 aus einem Sanatorium bei Moskau. Dorthin ist er entwichen und bittet Putin nun um „persönlichen Schutz vor den Extremisten".

Die Revolution hat gesiegt.

DENN EINE REVOLUTION ist es zweifellos: Janukowitsch war, bei allen persönlichen Defiziten, der rechtmäßig gewählte Präsident der Ukraine – und die Revolte gegen ihn ist ein Umsturz, gegen die ukrainische Verfassung und das Völkerrecht.

Das Parlament in Kiew wählt kurz darauf eine Übergangsregierung. Dort sind vor allem Politiker der Timoschenko-Partei vertreten, nicht aber Vitalij Klitschko. Dafür zählen nun vier der 21 Minister zur rechtsextremen Swoboda.

Die USA und die meisten EU-Regierungen erkennen die neue Regierung trotzdem an.

GEFANGENER UKRAINER: Der Krieg im Osten wird brutal geführt. An der Seite der ukrainischen Truppen stehen unter anderem rechtsextreme Paramilitärs

Und nun? Die Amerikaner fühlen sich als Sieger. Ein Diplomat berichtet von zahllosen Mails mit Triumphmeldungen: Wir haben die Ukraine!

In Berlin allerdings gibt es Bedenken. Ein Berater aus dem Kanzleramt erklärt: „Unsere Aufgabe ist es, Russland bei der Stange zu halten."

Doch während im Westen noch Mails und wohlgesetzte Worte durch den Äther rauschen, lässt Wladimir Putin für ein „Manöver" 150 000 Soldaten an der Grenze zur Ukraine mobilisieren.

25. FEBRUAR 2014. Nur vier Tage nach der Flucht des Präsidenten wird die Ukraine angegriffen, und niemand scheint es zunächst zu merken. Auf der Krim sind über Nacht Tausende schwer bewaffnete Kämpfer eingerückt. Die Soldaten besetzen nun nach und nach Militärhafen, Parlament und Regierungsgebäude der Autonomen Republik und andere strategisch wichtige Positionen.

Kein Schuss fällt. Russland hat der Ukraine offiziell nicht den Krieg erklärt, vom Kreml gibt es an diesem Tag keine Stellungnahme. Die einrückenden Soldaten sind maskiert, sie haben alle Hoheitszeichen von Tarnanzügen und Fahrzeugen entfernt.

Trotzdem wissen die Menschen, die an diesen Tagen in den Städten der Krim die Vorgänge beobachten, dass es die russische Armee ist, die in ihren Straßen Barrikaden aufbaut. Und damit es auch jeder kapiert, haben die Invasoren vor dem besetzten Parlamentsgebäude von Simferopol ein Plakat mit einem aufgesprühten Spruch gespannt: „Krim ist Russland".

Das ist ein Überfall, wie es ihn in Europa seit fast drei Generationen nicht mehr gegeben hat – eine Attacke wie aus den schrecklichen 1930er und 1940er Jahren. Putin annektiert die Krim, so wie Adolf Hitler einst die Tschechoslowakei besetzt, wie Stalin Finnland angegriffen, wie beide Diktatoren gemeinsam Polen zerteilt haben: als Angriff ohne Kriegserklärung, als Raubzug einer Großmacht, die einen schwächeren Nachbarn besetzt.

Doch die Eroberung der Krim ist nicht von langer Hand geplant – denn Wladimir Putin hat ja auf Janukowitsch gesetzt. Erst dessen Sturz ändert alles: Für den Kremlherrn war es „der Staatsstreich einer faschistischen Junta". Mit dieser Regierung verhandelt er nicht, er zieht den Botschafter aus Kiew ab.

Und man darf vermuten, auch wenn er das nie so explizit sagt, dass er sich ermächtigt fühlt, den illegalen Akt der Revolution mit dem illegalen Akt der Invasion zu beantworten.

Kurz gesagt: Russland greift an, weil die Gelegenheit günstig ist.

Wer sollte sich auch wehren? Die Armee der abgewirtschafteten Ukraine ist in desaströsem Zustand. Nur 6000 von 41 000 Heeressoldaten gelten als kampfbereit, nur jeder sechste Jet ist noch flugfähig.

Zudem begrüßt die Bevölkerung der Krim die Russen mehrheitlich als Befreier. Das liegt nicht allein daran, dass viele Menschen hier russischstämmig sind – sondern auch an den zweieinhalb Jahrzehnten ukrainischer Herrschaft: Das korrupte Regime hat die Halbinsel verwahrlosen lassen, das monatliche Durchschnittseinkommen liegt bei umgerechnet 200 Euro. Selbst zwei Drittel der auf der Krim stationierten ukrainischen Soldaten gehen zur russischen Armee über.

Und weshalb sollte sich der Westen einmischen, wenn die Ukraine selbst sich nicht wehrt? Im Berliner Kanzleramt und im Außenministerium gilt die Ukraine plötzlich manchen als *failed state*, eine Art Somalia am Schwarzen Meer: als hoffnungslos korrupt und zerrissen.

In Washington und Berlin wird die Okkupation zwar verurteilt, aber auch jetzt hält es anfangs niemand für nötig, mit Putin zu telefonieren. Erst Wochen später treffen US-Präsident Barack Obama und die Kanzlerin den Kremlherrn.

Beim G20-Gipfel im November 2014 muss sich Angela Merkel in einem Vier-Augen-Gespräch von Putin eine zweistündige Litanei über „westlichen Verrat" anhören, da Washington und Berlin den Bruch des Abkommens vom 21. Februar und die illegale Absetzung Janukowitschs gedeckt hätten.

Am Ende rafft sich der Westen zu halbherzigen Aktionen auf: Die EU senkt die Einfuhrzölle auf ukrainische Waren, die USA geben dem Staat eine Anleihe von einer Milliarde Dollar. Russland wird nicht länger zu den G8-Gipfeln und zu Konsultationen mit NATO und EU eingeladen. Bei einigen Dutzend gezielt ausgewählten russischen und ukrainischen Firmen, Institutionen und Privatpersonen werden Vermögen eingefroren und Reisen gesperrt. „Wir wollen", beteuert Barack Obama, „Russland nicht bestrafen, sondern Belohnungen in Aussicht stellen für einen besseren Kurs."

Seine Diplomatin Victoria Nuland erklärt vor dem US-Senat, „in nicht zu ferner Zukunft" werde sich „das nationalistische Fieber" in Moskau schon abkühlen. Dann werde auch dort, so gibt sie indirekt zu verstehen, die Revolution

UMKÄMPFT SIND vor allem die großen Städte der Ostukraine wie Luhansk und Donezk, von dessen Flughafen (oben) nur Ruinen übrig bleiben

aufflammen – eine Revolte, so darf man vermuten, die sie genauso fördern will wie die in Kiew.

Es sind Worte, die Wladimir Putins Vorstellung von dem „Verrat des Westens" vermutlich verstärken, aber keinen einzigen russischen Soldaten von der Krim vertreiben.

16. MÄRZ 2014. Ebenjene Soldaten, deren Existenz auf der Krim Putin leugnet, „bewachen" nun Wahllokale einer hastig anberaumten Volksabstimmung auf der Halbinsel. Am Ende des Tages sprechen sich verdächtige 97 Prozent der Menschen für die „Wiedervereinigung" der Krim mit Russland aus.

Zwei Tage später erklärt Wladimir Putin in einer Rede, dass sich Russland die Krim einverleiben werde: „Die Bitte der Krim abzuschlagen wäre Verrat gewesen. Alles auf der Krim ist durchdrungen von unserer gemeinsamen Geschichte, unserem gemeinsamen Stolz."

Ohnehin seien Russen und Ukrainer ja „faktisch ein Volk". Die treibenden Kräfte des Majdan-Umsturzes seien „Nationalisten, Neonazis, Russenhasser und Antisemiten" gewesen – und der Westen „habe sich in unserem Hinterhof breitmachen wollen".

An diesem 18. März 2014 sichert sich Putin nicht bloß eine Halbinsel am Schwarzen Meer, sondern auch die Unterstützung seines Volkes: Mehr als 80 Prozent der Russen stehen zu ihm.

Der Kremlherr gilt seinen Landsleuten als Staatsmann, der die mythenbeladene Krim heimgeholt und es dem Westen mal so richtig gezeigt hat. Und die Oppositionellen, die noch zwei Jahre zuvor 100 000 Demonstranten auf Moskaus Straßen gebracht haben, werden nun als Majdan-Sympathisanten diskreditiert und so enorm geschwächt.

15. APRIL 2014. Die neue Regierung in Kiew schickt Truppen, Geheimagenten, aber auch rechtsextreme Paramilitärs in den Donbass, die Ostregion. Dort brodelt Unzufriedenheit, auch weil die Regierung (deren Minister vorwiegend aus der Westukraine stammen) die Schließung vieler unrentabler Kohleminen angekündigt hat; zugleich steigen die Benzinpreise dramatisch. Im Donbass haben Separatisten daraufhin – und unter dem Eindruck der Februar-Ereignisse – eine „Volks-Landwehr" gebildet, und ein rechtsnationaler Aktivist namens Pawel Gubarew hat sich zum „Volksgouverneur" einer „Volksrepublik" ausgerufen. Der Donbass soll unabhängig werden (und, so lässt sich vermuten, eines Tages wie die Krim nach Russland wechseln).

DIE HOHEIT über den Tower des Flughafens wechselt mehrmals. Als die Separatisten Mitte 2014 geschlagen scheinen, greifen Tausende russische Soldaten in den Krieg ein

Wladimir Putin verkündet nun, Russland „sollte alles tun, um diesen Leuten zu helfen". Moskau finanziert die Gründung von „Patriotenklubs", mit Bussen werden Menschen über die nahe Grenze in den Donbass gekarrt, damit sie bei Demonstrationen „Russland, Russland!" skandieren. Und ein Kreml-Berater propagiert die Gründung von „Kräften der Selbstverteidigung".

Doch Gubarews Landwehr ist kaum mehr als eine Schlägertruppe und zudem im Volk nicht gerade beliebt. Nur zwischen zehn und 30 Prozent der Einwohner des Ostens sprechen sich für einen Anschluss an Moskau aus. Und anders als auf der Krim ist im Donbass noch kein russischer Soldat einmarschiert.

Eine desolate, von faschistischen Milizen unterstützte Armee auf der Seite der Loyalisten, eine rechtsnationale Landwehr auf der Seite der Separatisten: Das ist eine Kombination, die zu Kriegen führt.

°

IM FRÜHJAHR 2014 beginnt in Donezk und der benachbarten Stadt Luhansk ein Flächenbrand, der nach und nach rund ein Drittel der östlichen Ukraine entflammt. Regierungstruppen kämpfen gegen Rebellen um Städte, Kohleminen, Brücken – und um den einstmals strahlenden, ultramodernen Flughafen von Donezk, der nun unter Rauch und Trümmern begraben wird.

Loyalisten erobern den Airport im Mai. Sie rücken gegen Luhansk und Donezk vor. Russland versorgt die zunehmend bedrängten Separatisten mit immer mehr Waffen.

Zu der schrecklichsten Form dieser Militärhilfe kommt es am 17. Juli 2014, als in gut zehn Kilometer Höhe über dem Donbass eine Boeing 777 der Malaysian Airlines von einer Rakete getroffen wird.

Flug MH 17 stürzt ab, 298 Menschen sterben, darunter 80 Kinder. Internationale Ermittler brauchen Monate, um den Vorfall zu rekonstruieren.

Zwischen den Trümmern der Boeing entdecken sie Teile einer russischen Buk-Rakete. Sie stammt aus dem Arsenal der 53. Luftabwehrbrigade der Roten Armee, die eigentlich in Kursk stationiert ist. Die Waffe ist auf einem Lastwagen über die Grenze in die Ostukraine geschmuggelt worden. Dort haben vermutlich Separatisten das Geschoss abgefeuert – weil sie die Linienmaschine mit einem ukrainischen Flugzeug verwechselten.

Der Kreml aber leugnet bis heute jegliche Beteiligung.

IN TRÜMMERN: Mit russischer Hilfe kontrollieren die Separatisten schließlich einen wichtigen Teil der Ostukraine. Die Überreste des Flughafens von Donezk werden zum düsteren Symbol für die Schäden des Krieges und den zerrütteten Zustand des ganzen Landes nach mehreren Jahren Kampf

Trotz dieser russischen Waffenlieferungen sind die Separatisten in der Ostukraine im August 2014 praktisch geschlagen. Die Landwehren sind besiegt, Donezk und Luhansk nahezu eingeschlossen. Die Regierung in Kiew kontrolliert fast wieder den gesamten Osten. Mitte August besetzen ihre Kämpfer die Stadt Ilowajsk im südöstlichsten Zipfel des Landes, nahe der Grenze zu Russland.

Da marschieren mindestens 3000 russische Soldaten in der Ukraine ein. Schwere Artillerie feuert von jenseits der Grenze auf ukrainische Stellungen.

Damit beginnt Russlands zweiter Überfall auf die Ukraine, kaum sechs Monate nach der ersten Invasion. Und Ilowajsk wird zur Falle. Die Ukrainer werden von der russischen Armee und den besiegt geglaubten Separatisten umzingelt. Bis zum 2. September tobt die Schlacht um die kleine Stadt.

Am Ende sind wahrscheinlich einige Hundert Russen und Separatisten sowie 1000 Ukrainer gefallen – und ihre überlebenden Kameraden fliehen.

Die Loyalisten sind militärisch schwer getroffen. Der neu gewählte Präsident Petro Poroschenko, der in Kiew inzwischen die Macht übernommen hat, verhandelt in mehreren stundenlangen Telefongesprächen mit Putin.

Der Kremlherr, so berichtet es später ein angeblicher Zeuge der Unterredung, bedroht Poroschenko bereits bei einem vorbereitenden Treffen in der weißrussischen Hauptstadt Minsk: Wenn Moskau wirklich eine Invasion vorhabe, könne er das sofort umsetzen, er habe 1,2 Millionen Soldaten mit der weltweit führenden Waffentechnik an der Grenze.

Die könnten binnen zwei Tagen in Kiew sein – aber auch in Tallinn, Vilnius, Riga und Bukarest: vier Hauptstädten von NATO-Staaten, die mit dem Ukrainekonflikt gar nichts zu tun haben.

Diese Aussage Putins ist eine maximale Provokation – ein Zeichen dafür, dass es ihm in diesem Krieg nicht nur um die Ukraine (oder den Schutz der russi-

LANGE STREITET MOSKAU eine direkte Beteiligung am Krieg in der Ostukraine ab, obwohl es Belege gibt – etwa dort gesichtete hochmoderne russische Raketensysteme

schen Minderheit dort) geht, sondern auch um den Konflikt mit der NATO.

Die, und nicht allein die Revolutionsregierung in Kiew, will er „besiegen".

Putin und Poroschenko vereinbaren schließlich einen Waffenstillstand, der jedoch rasch gebrochen wird. Erst im Februar 2015 gelingt eine Vereinbarung, die wenigstens formal bis heute in Kraft ist, ein bizarres Dokument: Zwei Staaten, die offiziell gar nicht im Krieg sind, schließen einen Waffenstillstand.

Fortan kontrolliert Russland damit de facto die „Volksrepubliken" Donezk und Luhansk und so ein Drittel der östlichen Ukraine. Die annektierte Krim ist nicht Gegenstand des Abkommens.

Völkerrechtlich gehören der Osten wie die Krim weiterhin zur Ukraine – aber wer kümmert sich noch um das Völkerrecht? Der Waffenstillstand beendet die Schlachten im Osten, da eine Demarkationslinie fortan die Feinde trennt.

Doch entlang dieser Linie flammen immer wieder Scharmützel auf, und wer wollte jetzt noch sagen, welche Seite jeweils dafür verantwortlich ist? Frieden herrscht in der Ostukraine jedenfalls nicht – und so, wie es dort aussieht, wird auch künftig niemand Frieden halten.

Die Ukraine ist nun tatsächlich ein *failed state*. Der Krieg im Donbass hat mindestens 10 000 Menschenleben gefordert; 1,8 Millionen Ukrainer sind in andere Regionen ihres Landes geflohen, weitere 1,1 Millionen nach Russland. Separatisten ebenso wie rechte ukrainische Schwadronen verüben in Donezk und Luhansk Morde und foltern mutmaßliche Gegner.

Auf der Krim leben rund zwei Millionen Einwohner in Unsicherheit: Die Ukraine hat Wasser- und Stromleitungen gekappt, sodass diese Güter nun knapp sind. Unternehmen, die auf der Halbinsel aktiv sind, werden von westlichen Sanktionen bedroht – weshalb zum Beispiel Bewohner der Krim Schwierigkeiten haben, Girokonten zu führen, denn die Sberbank, das größte russische Geldhaus, öffnet aus Angst vor westlichen Vergeltungen keine Filiale.

Antirussische Oppositionelle werden brutal verfolgt, besonders leiden darunter die Krimtataren.

In der Ukraine wiederum terrorisieren rechte Fanatiker nun gemäßigte Politiker: Parlamentsabgeordnete werden vor laufenden TV-Kameras in Mülltonnen geworfen, ein vermeintlich russlandfreundlicher Journalist ermordet.

1990 hatten die Ukraine und Polen mit jeweils rund 10 000 Dollar noch ein nahezu identisches Pro-Kopf-Bruttoinlandsprodukt, 2018 ist es in Polen fast sechsmal so hoch wie in der Ukraine.

Dort ist die Industrieproduktion allein 2014 um ein Fünftel gefallen, die Inflation betrug 2015 mehr als 40 Prozent. Den einzigen Spitzenwert erreicht die Ukraine bei der Korruption: Selbst in Sierra Leone, Kasachstan oder Ägypten haben die Menschen größeres Vertrauen in die Unbestechlichkeit ihrer Behörden.

Die Ukraine ist heute ein dysfunktionales Land mit ethnisch wie politisch zerrissener Bevölkerung, zerteiltem Territorium, mangelhafter Regierung und Justiz, kollabierender Wirtschaft.

Europäer und Amerikaner haben Milliarden hineingepumpt, doch das hat weder zum Wirtschaftsaufschwung noch zu politischen Reformen geführt.

Obwohl die neue Regierung das von Janukowitsch verworfene Assoziierungsabkommen mit der EU noch 2014 unterschrieben hat, kommt die Annäherung der Ukraine an NATO und EU nicht recht voran, und niemand weiß, ob dieser Prozess je wieder an Dynamik gewinnen wird. Es gibt, so scheint es, weder in Washington noch in Brüssel oder Berlin irgendein Konzept, welche Außenpolitik man zukünftig gegenüber den ehemaligen Sowjetrepubliken verfolgen soll.

Die noch immer gültigen westlichen Sanktionen gegen Russland kosten die westlichen Wirtschaften 3,2 Milliarden Dollar – im Monat (die USA tragen ungefähr ein Viertel dieser Verluste, die Europäer drei Viertel).

Zugleich sind inzwischen unter anderem amerikanische, britische, kanadische und deutsche Truppen in den baltischen Staaten sowie in Polen stationiert, um Wladimir Putin von weiteren Überfällen abzuschrecken.

MIT EINER RUSSISCHEN RAKETE schießen wohl Separatisten im Juli 2014 versehentlich einen malaysischen Passagierjet ab; fast 300 Menschen sterben

Hat der Kremlherr also in der Ukraine gesiegt?

Zeigt sich hier der „Putinismus" in Reinform, wie Politologen das inzwischen nennen? Die Ausgeburt eines „kleinen Petersburger Hooligans", wie ein russischer Soziologe schmäht, eines ehemaligen Straßenschlägers voller Aggression, Gewalt und Minderwertigkeitskomplexen, der es zum Führer einer Weltmacht geschafft hat?

Kurz: Hat Putin, fast 30 Jahre nach dem Mauerfall, den Epochenwandel beendet, gar das Rad der Geschichte zurückgedreht?

°

IM PUTINISMUS ist Russlands Ideal das einer konservativen Weltmacht, mit Stabilität, Ordnung und Loyalität im Inneren, umklammert vom orthodoxen Glauben einer Staatskirche. Nach außen setzt diese Macht ihre Interessen rücksichtslos durch, sie bedient sich skrupellos der Destabilisierung der Nachbarn (etwa mithilfe von Hackern) und, wenn nötig, kriegerischer Mittel.

Hauptgegner dieses straffen, harten Russlands ist der verweichlichte, verlogene Westen, sind vor allem die Amerikaner: Russland ist, als strahlende Macht, ohne den Gegenpol der finsteren USA gar nicht denkbar.

Sieht man das so, dann war die Ukraine Wladimir Putins zynisches Meisterstück: Er hat dem „Grenzland" die Souveränität geraubt und mit der Krim einen seit der Zarenzeit mythisch verehrten Ort nach Russland zurückgeholt. NATO und EU sind in der Ukraine vor den Augen der ganzen Welt gedemütigt worden.

Putins folgende weltpolitische Abenteuer, etwa in Syrien, lassen sich dadurch erklären, dass er seit der Ukrainekrise glaubt, seine Interessen gegenüber dem Westen durch rücksichtslose Militäraktionen durchsetzen zu können. Und in Russland selbst hat er dank der Feldzüge von 2014, dank massiver Propaganda und lückenloser Polizeiüberwachung sein autoritäres System stabilisiert. Was für ein Triumph!

Und doch gibt es Gründe, an diesem Triumph zu zweifeln. Denn der Konflikt mit dem Westen kostet Russland militärische und wirtschaftliche Ressourcen. Sinkende Gaspreise, kostspielige Kriege und die auch im System Putin grassierende Korruption und Oligarchenwirtschaft verschlingen viel Geld – ebenso die Verwaltung der „Volksrepubliken" der Ostukraine. 2015 ist Russlands Bruttoinlandsprodukt um 3,7 Prozent geschrumpft.

Geschrumpft ist wohl auch die Begeisterung im Volk. Der deutsche Russland-Experte Andreas Heinemann-Grüder hat bereits während der Krise 2014 für die „nächsten fünf bis zehn Jahre" mögliche „Elitenspaltung, zivilgesellschaftliche Proteste, interregionale Konflikte, Nachfolgekrisen und Räume begrenzter Staatlichkeit in Russland selbst" vorhergesagt. Er nennt es das „ukrainische Szenario".

Gerade deshalb, so steht zu befürchten, kann der Konflikt um die Ukraine noch ewig weitersimmern. Wer auch immer in Kiew die Macht hat, muss sich gegen Russland wehren, wenn der krisengeschüttelte Staat überhaupt je wieder eine Chance haben soll, auf eigenen Beinen zu stehen.

Und auch Putin braucht weiterhin den Konflikt, denn ohne die stetigen Auseinandersetzungen würden EU und NATO irgendwann doch wieder Einfluss in der Ukraine gewinnen. Und ohne Krieg würde er in seinem eigenen Land an Popularität verlieren.

Wahrscheinlich ist nur so zu erklären, dass jeder Vorwand gut ist zum Schießen – etwa am 25. November 2018.

An jenem Tag fahren ein Schlepper und zwei Patrouillenboote der ukrainischen Marine von Odessa aus Richtung Asowsches Meer, einem Binnenmeer mit einem einzigen Zugang: der Straße von Kertsch, die auf der einen Seite von Russland begrenzt wird, auf der anderen von der Krim. Seit 2003 regelt ein Abkommen die freie Durchfahrt für russische wie ukrainische Schiffe.

Gegen 21.00 Uhr werden die ukrainischen Einheiten an diesem Abend von russischen Kriegsschiffen bedrängt, eines rammt den Schlepper, Schüsse fallen, russische Truppen vom Inlandsgeheimdienst FSB entern die drei Boote, bringen sie in einen Hafen auf der Krim.

Die 24 Seeleute werden dort wegen „illegalen Grenzübertritts" verhaftet.

Eine Provokation – die beiden Seiten zupass kommt. Wladimir Putin kann sich mit drei gekaperten Booten seinem Volk einmal mehr als militärischer Führer empfehlen. Und der ukrainische Präsident Petro Poroschenko, der in wenigen Monaten wiedergewählt werden will, verhängt wegen drei gekaperter Boote gleich das Kriegsrecht über das ganze Land und gibt sich als starker Mann. Es ist eine Aktion wie aus einem neuen Kalten Krieg.

Oder hat Putin gar die Uhr auf „1914" zurückgedreht?

„Kanonenbootpolitik" wurde so etwas damals genannt – in einer Zeit von Staatslenkern mit Weltmachtambitionen, Generälen mit fertigen Angriffsplänen und patriotisch entflammten Völkern.

Einer Ära, die schließlich im Ersten Weltkrieg mündete. Und das ist noch gar nicht so lange her. ◇

LITERATURTIPPS

S. CHARAP / T. COLTON
»Everyone Loses«
Übersichtliche, eher analytische Darstellung der aktuellen Krise (Routledge).

ANDREAS KAPPELER
»Ungleiche Brüder«
Erhellt die russisch-ukrainische Vorgeschichte des Konflikts (C. H. Beck).

IN KÜRZE

In der Ukraine überlagern sich nach 1991 zwei Krisen: Innenpolitisch zerreibt sich das Land darüber, ob es zum Westen oder zum Osten gehören will. Zugleich wird es zum Schauplatz für ein globales Kräftemessen: NATO und EU expandieren in Richtung Russland, während dessen Präsident Putin auf eine zunehmend aggressive Außenpolitik setzt. Die Folgen für die Ukraine sind eine völkerrechtswidrige Annexion durch Moskau, ein unerklärter Krieg – und die Zerrüttung des Landes.

DER PLAN DER ZWILLINGE

So heftig ist der Umbruch nach 1989, dass sich viele Polen nach Tradition sehnen. Lech und Jarosław Kaczyński nutzen das, um die Demokratie zu zersetzen

TEXT: *Jens-Rainer Berg*

Jetzt ist er allein. Jarosław Kaczyński beugt sich im Wald zwischen Trümmerteilen über die Leiche seines Bruders Lech, küsst den kalten Körper und betet. Als unzertrennliches Paar haben die Zwillinge die polnische Politik bis zu diesem Apriltag 2010 mit ihrem rechtsnationalen Kurs geprägt, Lech hat es sogar bis zum Staatspräsidenten gebracht. Doch nun hat ihn ein Flugzeugabsturz aus dem Leben gerissen.

Jarosław wird ohne ihn weitermachen. Noch unnachgiebiger, radikaler. Und seine Verschwörungstheorien werden um eine weitere Facette bereichert: Denn er glaubt bei dem Absturz nicht an einen Unfall.

Die ersten Feinde der Zwillinge sind sehr real. Im Jahr 1989 kämpfen die zwei Juristen gegen das kommunistische Regime: als Teil der Solidarność-Bewegung unter Gewerkschaftsführer Lech Wałęsa. Doch nur ein Jahr später – nach dem Erfolg der Solidarność und den ersten demokratischen Wahlen – brechen sie mit Wałęsa.

Ihr großes Thema schon bald: die noch immer existierenden Seilschaften der Kommunisten. Tatsächlich verläuft der politische Umbruch in Polen eher sanft, bleiben viele Funktionäre des alten Regimes weitgehend unbehelligt.

Doch die Brüder überzeichnen die Kontinuität, behaupten zudem, auch die liberalen Kräfte der neuen Zeit würden das Land verraten. Sie raunen vom *układ*, einem mysteriösen „Pakt".

Es ist das populistische Motiv des „Wir, die Guten, gegen die anderen, die Bösen", formuliert von zwei erzkatholischen Nationalisten. Und es trifft auf ein Land, das zunehmend empfänglich für solche Botschaften ist.

Denn die Jahre des Wandels bringen nicht nur Freiheit und Wohlstand, sondern auch Härten und Ängste. Die gut gebildete städtische Bevölkerung profitiert von der entstehenden Marktwirtschaft deutlich mehr als etwa die Menschen in der Provinz. Das Land verändert sich, das Bild der Familie, das Verhältnis zwischen den Geschlechtern. Die Unsicherheit ist groß: Die Zahl der Suizide nimmt zu, die der Geburten ab.

Viele Menschen suchen den Rückzug in die Tradition. Und in den nationalen Stolz. Das führt vor allem zu Konflikten mit der EU, die Polen 2004 aufnimmt: Unter der Sowjetbesatzung war das Land unterjocht, und jetzt soll seine Identität gleich wieder in der EU aufgehen? Demagogen, nicht den Vorkämpfern der Demokratie, trauen viele Menschen die Lösung ihrer Probleme zu. Das ist auch anderswo im früheren Ostblock so: In Ungarn siegt der fremdenfeindliche Viktor Orbán mit einer nationalistischen Politik; in der Slowakei kommt Robert Fico an die Macht, ein linker Populist. Das Parteiensystem der jungen Staaten ist oft so wenig gefestigt, dass Ausschläge in beide Richtungen möglich sind.

2001 gründen die Kaczyński-Brüder die Partei „Recht und Gerechtigkeit". Und erzielen schon kurz darauf Wahlerfolge mit aggressiver Rhetorik und einem euroskeptischen Kurs. Lech wird 2005 Staatspräsident, sein Bruder 2006 Premier (in einer Koalition mit zwei radikalen Parteien).

Die beiden wollen eine neue Republik errichten, ausgerichtet an konservativ-autoritären Werten. Sie versuchen, die Medien, das Bildungssystem, die Justiz und Schlüsselindustrien zu kontrollieren, hetzen gegen all jene, die sich ihnen entgegenstellen.

Doch das Projekt scheitert zunächst. Ihre Partei verliert 2007 vorgezogene Neuwahlen. Und 2010 stirbt Lech auf einem Flug nach Russland.

Der Absturz bei Smolensk ist ein Unfall, ausgelöst unter anderem durch dichten Nebel: Darüber sind sich alle Experten einig. Für Jarosław aber war es ein Anschlag.

Als Parteichef nutzt er den Tod des Bruders für den politischen Kampf. Und tatsächlich: 2015 gewinnt seine Partei die Wahlen – und erhält die absolute Mehrheit der Sitze.

Jetzt kann er durchregieren. Das von seiner Partei kontrollierte Parlament greift nun nach der Justiz, vor allem nach den höchsten Gerichten. Durch neue Gesetze gelingt es den Kaczyński-Anhängern, massiven Einfluss auf die Besetzung von Richterposten zu nehmen.

Andere Institutionen, etwa die Geheimdienste und die Wahlkommission, werden reformiert und damit auf die Regierung zugeschnitten. Journalisten sehen sich zunehmend durch Anklagen in ihrer Arbeit behindert.

Jarosław Kaczyński ist dabei die graue Eminenz hinter den Kulissen. Er bekleidet kein Regierungsamt, orchestriert aber von seinem Büro aus einen radikalen Wandel.

Und so ist Polen 30 Jahre nach dem Sturz des Sowjetregimes zwar immer noch eine Demokratie – aber befindet sich längst auf dem Weg zum Obrigkeitsstaat. ◊

IHR WELTBILD ist streng katholisch, konservativ und nationalistisch. Nach dem Tod seines Zwillingsbruders Lech (rechts) im Jahr 2010 arbeitet Jarosław Kaczyński alleine an einem neuen, autoritären System in Polen

ERBE einer REVOLUTION

Die Umwälzungen ab 1989 brachten den Menschen in Osteuropa die Freiheit. Aber es kehrten auch Nationalismus und Krieg zurück. Wie sieht die Bilanz des Umbruchs nach 30 Jahren aus?

TEXT: *Frank Otto* **ILLUSTRATION:** *Tim Möller-Kaya für* GEO*EPOCHE*

AUFBRUCH UND ERNÜCHTERUNG: Michail Gorbatschow und Wladimir Putin; der Fall der Berliner Mauer; das brennende Dubrovnik, die Besetzung der Krim, der Ukrainekrieg

In der Rückschau, aus der Perspektive von 2019, erscheint die Revolution von 1989 zunächst wie eine grandiose Erfolgsgeschichte – mit einigen Makeln zwar, im Ergebnis aber eindeutig positiv. Denn die Ostblock-Diktaturen, die in jenem Epochenjahr hinweggefegt wurden, waren wirtschaftlich, politisch und moralisch bankrott, und ihr Sturz brachte der großen Mehrheit der Menschen in jenen Staaten mehr Freiheit, Wohlstand, Lebensqualität.

Im aussichtslosen Wettlauf mit der Effizienz kapitalistischer Ökonomien hatten die sozialistischen Länder Raubbau an ihren Ressourcen betrieben; katastrophale Umweltsünden waren die Folge, tote Flüsse, kahle Wälder, saurer Regen. Vielerorts waren Luft und Boden so verpestet, dass die Menschen krank wurden. Städte und die bis aufs Äußerste ausgelasteten Fabriken verfielen.

Protest, ob gegen die Zerstörung der Umwelt oder die politische Repression, wurde mit aller Härte unterdrückt. Die „verdorbenen Greise" an der Macht, wie der Dichter und Liedermacher Wolf Biermann die KP-Führer charakterisierte, geboten über riesige Sicherheitsapparate, die den Bürgern ihrer Länder mit Hunderttausenden Spitzeln nachstellten und Kritiker mit Gewalt einschüchterten.

Zudem errichteten die Regime perfide Grenzsicherungen, die eine Flucht fast unmöglich machten.

Wie festbetoniert erschien das System des real existierenden Sozialismus; noch „in 100 Jahren" werde es die Mauer geben, verkündete SED-Chef Honecker am 19. Januar 1989. So dachten wohl fast alle Menschen in den sozialistischen Ländern – und davon gingen auch die Politiker des Westens aus.

Doch nur wenige Monate später fiel die Mauer. Und mit ihr zerbrachen, eines nach dem anderen, die maroden Regime des Warschauer Pakts. Zuletzt implodierte sogar die Supermacht Sowjetunion –

Geschafft! Die Mauer ist offen
DANKE, GORBI!
Dubrovnik
UKRAINE
RUSSLAND
Krim

trotz Moskaus Verfügungsgewalt über 35 000 Atombomben, 53 000 Panzer und vier Millionen Soldaten.

Jetzt, 30 Jahre später, hat sich Europa fundamental verändert – in vielerlei Hinsicht zum Guten. So ist eine ganze Generation herangewachsen, die nie etwas anderes erlebt hat als offene Grenzen, für die es normal ist, über das Wochenende nach Prag, Budapest oder Krakau zu reisen. Oder ins vereinigte Berlin, die einst durch einen Todesstreifen geteilte Frontstadt des Kalten Krieges.

Die Menschen in den Ländern des vormaligen Ostblocks genießen heute eine weitaus größere persönliche Freiheit. Fast alle früheren Diktaturen sind zu parlamentarischen Demokratien geworden, darunter Polen, Tschechien, die baltischen Staaten sowie Kroatien und Slowenien.

Die unabhängige Nichtregierungsorganisation „Freedom House", die jährlich anhand wichtiger Kriterien wie der Rechtsstaatlichkeit, demokratischer Mitbestimmung und persönlicher Freiheiten einen „Freiheitsindex" für jedes Land auf dem Globus verfertigt, stellt in ihrem aktuellen Bericht fest: Die meisten Staaten Europas fallen in die Kategorie „frei"; selbst die Ukraine und Bosnien-Herzegowina seien „teilweise frei"; als „unfrei" hingegen brandmarkt Freedom House Weißrussland und Russland.

Die Menschen in den Ländern des früheren Ostblocks sind heute auch deutlich wohlhabender als früher. Das Sozialprodukt pro Kopf etwa in Russland hat sich gegenüber der Sowjetzeit mehr als verdreifacht. Die Bürger Tschechiens, der Slowakei, Litauens und Estlands erwirtschaften pro Kopf inzwischen mehr als die in Portugal oder Griechenland.

Selbst Wasser und Luft sind besser geworden: So hat die Elbe durch Schließung alter Chemiekombinate und den Bau von Kläranlagen an vielen Stellen wieder Badewasserqualität. Und der Ausstoß des besonders schädlichen Schwefeldioxids ist in Deutschland seither um mehr als 93 Prozent zurückgegangen.

Eine Erfolgsgeschichte.

Doch bei näherem Hinsehen werden nun auch die Kosten des Umbruchs in Osteuropa immer deutlicher. Und sie betreffen auch die Menschen im Westen.

Zunächst war das, was im Februar 1989 mit den ersten Verhandlungen am Runden Tisch in Warschau begann, für die Bürger im Westen vorwiegend ein Ereignis in den täglichen Abendnachrichten, das sie fasziniert verfolgten, das sie persönlich aber kaum etwas anging.

Erst mit der Öffnung der ungarischen Grenze und der einsetzenden Massenflucht von DDR-Bürgern wurde die historische Dimension der Veränderungen auch real im Westen spürbar – vor allem in der Bundesrepublik.

Dort wurde die Entwicklung in Ostdeutschland unmittelbar nach dem Fall der Mauer am 9. November 1989 zum zentralen Thema der Politik: erst in der Freude über die Öffnung der Grenze (die im Bundestag spontan mit dem Absingen der Nationalhymne gefeiert wurde), dann aber auch in der aktiven Rolle Bonns, das schon bald maßgeblich auf die Geschehnisse in der DDR einwirkte.

Aber auch die Europäische Gemeinschaft wurde zu einem wichtigen Akteur des Transformationsprozesses im Osten, den der Westen mit erheblichen Subventionen unterstützte: Allein der Nettogeldtransfer von West- nach Ostdeutschland betrug nach mehreren Schätzungen bis 2013 mehr als 1,5 Billionen Euro.

Diese gewaltigen finanziellen Leistungen waren nicht die einzige gravierende Auswirkung des Umbruchs im Westen: Die Öffnung der Grenzen brachte den Mitgliedstaaten der EG (und später der EU) auch einen scharfen Globalisierungsschub, denn auf einen Schlag entstanden gewaltige neue Märkte, und es tat sich ein nahezu unerschöpfliches Reservoir an billigen Arbeitskräften auf.

Bereits Anfang der 1990er Jahre errichteten Automobilhersteller Werke in den Niedriglohnländern Osteuropas. In manchen Fällen reichte allerdings bereits die Drohung der Arbeitgeber mit einer Verlagerung der Produktion, um erreichte soziale Standards infrage zu stellen.

Die nun im Vergleich hohen Kosten in den EG-Staaten lösten dort eine Diskussion über Flexibilisierungen des Arbeitsmarktes aus – und so schwappte der Anpassungsdruck an die Anforderungen der sich globalisierenden Weltwirtschaft vom Osten in den Westen zurück.

Weitaus massivere Konsequenzen hatte indessen der Umbau der bankrotten Plan- zur Marktwirtschaft in den ehemals sozialistischen Ländern. Die Industrieproduktion in Polen etwa brach in den frühen 1990er Jahren um 38 Prozent ein, die Arbeitslosenquote stieg dort auf fast 17 Prozent, bei einer zeitweilig dreistelligen Inflationsrate. Erst ab 1995 begann die Wirtschaft wieder kräftig zu wachsen.

Dazu kam: Der Sozialismus war unterlegen, der Kapitalismus triumphierte. Liberalisierung, Privatisierung und Deregulierung wurden zu Dogmen der neuen Zeit. Die „Vorstellung von einer anderen Gesellschaft", einer nicht kapitalistischen, so der französische Historiker François Furet, sei fortan „praktisch undenkbar" geworden.

Mit den Diktaturen und der Ideologie des kommunistischen Blocks zerbrach 1989 auch die Weltordnung des Kalten Kriegs, die seit mehr als 40 Jahren bestanden hatte. Langjährige Gewissheiten zerstoben; und die neue Unsicherheit überforderte viele Menschen.

In dieser Konstellation gewann eine scheinbar längst überwundene Geisteshaltung wieder an Mobilisierungskraft: der Nationalismus. In Zeiten tiefer Krisen, so der Historiker Hans-Ulrich Wehler, verheiße übersteigerte Vaterlandsliebe „die Integration einer verunsicherten Gesellschaft und die Legitimation des politischen Systems" – löse jedoch auch schwer kontrollierbare Folgen aus.

Als Erstes wurde der Nationalismus im zerfallenden Vielvölkerstaat Jugoslawien zu einem mächtigen Instrument in der Hand von Politikern wie Slobodan Milošević, einem früheren kommunistischen Funktionär, der 1989 vor einer Million Zuhörern die angebliche Größe des serbischen Volks beschwor – und der schließlich aus Machtgier gleich mehrere Kriege auslöste, in denen zwischen 1991 und 1999 mehr als 100 000 Menschen getötet und Hunderttausende aus ihrer Heimat vertrieben wurden.

Die Kriege in Jugoslawien waren die ersten in Europa nach dem Mauerfall – aber längst nicht die letzten: Immer wieder brachen auch im Kaukasus blutige Konflikte aus, etwa in Georgien und Aserbaidschan, und im Jahr 2014 wurde der Osten der Ukraine zum Schlachtfeld.

Der Ukrainekonflikt ist bis heute einer jener unerklärten Kriege, die sich in die Strategie des russischen Machthabers Wladimir Putin einfügen, der seit seiner Wahl zum Präsidenten im Jahr 2000 mit einem expansiven Nationalismus das Gefühl der Demütigung Russlands durch den Westen zu kompensieren versucht.

Für seine Pläne der Restauration der einstigen sowjetischen Macht – zu deren Sphäre für den Kremlherrn neben der Ukraine mindestens auch das Baltikum und Georgien gehören – nimmt Putin sogar die Konfrontation mit der NATO in Kauf, und so hat ein neuer Kalter Krieg zwischen Ost und West begonnen.

Und wie einst ist der Konflikt abermals verbunden mit der Drohung eines nuklearen Höllenfeuers. So verkündete der russische Präsident im Dezember 2018 den erfolgreichen Test eines neuartigen Gleiters, der in der Atmosphäre die 20-fache Schallgeschwindigkeit erreiche und Atomwaffen tragen könne. Keine derzeitige und künftige Raketenabwehr werde sie abfangen können, prahlte Putin, und kein anderes Land verfüge über eine solche hypersonische Waffe. Die Rakete sei ein „exzellentes Neujahrsgeschenk an die Nation".

Auch für die EU hatten die Ereignisse von 1989 und der Jahre danach enorme Folgen. So sind von Estland bis Bulgarien insgesamt elf zuvor sozialistische Länder Mitglieder der EU geworden (Serbien, Montenegro, Mazedonien und Albanien sind offizielle Beitrittskandidaten).

Um Teil der EU zu werden, mussten die Staaten strenge Kriterien erfüllen; dazu gehört vor allem das Bekenntnis zur Achtung der Menschenwürde, zur freiheitlich-demokratischen Staatsform, zu Gleichheit, Rechtsstaatlichkeit und der Wahrung der Menschenrechte einschließlich der Minderheitenrechte.

Doch in manchen der Kandidaten- und neuen Mitgliedstaaten haben Politiker begonnen, diese hehren Grundsätze auszuhöhlen – Männer wie Aleksandar Vučić, das serbische Staatsoberhaupt, Polens graue Eminenz Jarosław Kaczyński oder Ungarns Ministerpräsident Viktor Orbán, der offen den Übergang zu einem autoritären Regime betreibt.

Seit 2010 regiert Orbán in Budapest mit einer Zweidrittelmehrheit im Parlament, mit der er die Verfassung verändern kann. Seine nationalkonservative Koalition hat die Pressefreiheit beschnitten, die Kompetenzen des Verfassungsgerichts und der Abgeordneten eingeschränkt. Ein neues Grundgesetz, in höchstem Tempo durch das Parlament gepeitscht, beschwört Gott, Krone und Vaterland, Christentum, Familie und Treue, Glaube, Liebe und Nationalstolz.

Die Verfassung sei die modernste Europas und bedeute „die Wiedererweckung Ungarns", so Orbán. Proteste der Opposition tut die Regierung als „hysterisches Geschrei" ab, das zudem vom Ausland gesteuert sei. Dahinter stecke George Soros – ein US-Milliardär jüdisch-ungarischer Abstammung und derzeit der Lieblingsfeind der Antisemiten überall auf der Welt.

Hunderte Vertragsverletzungsverfahren der EU gegen Budapest sind ohne Konsequenz geblieben; immer wieder konnten die ungarischen Vertreter nachweisen, die Buchstaben der Gesetze und Vorschriften zu beachten. Orbán sei der cleverste Nationalist Europas, heißt es deshalb in der EU-Kommission. Eine treffende Einschätzung: Ungarn erhält aus Brüssel die höchste Pro-Kopf-Unterstützung in der gesamten Union – was dessen Premier aber nicht davon abhält, deren andere Mitglieder als „Bürokraten des Imperiums" zu schmähen.

Die Krise der liberalen Demokratie, der Aufstieg der Populisten auch im Westen, die Bedrohung durch den großrussischen Imperialismus Wladimir Putins, die vor allem Polen, Estland, Lettland und Litauen ängstigt, dazu die nie da gewesene Herausforderung der EU durch den beabsichtigten Austritt Großbritanniens: Beginnen die Errungenschaften der Jahre nach 1989 zu erodieren? Ist der Aufbruch von 1989 gescheitert?

Die Betrachtung der aktuellen Situation zeigt in der Tat etliche Gefahren. Doch die kurzfristige Sicht offenbart eben nur einen kleinen Ausschnitt des Gesamtbildes. Und das ist weiterhin geprägt von dem wesentlichen Erfolg von 1989: Zum ersten Mal in der Geschichte leben die Menschen vom Atlantik bis zum Schwarzen Meer, von Finnland bis nach Kreta in persönlicher und politischer Freiheit. Das sind weitaus mehr als eine halbe Milliarde Europäer.

Und das ist ein Grund, diese geradezu unglaubliche Entwicklung für den so lange von diktatorischen Regimen geknechteten Kontinent zu feiern. ◊

FOTOVERMERK NACH SEITEN

Anordnung im Layout: l.= links, r.= rechts,
o.= oben, m.= Mitte, u.= unten

TITEL: Robert Wallis/Corbis/Getty Images

EDITORIAL: Dorit Eichmann für GEO*EPOCHE*: 3 u.

INHALT: Pool Bouvet & Merillon/Gamma-Rapho/Getty Images: 4/5 o.; Dima Tanin/AFP/Getty Images: 4 l. m.; Pavo Urban: 4 r . m.; Archiv: 4 l. u.; Tiit Veermae/Alamy: 4 r. u.; Nikos Economopoulos/Magnum Photos/Agentur Focus: 5 o.; João Bolan/SOPA Images/LightRocket/Getty Images: 5 m.; Kasia Wandycz/Paris Match/Getty Images: 5 u.

DAS JAHR DES AUFBRUCHS: Guy Le Querrec/Magnum Photos/Agentur Focus: 6/7, 30; Sovfoto/UIG/Getty Images: 8/9, 24; Georges Merillon/Gamma-Rapho/Getty Images: 10/11; AP/ullstein bild: 12; Tomislav Peternek/Polaris/laif: 13; Tiit Veermae/Alamy: 14/15; Régis Bossu/Sygma/Getty Images 16; Friedrich Gahlbeck/ADN-Bildarchiv/ullstein bild: 17; Sven Simon: 18/19; Pool Bouvet & Merillon/Gamma-Rapho/Getty Images: 20/21 o.; Françoise Chaptal/AFP/Getty Images: 20 l. u.; Klaus Lehnartz/bpk-images: 20 r. u.; Mark Power/Magnum Photos/Agentur Focus: 21 u.; Gérard Malie/AFP/Getty Images: 22/23; Romano Cagnoni/Hulton Archive/Getty Images: 26/27 o., 27 l. u.; Peter Turnley/Corbis/Getty Images: 26 u.; ROMPRES/AFP/Getty Images: 27 r. u.; Stefanie Peters für GEO*EPOCHE*: 28

DER WEG ZUR EINHEIT: Josef Koudelka/Magnum Photos/Agentur Focus: 32/33, 36/37; Guy Le Querrec/Magnum Photos/Agentur Focus: 35; Raymond Depardon/Magnum Photos/Agentur Focus: 39; Roland Holschneider/dpa-picture alliance: 40

DREI TAGE IM AUGUST: Dima Tanin/AFP/Getty Images: 42/43; Vitaly Armand/AFP/Getty Images: 44; Eastblockworld.com: 44/45, 47 m.; AP/dpa-picture alliance/SZ-Photo: 47 o.; AP/akg-images: 47 u.; Josef Polleross/Anzenberger: 48 (2); Stefanie Peters für GEO*EPOCHE*: 50

STADT UNTER FEUER: Pavo Urban: 52–61 l., 62, 63; Marija Braut: 61 r.; Patrick Hertzog/AFP/Getty Images: 64

ZEITLEISTE: Robert Wallis/Corbis/Getty Images: 67; Sasha Stone/LIFE Images Collection/Getty Images: 68; Irrgang/ullstein bild: 69; Chris Niedenthal/LIFE Images Collection/Getty Images: 70 o.; Jacques Langevin/Sygma/Getty Images: 70 u.; Reuters: 72; Justin Leighton/ZUMA Press/imago stock & people: 73; Lee Young-ho/Sipa Press/ddp-images/360° Editorial: 74; Sergei Guneyev/Ria-Novosti/Redux/laif: 77 o.; Marc-Steffen Unger/bilderrepublik.de: 77 u.; Marco Castro/UN Photo/Sipa Press/ddp-images/360° Editorial: 78

MITARBEITER: Christian Gargerle für GEO*EPOCHE*: 79

DER HASS AUF DIE ANDEREN: Georgisches Nationalarchiv: 81

EIN LAND ALS BEUTE: Harry Benson/Contour by Getty Images: 82/83; Hans-Jürgen Burkard: 84, 85 o., 86, 87 (2), 88/89, 91 (2), 92, 93 (2), 96, 97 o., 98 o.; Archiv: 85 u.; Alexander Chernykh/Russian Look/imago stock & people: 88 o.; ITAR-TASS/imago stock & people: 88 u., 90 u., 97 u.; Alexander Makarov/Sputnik/ullstein bild: 90 o.; Sovfoto/UIG/Bridgeman Art Library: 98 u.

DER FLUCH DER FREIHEIT: Peeter Langovits: 101

DAS GRAUEN VON SREBRENICA: Joe Klamar/AFP/Getty Images: 103; Ron Haviv/VII/Redux/laif: 104; Jean Pierre Pappis/Polaris/laif: 105; Benoit Gysembergh/Paris Match/Getty Images: 106; Ed Oudenaarden/AFP/Getty Images: 107 o.; EPA/ANP/dpa-picture alliance: 107 u.; AP/dpa-picture alliance: 108 o.; Sipa Press/ddp-images: 108 u.; Stefanie Peters für GEO *EPOCHE*: 109; Archiv: 110 o.; Koca Sulejmanovic/AFP/Getty Images: 110 m., 110 u.; Alexander Zemlianichenko/AP Photo/dpa-picture alliance: 111

DIE TYRANNEI NACH DER TYRANNEI: Sputnik/Alamy: 113

PUTIN: Archiv: 114, 119 o., 119 u.; Michael Pleesz für Time Magazine: 117; BStU: 119 m.; Sovfoto/UIG/Getty Images: 120 o.; Sputnik/ullstein bild: 120 m.; Doug Mills/AFP/Getty Images: 120 u.; Terrence Jennings/Polaris/laif: 121; Anton Denisov/AFP/Getty Images: 122 o.; Justin Sutcliffe: 122 u.

DAS ENDE DER ALTEN ORDNUNG: Augusto Casasoli/A3/contrasto/laif: 125

ACHT KUGELN FÜR DIE EHRE: Nikos Economopoulos/Magnum Photos/Agentur Focus: alle Bilder

PRÄSIDENT IM ZWIELICHT: Stevo Vasiljevic/Reuters: 135

KAMPF UM KIEW: Sergei Supinsky/AFP/Getty Images: 136/137; Emeric Fohlen/NurPhoto/Corbis/Getty Images: 138; Sergey Dolzhenko/EPA/REX/Shutterstock: 139; Vitaliy Nosach/Ukrafoto/Polaris/laif: 140/141; Larry Towell/Magnum Photos/Agentur Focus: 142 (2); Jerome SESSINI/Magnum Photos/Agentur Focus: 143; Andrey Stenin/RIA Novosti/Sputnik/ullstein bild: 144/145, 149; Stefanie Peters für GEO*EPOCHE*: 146; Maxim Zmeyev/Reuters: 148 r. o., 154 r. u.; Shamil Zhumatov/Reuters: 148 l. u.; Aleksey Filippov/AFP/Getty Images: 151; João Bolan/SOPA Images/LightRocket/Getty Images: 152/153; dpa-picture alliance: 154 l. o.

DER PLAN DER ZWILLINGE: Kasia Wandycz/Paris Match/Getty Images: 157

ERBE EINER REVOLUTION: Tim Möller-Kaya für GEO*EPOCHE*: 159

VORSCHAU: Berthold Steinhilber/laif: 162/163

UMSCHLAG RÜCKSEITE: Robert Wallis/Corbis/Getty Images

Titelbild: Brandenburger Tor, 9. November 1989
Kürzungen in **Zitaten** sind nicht kenntlich gemacht.
Redaktionsschluss: 18. Januar 2019

Alle Fakten, Daten und Karten in dieser Ausgabe sind vom GEO*EPOCHE*-Verifikationsteam auf ihre Richtigkeit überprüft worden.

Revolution in der STEINZEIT